나의 소중한

.... 님께

재봉틀과 바느질로 생활 소품 만들기

홈패션 소품 49

정호정 · 박소영 지음

BM (주)도서출판 성안당

《홈패션 소품 59》 첫 번째 책을 출간한 게 2012년 6월이었습니다.
그로부터 7년이 흘러 두 번째 책을 출간하게 되어 감회가 새롭습니다.

두 번째 책인 만큼 고민도 많이 했습니다. 핸드메이드를 사랑하는 분들은
어떤 작품을 좋아하고 가장 필요로 할까, 내가 선물을 받는다면 어떤 핸드
메이드 소품을 받고 싶을까, 곰곰이 생각하다 보니 의외로 간단한 결론이
나왔습니다. 바로 재봉틀과 바느질의 매력에 빠져 20년 가까이 강의해오는
동안, 수강생들에게 가장 많은 사랑을 받고 인기도 좋았던 생활 소품을 만
들자는 것이었어요.
오랫동안 홈패션 소품을 만들고 가르치면서 많은 분들이 원하는 건 복잡하
고 어려운 작품보다는 실생활에 필요한 소품이라는 걸 느낄 수 있었습니다.
내가 써도 좋고 선물하기도 좋은, 누구에게나 꼭 필요한 생필품 같은 소품
들 말이지요.

재봉틀 기초자에게 큰 작품은 도전하기에 부담이 되지만, 작은 소품들은 만
들기도 간단하고 선물하기도 좋아서 쉽게 도전할 수 있는 작품인 듯합니다.
그래서 이번 책도 재봉틀을 배우면서 누구나 쉽게 따라 만들 수 있는 핸드
메이드 소품들 위주로 선별해 담았습니다. 휴대용 소품은 기성품도 수없이
많지만, 내가 손으로 직접 만든 작품을 가방에서 꺼낼 때 더 큰 뿌듯함을
느낄 수 있지 않을까요.

가령 집에서 항상 사용하는 생활 소품은 침실, 주방, 화장실의 인테리어 효
과로도 맞춤이면서 집들이 선물이나 집에서 유용하게 쓸 수 있는 작품들을
소개했습니다.
여행을 즐겁게 하는 소품은 캐리어 속 많은 짐을 깔끔하게 정리해주고 쉽
게 찾을 수 있는 파우치와 개성 있는 캐리어 커버 등 여행에 꼭 필요한 아
이템들로 구성했습니다.

아이들에게 꼭 필요한 아이템을 찾아 내 아이가 좋아하면서 매일 찾을 것
같은 소품들과 아울러 어린아이와 성인 모두 사용 가능한 가방, 멋 내기 가
방, 나를 더 돋보이게 만들어주는 가방 등도 소개했습니다.

지난 1년은 한 작품 한 작품 원단을 고르고 재단하여 여러 번의 샘플 작업
과 수정 끝에 과정컷 촬영과 원고 작업까지 해야 했던 힘든 나날들이었습
니다. 하지만 동시에 독자분들께 핸드메이드와 재봉틀의 멋과 재미를 전해
드린다는 생각에 너무 즐겁고 행복하기도 했습니다.
다시 책을 쓸 수 있는 기회를 주신 성안당 관계자분들께 감사드립니다. 무
엇보다 책을 만드는 동안 밥도 제대로 챙겨주지 못한 가족에게 고마움을 전
합니다.

정성을 다한 이 책이 재봉틀을 사랑하는 모든 분들에게
소소한 재미와 일상의 행복을 느끼게 하는 선물이 되길 바랍니다.

정호정, 박소영 드림

차례

NO.2

나를 닮은
우리 집 생활 소품

NO.3

애정 가득 담은
아이 용품&
오가닉 소품

NO.4
오래오래 함께 할
데일리 백

NO.6

행복한
핸드메이더의
바느질 필수품

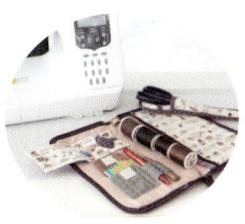

바느질이 즐거워지는 시간
바느질 용품 파우치

자꾸 꺼내보고 싶은
재봉틀 보호커버

애착 가득, 감성 가득
실 · 원단 원통형 보관함

재료 소개

재봉틀로 소품을 만들 때 필요한 홈패션 기본 도구를 소개합니다. 기본 도구 사용 시 유의할 점을 미리 알고, 같은 도구라도 종류가 다양하기 때문에 자신에게 맞는 것으로 준비하여 효율적으로 즐겁게 작업하세요.

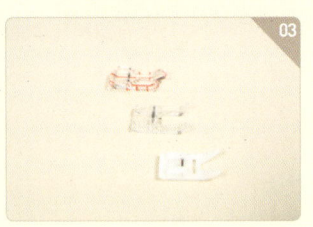

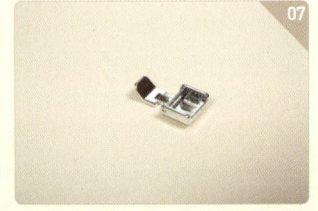
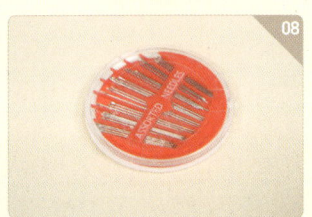
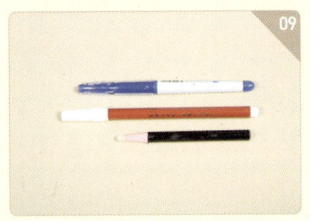

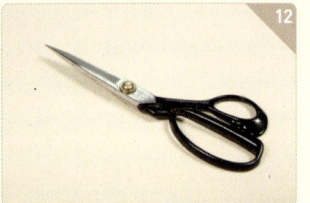
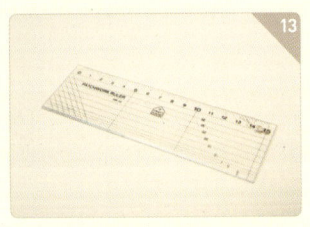
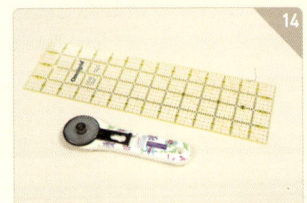

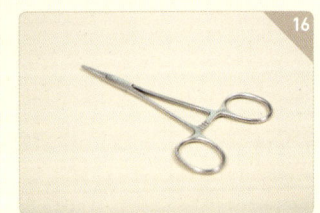

01 실 재봉실은 재봉틀을 이용해 바느질할 때 사용하는 가장 기본 실이고, 퀼트실은 손바느질할 때 사용하는 실이에요.

02 보빈(북도리) 밑실용 실패 장치로 실을 감아 사용하는 장치입니다.

03 투명 노루발 (순서대로) 솜을 대고 누빌 때 사용하는 플라스틱 퀼팅 노루발, 얇은 원단 전용 노루발, 가죽 재질의 원단을 박음질할 때 사용하는 테프론 노루발입니다.

04 말아박기 노루발 프릴이나 원단 가장자리를 두 번 접어 박음질할 때 사용해요.

05 주름노루발 주름을 만들 때 사용합니다.

06 하이픽스 노루발 두꺼운 솔기를 재봉할 때나 재봉을 시작할 때 사용합니다.

07 지퍼노루발 지퍼를 달 때 사용합니다.

08 바늘 미싱 바늘은 재봉틀을 이용해 박음질할 때 사용하고 9호부터 18호까지 다양합니다. 손바느질할 때는 일반 바늘을 사용해요.

09 초크 & 수성펜 원단에 도안을 미리 그릴 때 사용합니다. 연필초크는 털면 지워지고, 수성펜은 물을 뿌리면 지워집니다. 아이롱 펜은 다림질해서 지우면 돼요.

10 시침핀 원단이 움직이지 않도록 고정할 때 사용합니다.

11 쪽가위 실을 자르거나 실밥 다듬을 때 사용하는 작은 가위입니다.

12 재단가위 원단을 자를 때 사용합니다.

13 시접자 시접을 편리하게 그릴 때 사용합니다.

14 로터리 커터 원형칼날을 밀어서 원단을 자를 때 사용합니다. 뒷면이 미끄러지지 않게 처리된 시접자를 사용하는 것이 좋아요.

15 줄자 곡선이나 원단의 길이를 잴 때 사용해요.

16 겸자 원단을 뒤집기 편하게 잡아주는 가위입니다.

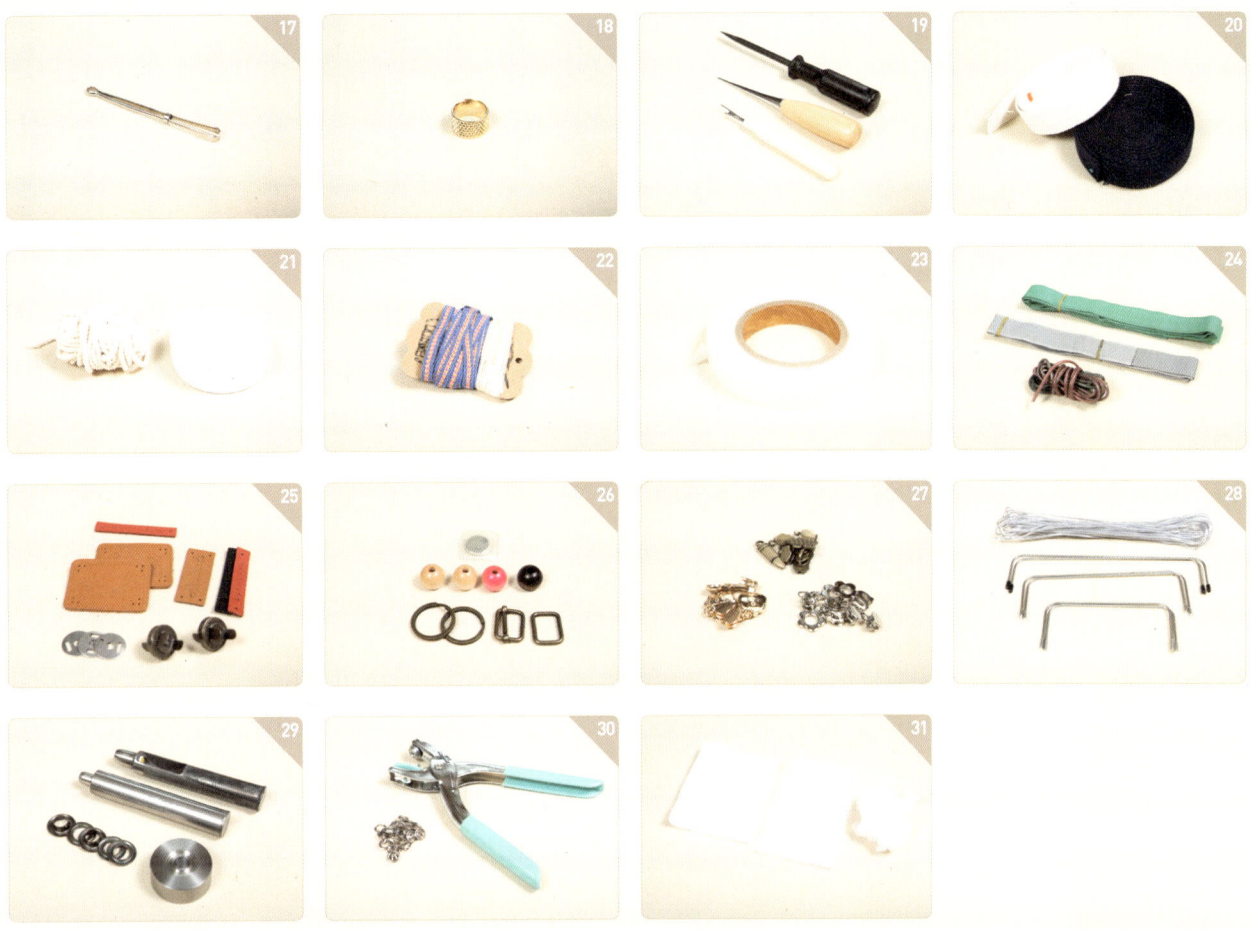

17 고무줄 끼우개   고무줄이나 파이핑줄을 좁은 통로에 끼울 때 사용해요.

18 쇠골무   손바느질할 때 손을 보호하기 위해 사용합니다.

19 드라이버 & 리퍼 & 송곳   드라이버는 재봉틀 나사를 돌려 빼거나 노루발을 교체할 때 사용하고, 리퍼는 잘못된 박음질 실을 뜯을 때 사용합니다. 송곳은 구멍을 뚫거나 재봉질할 때 원단을 잡아줍니다.

20 웨이빙끈   주로 가방끈으로 사용합니다.

21 파이핑 & 고무줄   파이핑은 방석, 쿠션, 베개 등 가장자리를 돋보이게 하는 끈으로, 천으로 감싸서 단단하게 잡아주는 역할을 합니다. 고무줄은 허리밴드로 사용되거나 신축성이 필요할 때 사용해요.

22 리본테이프   주로 장식용 끈으로 사용합니다.

23 방수테이프   방수원단에 박음질 부분에 다림질로 다려서 붙이는 테이프입니다.

24 벨크로테이프 & 오시도리끈   벨크로테이프는 보통 '찍찍이'라고도 하며, 떼었다 붙였다하는 접착용도로 사용합니다. 오시도리는 가방이나 파우치 입구를 오므릴 때 사용하는 끈이에요.

25 가죽라벨 & 다리자석단추   가죽라벨은 보통 핸드메이드임을 표시하기 위하여 사용하고, 다리자석단추는 가방을 여밀 때 사용합니다.

26 자석단추 & 나무장식 & D고리 & 조리개   자석단추도 가방이나 목도리를 여밀 때 사용하고, 나무장식은 끈이나 오시도리의 끝부분 장식용으로 사용합니다. D고리와 조리개는 가방에 끈을 달거나 끈 길이를 조절할 때 사용해요.

27 슬라이드   다양한 모양으로 지퍼를 열고 닫을 때 사용합니다.

28 와이어   파우치나 가방 입구를 네모 모양으로 만들 때 사용하여 고정합니다.

29 아일렛 도구(구멍 뚫는 기구)   가죽이나 원단에 구멍을 뚫을 때 사용합니다.

30 T단추 기구 & 가시도트 기구   T단추 기구는 주로 가방이나 옷을 여밀 때 사용하고, 가시도트 기구는 특히 아기용품 여밈용으로 사용합니다.

31 접착솜 & 접착심지 & 구름솜   접착솜은 얇은 원단에 힘을 주기 위해, 접착심지는 원단을 빳빳하게 만들 때 사용해요. 구름솜은 쿠션이나 인형 등에 사용합니다.

기본 봉제 기법

본격적으로 작품을 만들기 전 홈패션에 필요한 기본 봉제 기법을 살펴봅니다. 자주 사용하는 봉제법과 바이어스 싸기,
손바느질 방법 등은 제작할 때 소요되는 시간과 노력을 줄일 수 있습니다.

바이어스 만들어 연결하기

1 사각형 원단을 준비한다.
2 삼각형 모양으로 반 접고, 접은 선을 따라 자른다.
3 다시 한 번 삼각형 모양으로 접은 후, 원하는 폭으로 자를 대고 선을 그려준다.
4 그린 선을 잘라준다.
5 자른 원단 끝부분을 삼각형 모양으로 겉끼리 댄다.
6 재봉틀로 박음질한다.
7 바이어스 만들어 연결하기 완성

바이어스 감싸기

1. 양옆 튀어나온 시접을 정리해준다.
2. 바이어스에 4등분선을 그린 후, 바이어스를 감싸줄 원단 뒷면에 대고 4분의 1 지점 맨 바깥 부분 선을 박음질한다.
3. 박음질한 4분의 1선을 뒤집어서 다림질한다.
4. 겉 원단이 보이게 하여 바이어스를 두 번 접어 재봉틀로 박음질한다.
5. 바이어스 감싸기 완성

1

2

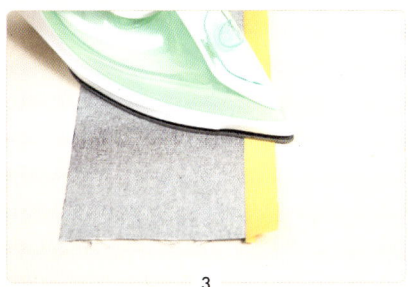
3

4

5

직각 바이어스 감싸기

1. 바이어스 감쌀 원단 뒷면부터 4분의 1 지점을 박음질한다.
2. 모서리에서 시접만큼 남기고 박음질을 멈춘다.
3. 사선으로 접어 ㄱ모양이 되게 접어준다.
4. 바깥쪽부터 다시 박음질한다.
5. 바이어스 박은 뒷면 부분
6. 겉감 쪽으로 두 번 접어 박음질한다.
7. ㄱ모양 직각 바이어스 완성

1

2

3

4

5

6

7

랍바로 바이어스 감싸기

바이어스를 감싸 박을 때 랍바를 이용하면, 시간을 절약할 수 있고 한 번에 앞뒤를 모두 박을 수 있다. 이 방법은 얇은 원단일 때 이용하며, 두꺼운 원단은 피하는 것이 좋다.

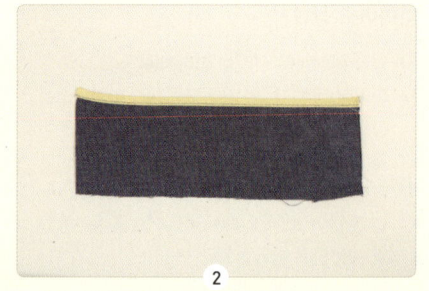

파이핑 감싸 박기

폭 3.5~4cm로 재단한 바이어스에 파이핑을 가운데에 넣고 외노루발로 박음질한다.

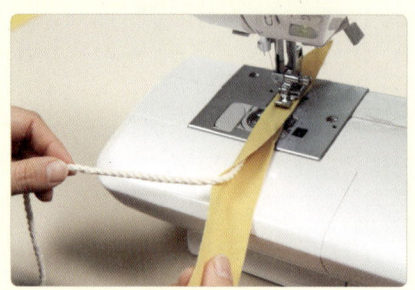

파이핑 모서리 박기

파이핑 모서리를 박음질할 때는 가윗밥을 많이 주어야 자연스럽게 박음질된다.

파이핑 곡선 박음질과 모서리 박음질 완성 모습

손바느질 매듭 짓기

① 실의 마지막 부분을 검지에 댄다.
② 바늘에 고정한 실을 2~3회 돌려준다.
③ 손으로 지그시 눌러 잡은 후 바늘을 잡아 빼면 매듭이 생긴다.
④ 매듭 짓기 완성

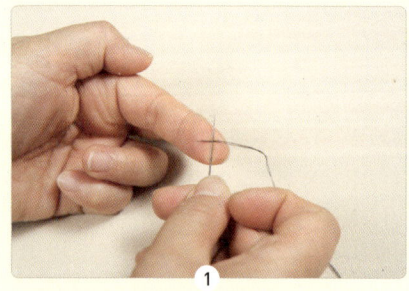

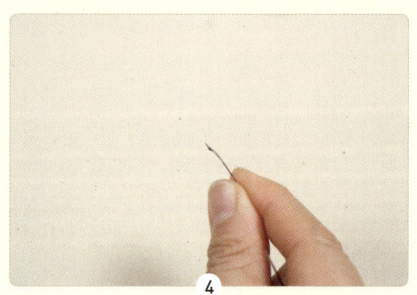

오버로크(휘갑치기)

오버로크 전용 재봉틀에 원단 끝을 칼날에 맞추어 놓은 후, 발판을 밟아 박음질한다.

공그르기

박고자 하는 원단을 포개놓은 후, 매듭을 숨기고 접힌 원단 사이를 번갈아가며 한 땀 한 땀 바느질한다.

원단 구멍 내기

① 구멍을 뚫고자 하는 원단 겉감에 안감 겉을 맞댄 다음, 원하는 모양과 사이즈로 선을 그려 표시한다.
② 선을 따라 박음질한다.
③ 모양 안쪽으로 시접선을 그린 다음 가위로 잘라낸다.
④ 사각형일 경우 양쪽 각에 가윗밥을 깊숙하게 주고 뒤집는다.
⑤ 뒤집어서 모양이 잘 나오도록 다림질하여 마무리한다.

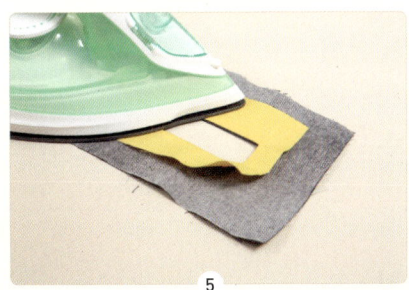

삼각 바닥 접기

 원단을 반으로 접어 양옆을 박음질한 다음, 원하는 밑각을 정사각형으로 그린다.

TIP

5cm 바닥면을 원할 경우 한쪽 면에 2.5cm 정사각형을 그리면 된다.

② 그려진 선을 따라 양옆을 삼각형 모양으로 접어 박음질한다.

③ 바닥에 삼각 모양 각 완성. 가방이나 파우치 바닥면을 만들 때 이용한다.

H각 접기

① 원단 중심을 표시하고 양옆으로 원단을 접어 놓은 후, 양옆을 박음질한다.

② 박음질한 부분의 네 모서리 여덟 군데에 원하는 각 사이즈의 반을 그려준다.

③ 그린 선을 삼각으로 만들어 박음질한다.

④ H각 접기 완성

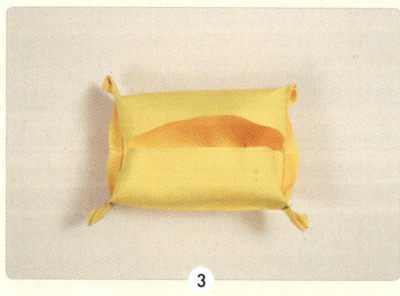

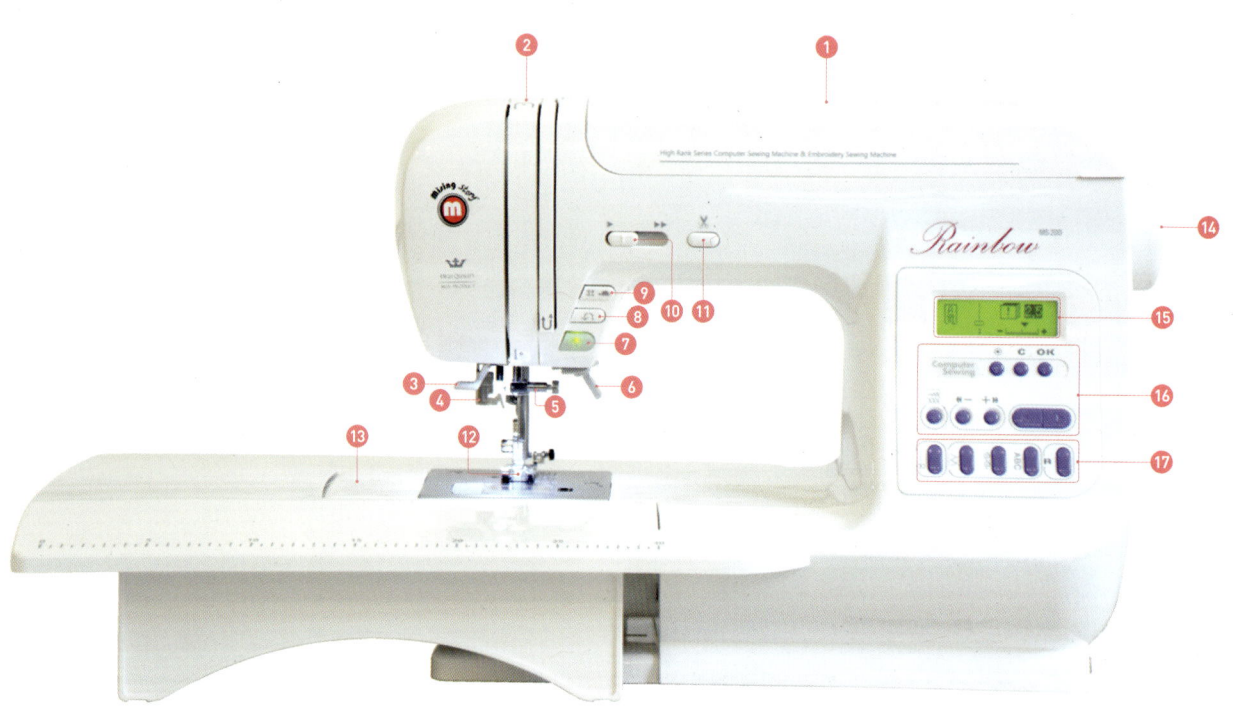

| 미싱스토리 레인보우(MS-200)미싱 |

❶ 상단 덮개

필요에 따라 덮개를 열고 닫을 수 있으며, 덮개를 열면 실패걸이와 윗실을 걸 수 있는 가이드와 밑실감기 장치가 내장되어 있습니다.

❷ 내부 실채기

윗실을 걸 때 반드시 이 부분을 통과해야 올바른 실 장력을 설정할 수 있습니다.

❸ 자동 실 끼우기 장치

레버를 내려 윗실을 바늘구멍에 끼울 때 사용합니다.

❹ 단추구멍 레버

단추구멍(패턴) 스티치를 재봉할 때 레버를 밑으로 당겨 내린 후 사용합니다.

❺ 바늘대

측면의 나사를 돌려 바늘을 장착하거나 교체할 때 사용합니다.

❻ 노루발 올림 레버

노루발을 올리거나 내릴 때 사용합니다.

❼ 시작·정지 버튼

발판을 밟지 않아도 버튼을 누르면 재봉이 시작되며, 한 번 더 누르면 즉시 멈춥니다. 노루발이 내려가지 않거나, 단추구멍 레버가 내려간 상태에서는 붉은 램프가 점등되며 재봉 기능이 실행되지 않습니다.

❽ 되돌아박기 버튼

재봉 중 버튼을 누르면 반대 방향으로 재봉이 진행되며, 주로 시작과 끝지점에서 올이 풀리지 않도록 매듭을 지어줄 때 사용합니다.

❾ 바늘 상·하 위치 조절/슬로우 버튼

바느질을 하지 않는 동안, 버튼을 눌러서 바늘의 위치를 위 또는 아래로 변경할 수 있습니다. 바느질하는 동안 이 버튼을 누르면 느린 속도로 바느질하고, 버튼을 다시 한 번 더 누르면 원래 속도로 작동합니다.

❿ 속도 조절 레버

속도를 조절할 때 사용합니다. 레버를 우측으로 당기면 빠르게, 왼쪽으로 당기면 느리게 속도 조절을 할 수 있습니다.

⓫ 자동 사절 버튼

재봉이 끝난 후 버튼을 누르면 윗실과 밑실을 자동으로 잘라줍니다.

⓬ 노루발

원단을 눌러 고정해주는 역할을 합니다. 재봉의 용도에 따라 변경 사용이 가능합니다.

⓭ 프리암

소맷단과 바짓단, 원통 부분을 재봉시에 이용합니다. 확장 테이블을 장착할 수 있으며, 평상시에는 액세서리 함을 끼워 놓습니다.

⓮ 풀리(핸드 휠)

손으로 잡아 돌려서 수동으로 바늘의 높낮이를 맞출 때 사용합니다.

⓯ 상태 표시 LCD 창

선택한 스티치(패턴), 땀 수, 장력, 노루발 등의 재봉 정보가 LCD 창에 표시됩니다.

⓰ 스티치 편집 버튼

선택한 스티치(패턴)의 땀 수, 지그재그 폭, 장력, 패턴 순서 등을 사용자의 취향에 따라 조절할 때 사용합니다.

⓱ 스티치 그룹 선택 버튼

직선, 지그재그, 장식, 이니셜 등의 스티치(패턴) 그룹을 선택하여 원하는 스티치(패턴)를 신속하게 찾을 수 있습니다.

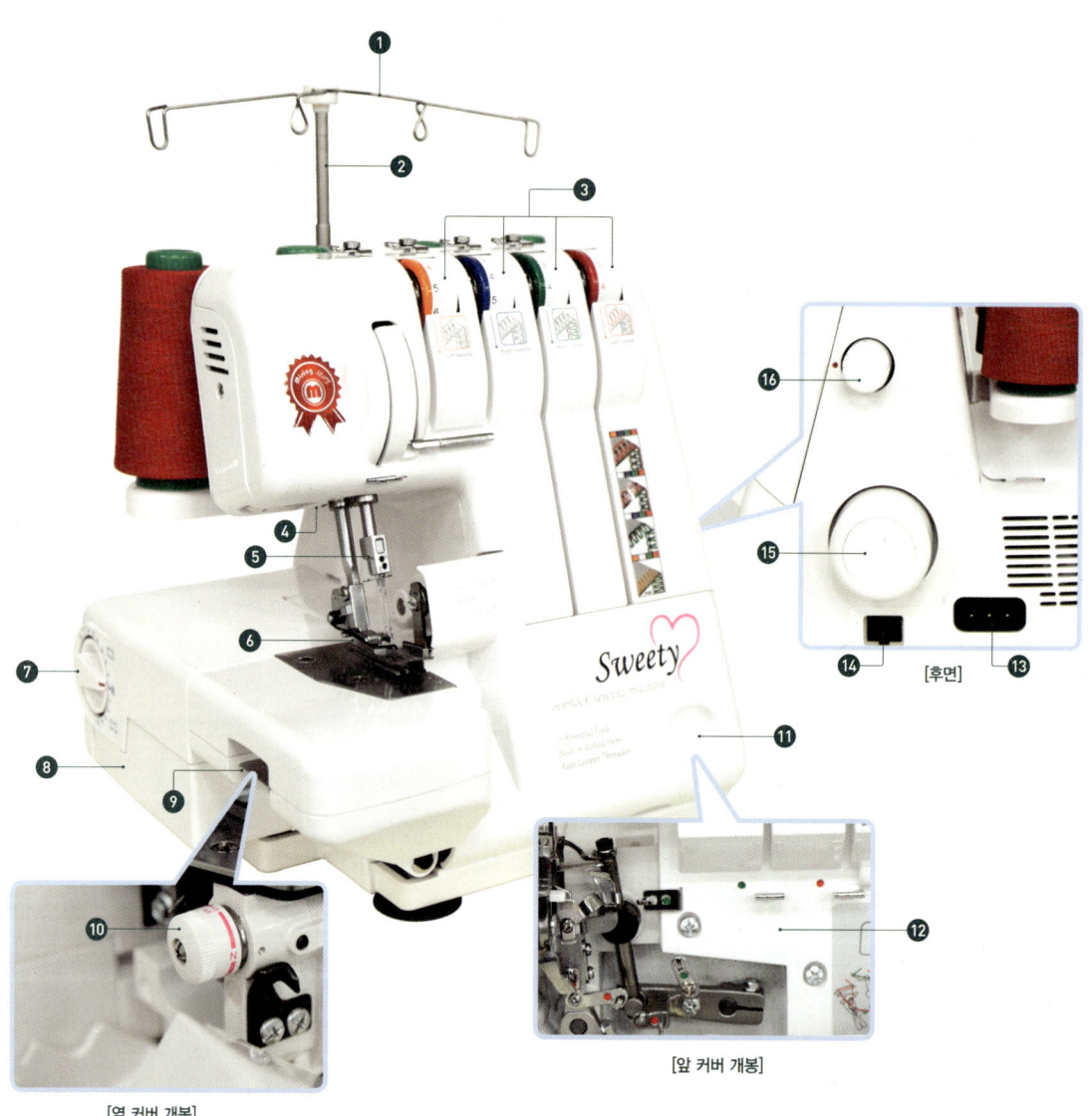

[옆 커버 개봉]

[앞 커버 개봉]

[후면]

| 미싱스토리 스위티 오버룩 |

오버로크(오버룩, 오버록)은 재봉 마무리 때 원단의 가장자리가 풀리지 않도록 꿰매는 역할을 하는 재봉틀입니다.

바늘 2개, 실 4개를 장착하여 상·하 루퍼와 바늘과 실이 고리를 만들어 서로 엮어서 튼튼한 바늘땀을 생성합니다. 동시에 상·하 칼날이 원단을 잘라주어 마감부를 깔끔하게 정리합니다.

❶ 실걸이

오버로크 재봉틀에 실을 걸 때 각각의 위치별로 먼저 고리에 실을 통과시킵니다.

❷ 실걸이 대(안테나)

실을 걸기 전 먼저 실걸이를 당겨 적당한 높이로 올려줍니다.

❸ 장력 다이얼

다이얼을 돌려서 루퍼와 바늘 실의 장력을 맞출 수 있습니다. 실을 걸 때 반드시 장력 다이얼 안쪽에 실이 들어가야 올바른 장력 조절이 가능합니다.

❹ 노루발 올림 레버

레버를 이용하여 노루발을 올리거나 내릴 수 있습니다.

❺ 바늘대 뭉치

내장된 육각나사를 돌려서 바늘을 제거하거나 장착 할 수 있습니다.

❻ 오버로크 노루발

원단을 눌러 고정해주는 역할을 합니다. 용도에 따라 노루발을 교체하여 사용합니다.

❼ 차동조절 다이얼

원단을 이송하는 앞·뒤쪽의 톱니 이송값을 다르게 설정하여 원단의 주름 및 늘어짐을 조절할 수 있습니다.

❽ 액세서리 함

오버로크 재봉틀에 필요한 부자재를 보관합니다.

❾ 옆 커버 개봉 레버

레버를 아래로 누르면 재봉기의 측면이 개봉됩니다.

❿ 칼폭 조절 다이얼

다이얼을 돌려 원단 커팅의 너비 설정을 위한 상·하 칼날 폭을 조절할 수 있습니다.

⓫ 앞 커버 열림 손잡이

우측으로 밀어 아래로 놓으면 전면 커버가 개봉됩니다.

⓬ 상·하 루퍼 실 걸이 / 실 끼우기 가이드

앞 커버를 개봉하면 상/하 루퍼 실 걸이와 실 끼우기 가이드를 볼 수 있습니다.

⓭ 발판(전원 일체형) 소켓

소켓에 발판(전원 일체형) 코드를 꽂아야 재봉틀을 사용할 수 있습니다.

⓮ 전원 스위치

오버로크 재봉틀의 전원을 켜고 끕니다.

⓯ 풀리(핸드 휠)

수동으로 돌려서 바늘의 높낮이를 조정할 때 사용합니다.

⓰ 땀 수 조절 다이얼

오버로크 재봉의 땀 길이를 조절할 때 사용합니다.

NO.1
생활 속 디테일
데일리 소품

SEWING STORY

트라이앵글 동전지갑

COIN WALLET

28p

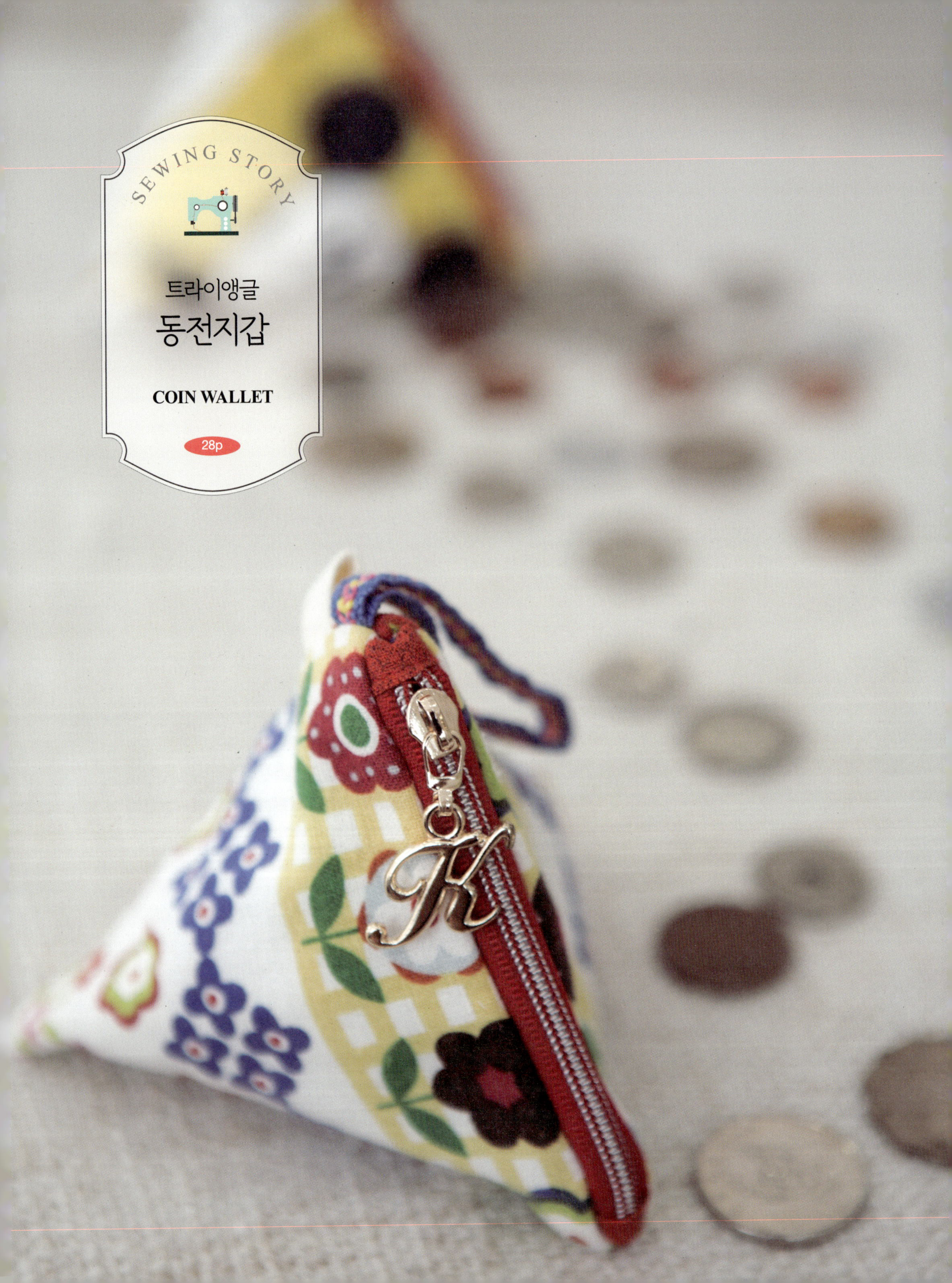

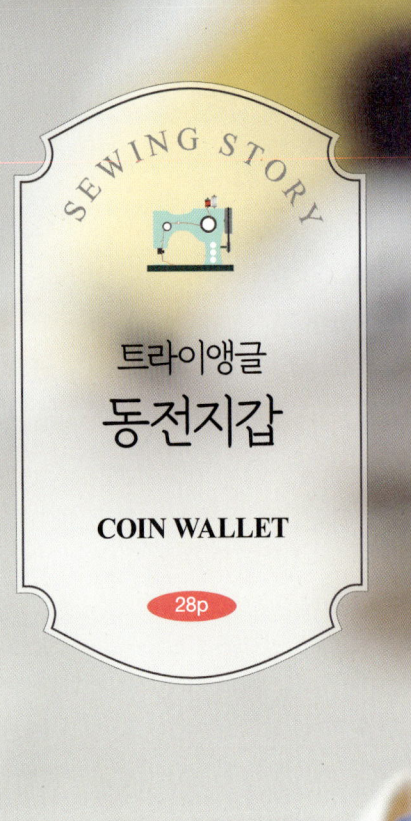

• **완성 크기**
가로 10cm×세로 10cm

• **재료**
면원단, 지퍼 바이어스감, 접착심지, 3호 지퍼(10cm), 슬라이드,
끈고리, 라벨

• **재단 사이즈**
겉감 면원단 2장(12cm×12cm)
안감 면원단 2장(12cm×12cm)
지퍼 바이어스감 2장(3.5cm×3.5cm)
접착심지 2장(13cm×13cm)

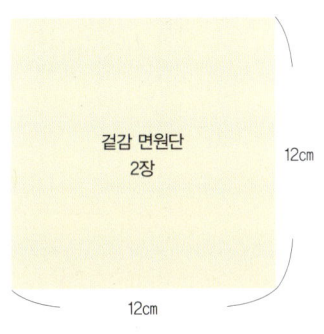

겉감 면원단
2장

12cm

12cm

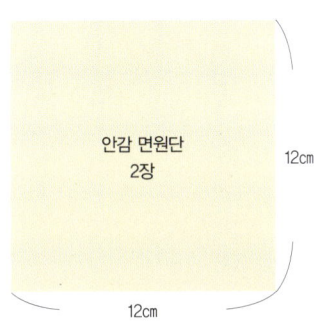

안감 면원단
2장

12cm

12cm

지퍼 바이어스감 2장

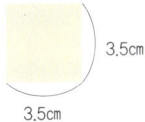

3.5cm

3.5cm

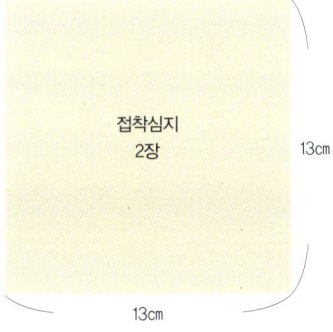

접착심지
2장

13cm

13cm

손목에 거는 귀여운 느낌의 삼각형 동전지갑을 만들어 동전이나 카드, 여러 가지 작은 개인 소품을
수납해서 다니면 좋아요. 특히 해외여행 때 꼭 생기는 외국 동전을 보관하거나 이어폰 넣는
데일리용으로 사용하기 안성맞춤이에요.

01 지퍼에 슬라이드를 끼우고, 지퍼 양 옆을 바이어스로 감싸준다.

❶ ~ **❸** 10cm 지퍼에 슬라이드를 끼우고, 지퍼 양끝에 바이어스감 겉과 지퍼 안을 맞댄 후 0.7cm 박음질한다. 반대편도 똑같은 방법으로 박음질한다.

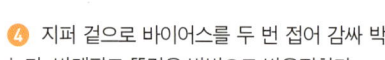

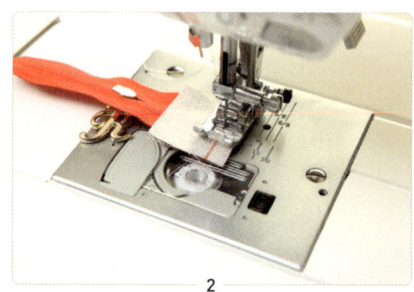

❹ 지퍼 겉으로 바이어스를 두 번 접어 감싸 박는다. 반대편도 똑같은 방법으로 박음질한다.

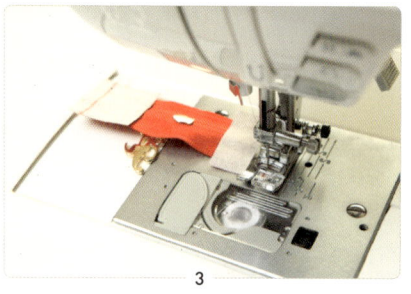
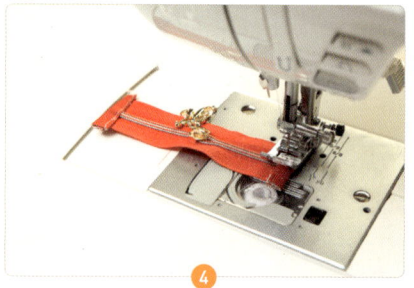

❺ 지퍼 너비에 맞춰 바이어스감을 바짝 잘라 낸다.

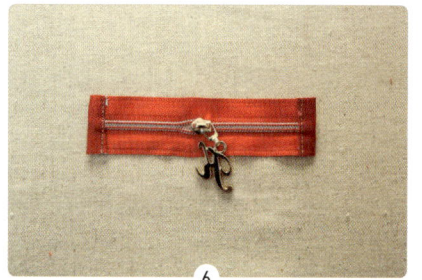

02 재단한 겉감 면원단 2장에 접착심지를 대고 다림질한다. 남은 접착심지는 깨끗이 잘라낸다.

28

03 겉감 1장의 상단 중심에 **01**에서 완성한 지퍼를 대고, 외노루발로 교체하여 박음질한다.

❸ 나머지 겉감 1장도 지퍼 반대편을 대고 박음질한다.

🧷 **TIP**

외노루발 교체

04 1장의 안감 면원단 겉과 지퍼 달아둔 겉감 안을 맞대고, 지퍼 쪽을 다시 박음질한다.

❸ ~ ❹ 나머지 안감 1장의 겉도 먼저 박음질한 안감 겉과 댄 후, 반대편 지퍼에 대고 박음질한다.

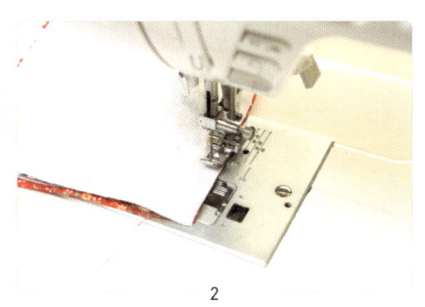

05 끈고리와 라벨 박음질하기

① 겉감은 겉감끼리, 안감은 안감끼리 맞댄다.
② 겉감 지퍼 한쪽 바로 아래에 끈고리와 라벨을
대고 시침핀으로 고정한 후, 평노루발로 교체하
여 박음질한다.

TIP

평노루발 교체

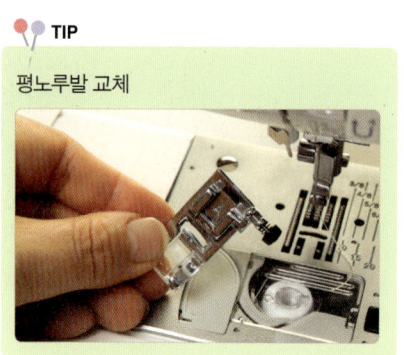

06 외노루발로 교체한 후, 겉감은 겉감끼
리, 안감은 안감끼리 맞대고 양옆을 박음질
한다.

TIP

평노루발은 지퍼 바이어스 감싼 부분에 밀착
하여 박음질하기에는 적당하지 않다.

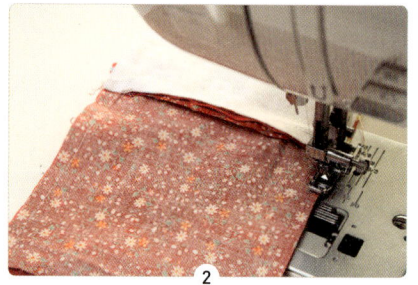

07 다시 평노루발로 교체한 후, 양옆에
박은 선을 중심으로 하여 겉감을 맞대고 시
접 1cm로 박아준다.

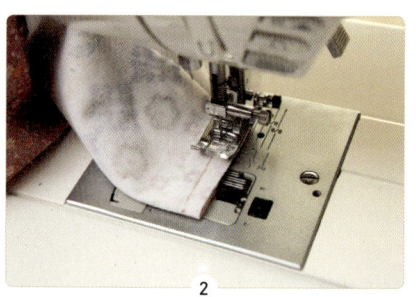

08 안감을 박음질하지 않은 창구멍으로 뒤집는다. 양옆 박음선을 중심으로 하여 마주댄 후, 시접을 안쪽으로 1.5cm 접어 넣는다. 안감의 창구멍을 끝박음질하면 완성된다.

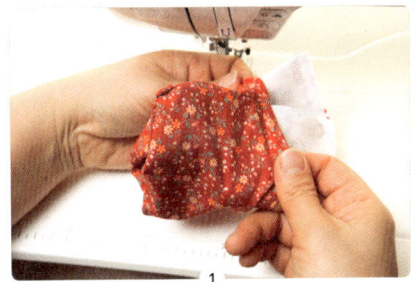

1

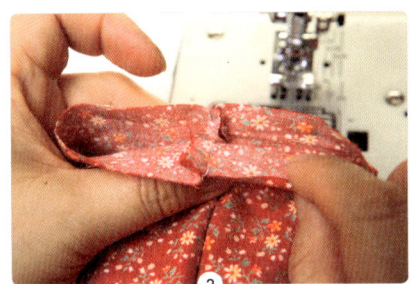

2

 TIP

안감에 시접을 0.5cm 더 주는 이유는, 겉감보다 안감이 작아야 완성했을 때 안감에 구김이 덜 생기기 때문이다.

3

4

SEWING STORY

개인 소지품까지 쏙~
카드지갑

CARD WALLET

34p

- **완성 크기**
  가로 12.5cm×세로 10cm

- **재료**
  선염기모체크원단, 캠브리지원단, 지퍼(11cm), 접착싱, 슬라이더, T단추,
  가죽라벨

- **재단 사이즈**
  안감 선염기모체크원단 1장(15cm×30cm)
  앞뚜껑 선염기모체크원단 1장(15cm×10cm)
  겉감 캠브리지원단 1장(실물도안 참고)
  앞주머니 캠브리지원단 1장(15cm×10cm)
  몸판 접착싱 1장(17cm×32cm)

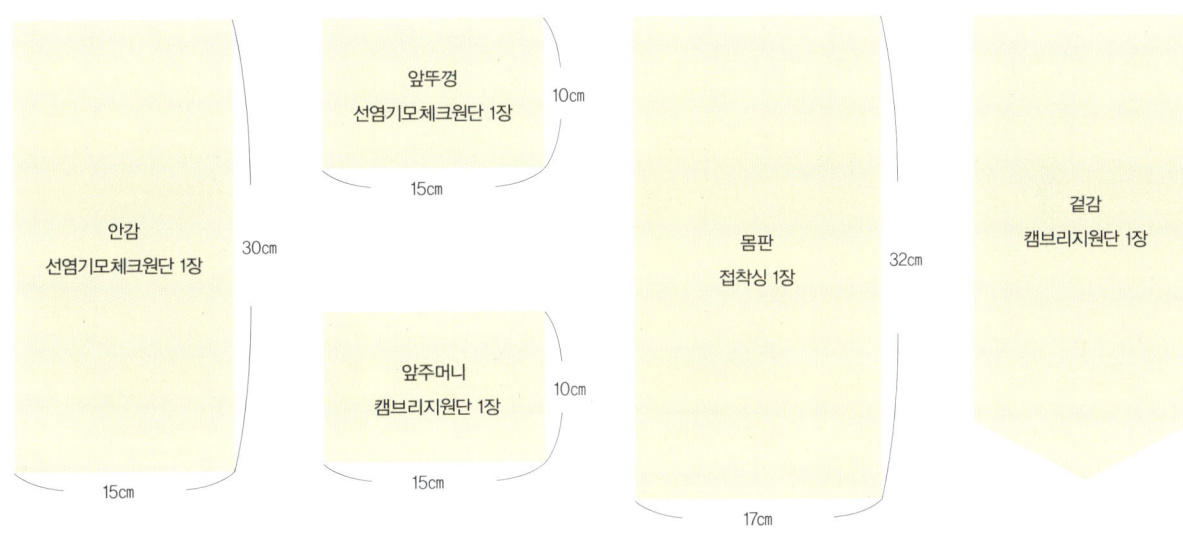

안감
선염기모체크원단 1장
15cm
30cm

앞뚜껑
선염기모체크원단 1장
10cm
15cm

앞주머니
캠브리지원단 1장
10cm
15cm

몸판
접착싱 1장
32cm
17cm

겉감
캠브리지원단 1장

『홈패션 소품 59』에서 청소년용 교통카드 지갑을 선보였다면,
이번에는 여학생에게 필요한 여성용품을 깔끔하게 넣을 수 있는
파우치 겸용 카드지갑을 소개합니다. 앞주머니에는 각종 카드, 지폐를 넣을 수 있어서
간편하고 실용적인 아이템이에요.

01 캠브리지원단에 접착싱을 대고 다림질한 후, 전체 0.2cm로 박음질한다. 남은 접착싱은 재단가위로 잘라낸다.

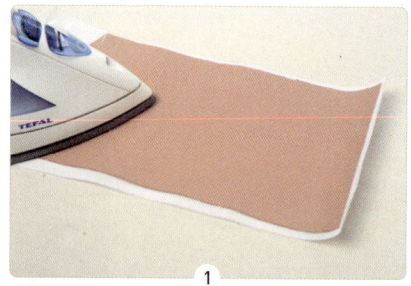

1

2

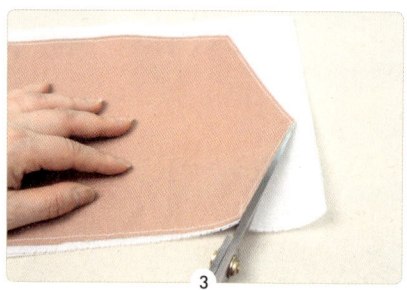

3

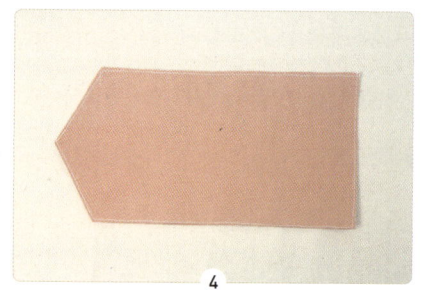

4

02 지퍼노루발로 교체하여, 앞주머니(1장) 겉에 11cm 지퍼의 겉을 대고 박아준다. 지퍼 시접을 안쪽으로 넘기고 겉감 쪽에서 0.3cm 눌러박는다.

🔴🟣 **TIP**

지퍼노루발 끼울 때 지퍼이빨을 건드리지 않도록 반대편에 끼워준다.

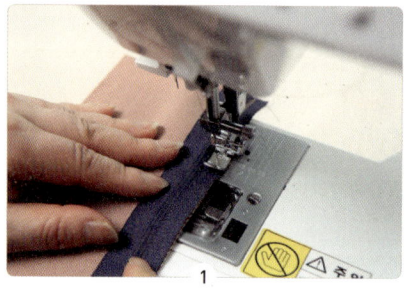

1

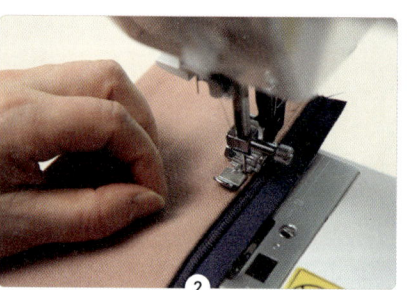

2

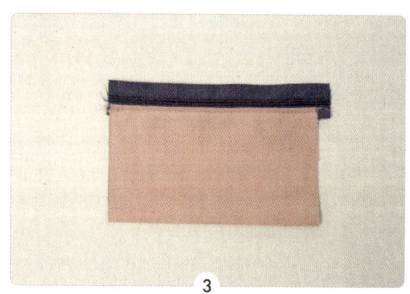

3

03 앞주머니 달기

① ~ ② 겉감 캠브리지원단에 앞주머니와 뚜껑 부분을 시접자를 이용해 초크로 표시한다.

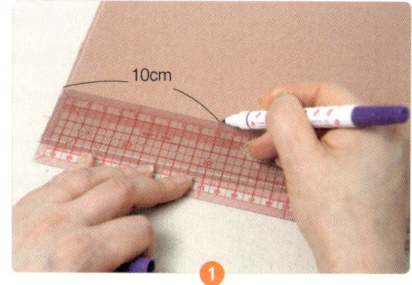

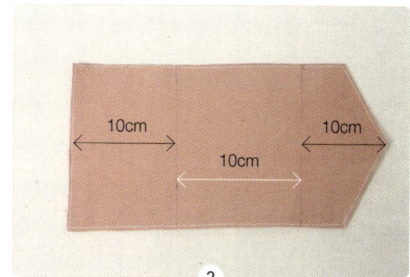

③ ~ ④ 만들어놓은 앞주머니 하단을 오버로크 하고 초크로 1cm 표시하여 핀으로 고정한 후, 표 시선을 따라 박음질한다.

TIP

주머니가 하단으로 가게 놓아주어야 한다.

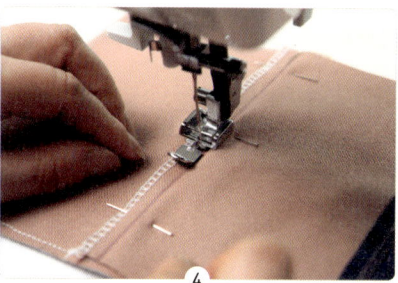

⑤ ~ ⑧ 박음질한 주머니의 지퍼 부분을 위로 올려 핀으로 고정하고, 지퍼끝과 가운데를 박음질로 마무리한다.

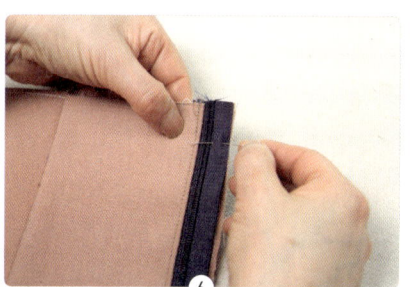

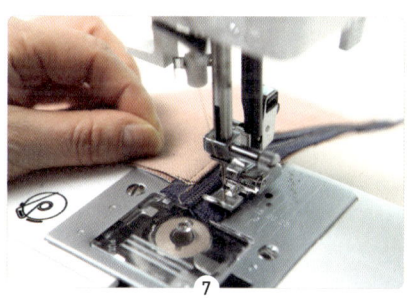

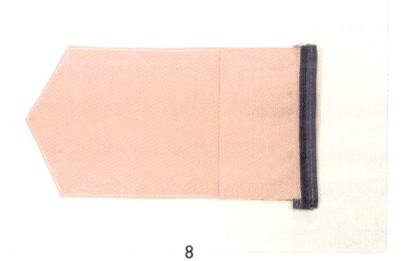

04 겉감 뚜껑 부분을 표시해둔 곳에 뚜껑 체크원단을 놓고 핀으로 고정한 후, 시접 1cm로 박아준다. 박음질한 체크원단을 아래로 내려 접착싱이 보이도록 뒤집은 후, 뾰족한 부분의 둘레를 0.3cm로 박음질한다.

5 ~ **7** 둘레를 박고 남은 뚜껑 체크원단을 잘라낸 후, 지퍼가 달린 앞주머니 캠브리지원단 하단을 안쪽으로 접어 다린다. 상단 뚜껑 부분도 안쪽으로 접어 다려준다.

05 뚜껑 부분과 주머니를 달아놓은 겉감 겉에 안감 체크원단을 올려놓고, 지퍼 쪽을 핀으로 고정한다. 지퍼 부분에 창구멍 5cm 남기고 지퍼노루발로 교체하여 0.7cm로 박음질한 후, 지퍼에 슬라이더를 끼운다. 앞주머니 양옆도 0.3cm로 박음질한다.

06 겉감을 접착싱이 보이도록 접어주고, 안감도 겉감에 맞춰 접어준다. 이때 겉감 접은 뒷면에 안감을 겉감에 맞춰서 접어준다.

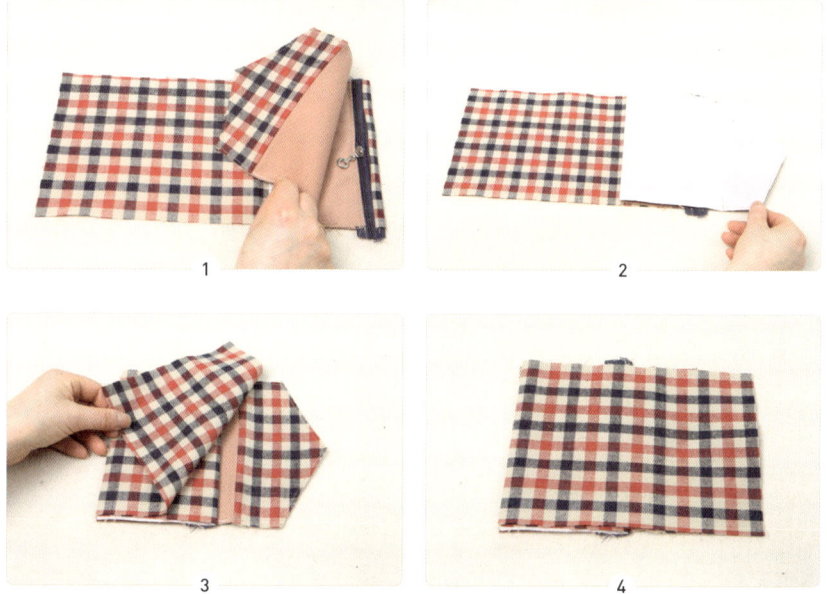

07 접착싱 쪽에서 하단을 제외하고 옆
→ 뚜껑 → 옆의 순으로 0.7cm로 박음질한
다. 남은 체크원단은 잘라내고, 뚜껑 부분에
세모 모양으로 가윗밥을 준다.

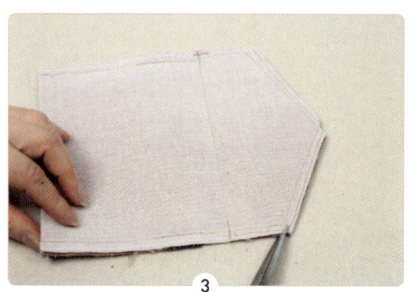

08 하단 속 창구멍으로 뒤집는다. 모서리는 송곳으로 깔끔하게 정리하고, 구겨진 부분은 다려준다.

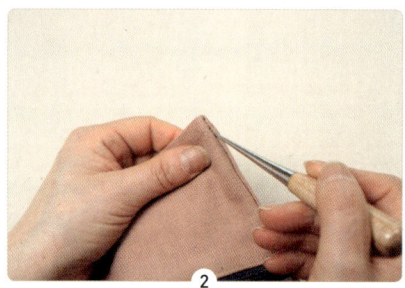

09 T단추 달기

❶ ~ ❸ 초크로 T단추 달아줄 부분을 표시하고, T단추 기계로 뚜껑과 주머니 부분에 T단추를 달아준다.

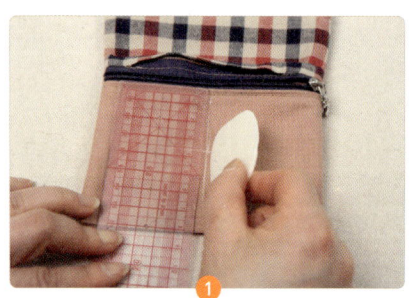

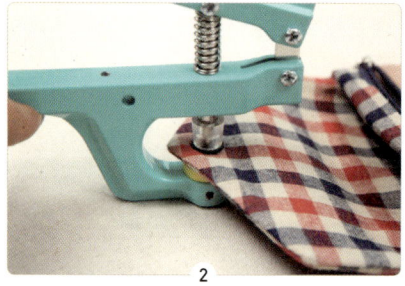

10 가죽라벨 달기

1 ~ **3** 가죽라벨을 버튼홀스티치로 손바느질한다. 실을 4겹으로 해서 라벨 구멍 안쪽에서 바늘을 꽂은 후, 바늘 뒤 실을 바늘 앞쪽으로 돌려준다. 바늘을 빼면 끝에 매듭이 생기는데, 그 옆으로 3개 정도 매듭을 지어 마무리한다. 라벨 앞면도 같은 방법으로 버튼홀스티치를 해준다.

11 주머니 안쪽에서 매듭을 지은 후, 주머니 쪽 창구멍을 손바느질로 공그르기를 하면 카드지갑이 완성된다.

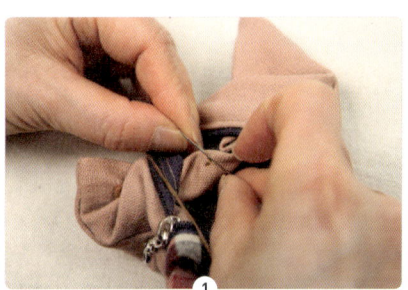

SEWING STORY

잠깐의 외출 필수품

휴대폰 파우치 백

MINI BAG

42p

Package

- **완성 크기**
  가로 12.5cm×세로 18cm

- **재료**
  크랙원단, 면원단, 리넨원단, 벨크로(양수, 폭 2cm×가로 3cm),
  3호 지퍼(15cm), 슬라이더, 앤틱단추, 가죽끈

- **재단 사이즈**
  몸판 겉감 크랙원단 2장(14.5cm×19cm)
  앞여밈 크랙원단 1장(9cm×9cm)
  옆고리 크랙원단 2장(6cm×3.5cm)
  바이어스 크랙원단 1장(26cm×3.5cm)
  몸판 안감 면원단 2장(14.5cm×19cm)
  주머니 안감 면원단 1장(14.5cm×13cm)
  앞주머니 겉감 리넨원단 1장(14.5cm×18.5cm)

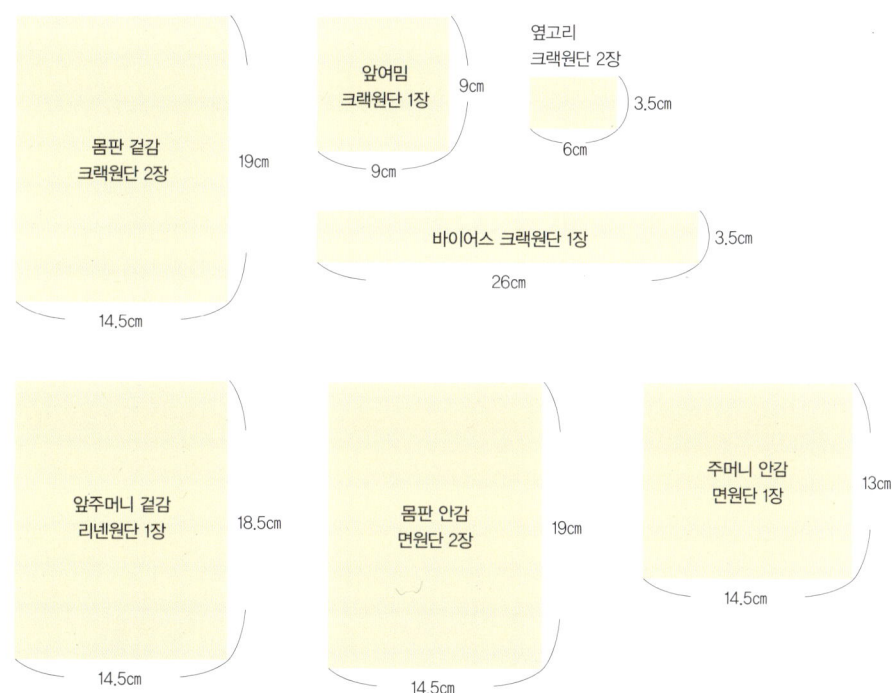

카드와 지폐는 물론 휴대폰, 보조 배터리, 립스틱, 이어폰 등을 간단하게 넣어
야외 활동이나 간편한 외출을 도와주는 실속 아이템입니다. 물건을 자주 잃어버리는 아이에게
튼튼하고 착용감 좋은 끈을 달아 크로스백으로 들게 해도 좋아요.

01 몸판 겉감 크랙원단 2장을 겉끼리 맞대고, 바닥이 될 가로선(14.5cm) 한쪽을 1cm 박음질한다. 시접 부분에 면원단을 대고 가름솔로 다려준다.

TIP

크랙원단은 열에 약하므로 반드시 면원단을 대고 다려준다.

02 앞주머니 리넨원단을 위아래 1cm로 접어 다린다. 지퍼노루발로 교체한 후, 리넨원단 뒷면에 지퍼 겉을 대고 겉에서 0.3cm로 눌러 박기한다.

03 주머니 안감 면원단도 1cm 접어 다려준다. 지퍼를 박은 앞주머니 리넨원단 뒷면에 올려놓고 잘 맞춰 핀을 꽂아준 후, 앞쪽 처음 박은 선(0.3cm)을 따라 박음질한다.

04 앞여밈용 크랙원단을 반으로 접어 0.7cm로 박음질하고, 트여 있는 한쪽도 0.7cm로 박아준다. 모서리를 박은 선에 주의하여 사선으로 자르고, 뒤집개 가위로 앞여 밈 1장과 옆고리 2장을 뒤집어준다.

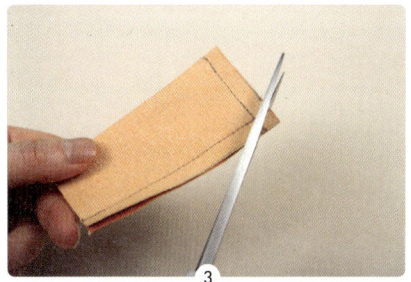
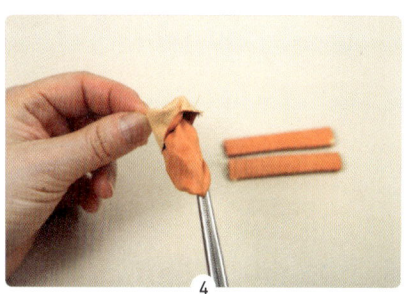

뒤집어서 천을 대고 다려놓은 모습

05 몸판 겉감 크랙원단 중심에서 3cm 표시를 한다. 표시한 선에 맞춰 주머니 리넨원단을 아래로 가게 올려 핀을 꽂아준 후, 다 림질선을 따라 박음질한다.

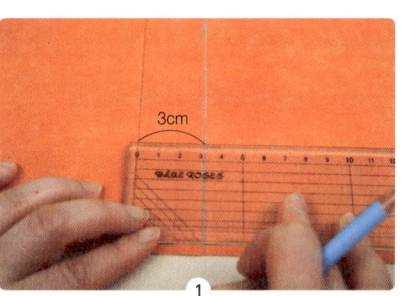

3cm

몸판 크랙원단에 주머니 리넨원단을 박음질한 모습

06 주머니감 겉을 위로 보내고, 지퍼를 잘 맞춰 핀으로 고정한다. 지퍼노루발로 교체 후 0.2cm, 0.7cm 두 줄을 박음질하고, 슬라이더를 끼운다.

07 옆고리와 앞여밈 달기

1 ~ **2** **04**에서 만들어놓은 옆고리감을 지퍼 양옆 상단 중심에 맞춰 핀을 꽂아주고, 임시로 0.5cm 박음질한다.

3 ~ **6** 만들어둔 앞여밈 끝에 벨크로 부드러운 쪽을 핀으로 고정한 후, 전체 0.2cm로 박음질한다. 트인 부분을 안으로 1cm 접어 넣고, 천을 대어 다려준다.

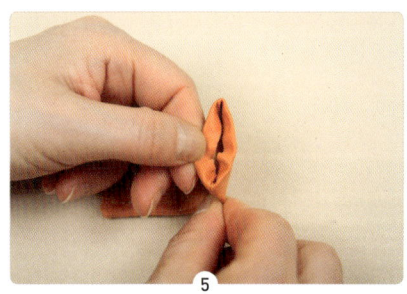

7 ~ 8 박음질한 옆고리감 사이 위쪽으로 1.5cm 중심에 벨크로의 거친 쪽을 핀으로 고정하고, 전체 0.2cm로 박음질한다.

9 ~ 12 뒷면 상단에 2.5cm 표시하고 만들어놓은 앞여밈감을 표시선에 맞춰 핀으로 고정한 후, 끝에서 0.3cm로 박아준다.

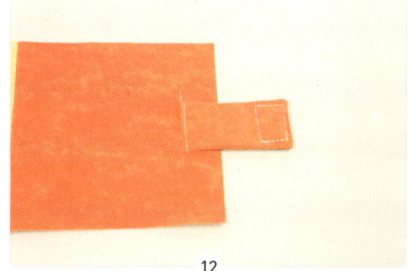

08 안감과 겉감 합봉하기

1 ~ 2 몸판 안감 면원단 2장을 겉끼리 맞대어 1cm로 박고, 가름솔로 다린다.

3 ~ 4 몸판 겉감 크랙원단 2장도 겉끼리 맞대고 옆선을 1cm로 박음질한다.

⑤ ~ ⑨ 안감도 옆선을 1cm로 박은 후, 겉감에 안감을 올려놓고 핀으로 고정한다. 위에서 5cm를 표시하고, 표시한 선부터 시접 가운데를 송곳으로 눌러가며 양옆을 박음질한다.

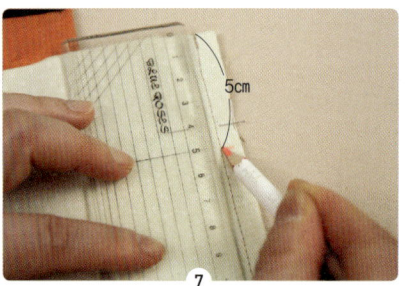

⑩ 상단 트인 쪽을 이용해 뒤집어준다. 뒤집은 부분을 잘 정돈하여 겉감과 안감을 맞춰 핀으로 고정한 후, 전체 0.5cm로 박아준다.

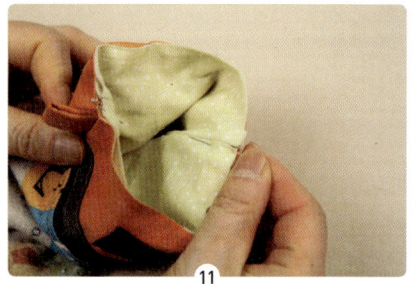

46

① ~ **②** 바이어스감을 원형으로 접어서 옆을 1cm 로 박음질한다. 시접 부분은 천을 대고 가름솔로 다려준다.

③ ~ **④** 바이어스 겉을 안감 안에 대고 0.7cm로 박음질한 후, 바이어스를 겉으로 싸서 0.2cm로 끝 박음질한다.

10 앞여밈 벨크로 박음선 가운데에 엔틱 단추를 손바느질로 달아준 후, 양옆에 가죽 끈을 달아주면 완성된다.

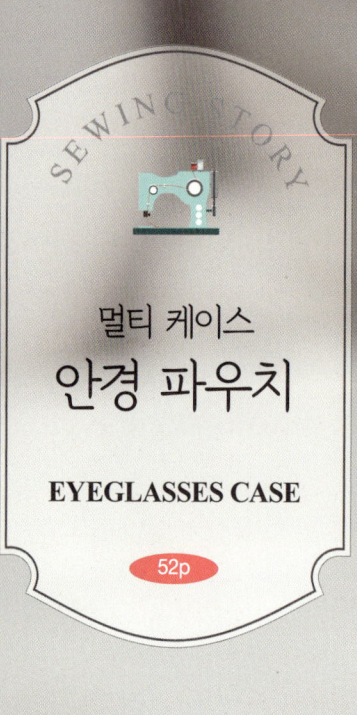

멀티 케이스

안경 파우치

EYEGLASSES CASE

52p

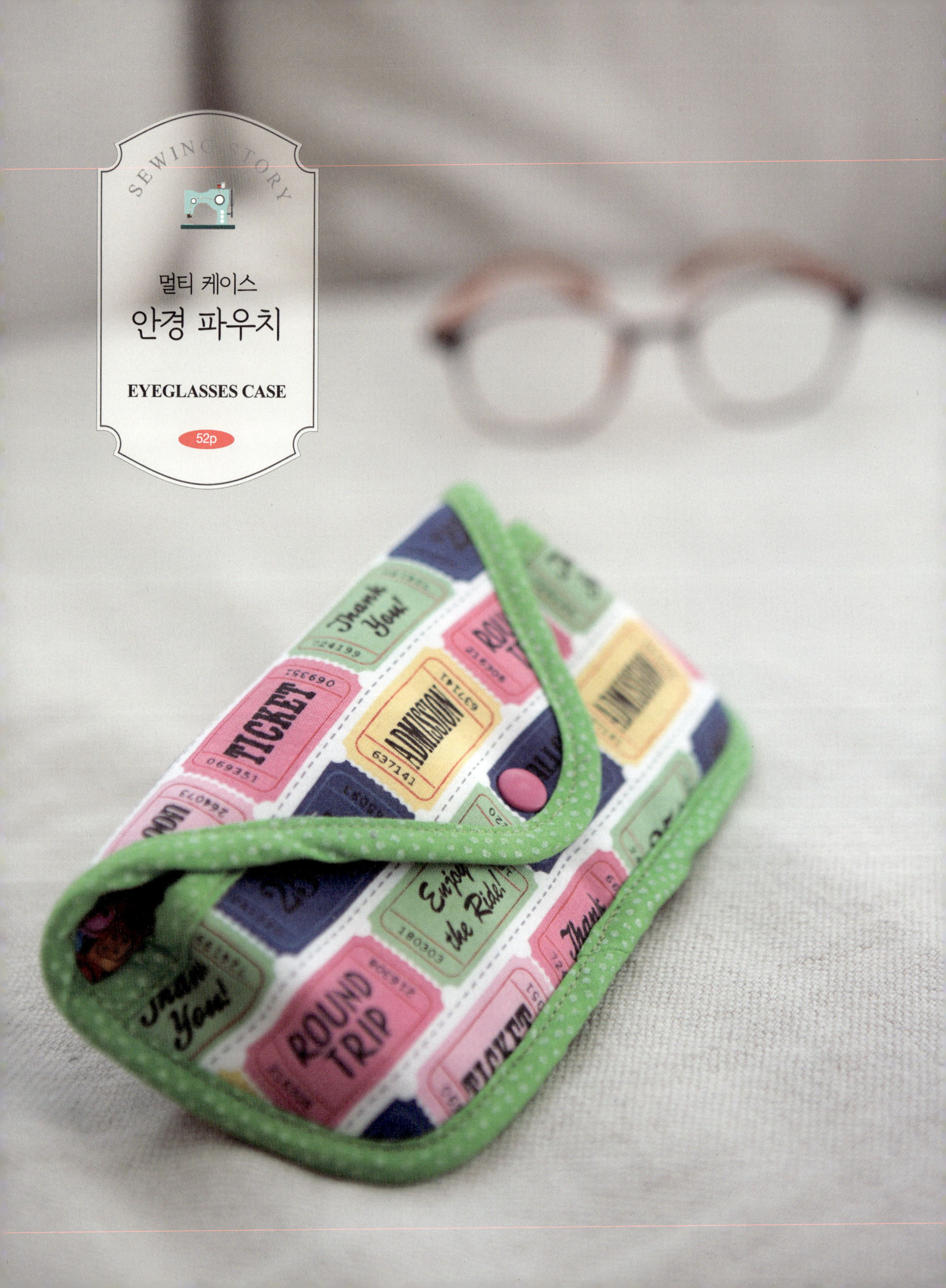

- **완성 크기**

  가로 19cm×세로 10cm×폭 3cm

- **재료**

  30수 면원단 3종, 4온스 솜, 접착심지, T단추

- **재단 사이즈**

  몸판 겉감 1장(실물도안 참고)

  몸판 안감 1장(실물도안 참고)

  주머니감 겉감 1장(실물도안 참고)

  주머니감 안감 1장(실물도안 참고)

  바이어스감 각 1장씩(약 폭 3.5cm×길이 25cm, 약 폭 3.5cm×길이 65cm)

  4온스 솜 1장, 접착심지 1장(둘 다 실물도안보다 약간 크게)

  ※ 전체 시접 포함

몸판
겉감 1장
안감 1장

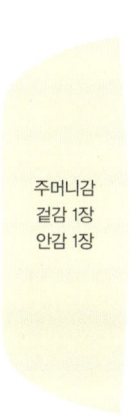

주머니감
겉감 1장
안감 1장

바이어스감 각 1장씩

25cm

65cm

3.5cm

3.5cm

패브릭 소재의 세상에 하나뿐인 나만의 안경 케이스를 소개합니다.

누구나 하나쯤은 가지고 있는 필수품 선글라스와 안경을 안전하게 보관할 수 있어요.

SEWING STORY

어디서나 기분전환
와이어
헤어밴드
HAIRBAND

53p

완성 크기
폭 4cm×길이 약 85cm~90cm(머리둘레에 맞춰 재단)

재료
면원단, 와이어

재단 사이즈
면무늬원단 1장(폭 10cm×길이 85cm)

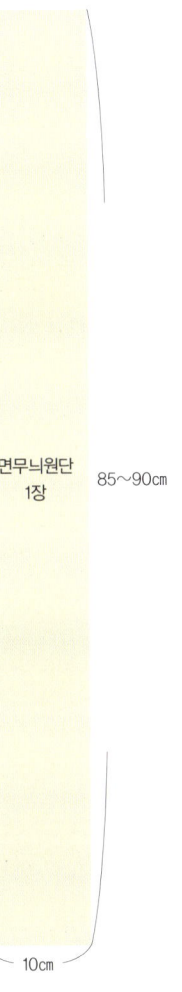

면무늬원단
1장　　85~90cm

10cm

자신만의 패턴으로 포인트 주기 좋은 귀여운 와이어 헤어밴드예요.
착용감도 좋고 자유자재로 모양을 만들어 사용할 수 있고,
얼굴까지 작아 보이게 해줘서 어린아이부터 성인 여성까지 만족하는 아이템입니다.

안경 파우치

만드는 방법

❶ 실물도안을 이용하여 몸판(겉감 1장, 안감 1장), 주머니감(겉감 1장, 안감 1장)을 재단한다.

❷ 몸판 겉감과 주머니감 겉감에 4온스 솜을 대고 끝박음질한 후, 남은 솜은 겉감에 맞춰 잘라낸다.

❸ 몸판 안감과 주머니감 안감에 접착심지를 대고 다림질한 후, 남은 접착심지는 안감에 맞춰 잘라낸다.

❹ ②와 ③에서 만든 것을 안끼리 맞대고 가장자리를 끝박음질한다.

❺ 주머니감 안감 겉에 폭 3.5cm 바이어스를 0.7cm 시접으로 박음질한 다음, 겉으로 두 번 접어 감싸며 박음질한다.

❻ 바이어스를 감싸 박은 주머니감을 몸판의 안감 겉이 보이도록 해서 중심을 맞춰 끝박음질한다.

❼ ⑥을 전체 돌려가며 박음질한다.

❽ 중심을 표시하여 T단추를 달아준다.

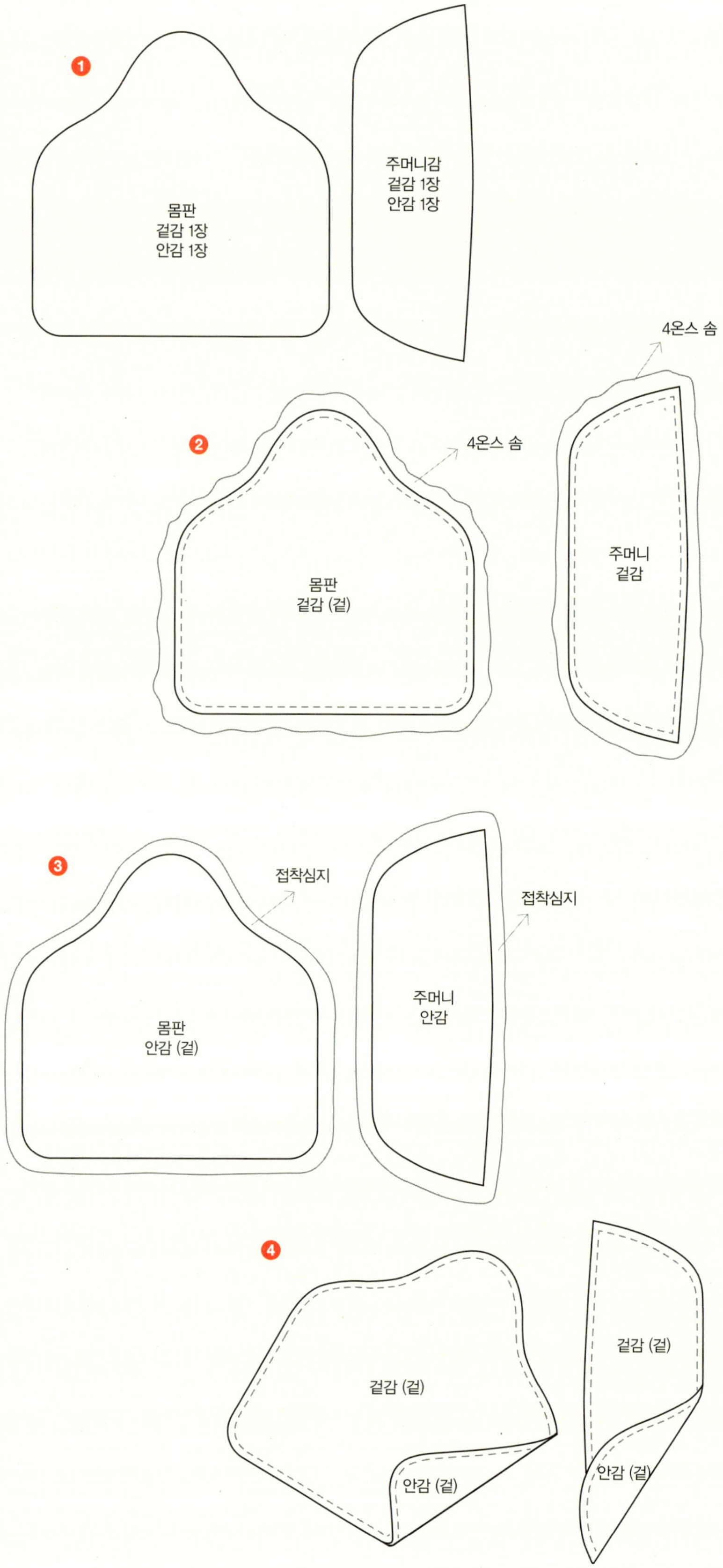

❶
몸판
겉감 1장
안감 1장

주머니감
겉감 1장
안감 1장

❷
몸판
겉감 (겉)

4온스 솜

4온스 솜

주머니
겉감

❸
몸판
안감 (겉)

접착심지

접착심지

주머니
안감

❹
겉감 (겉)

겉감 (겉)

안감 (겉)

안감 (겉)

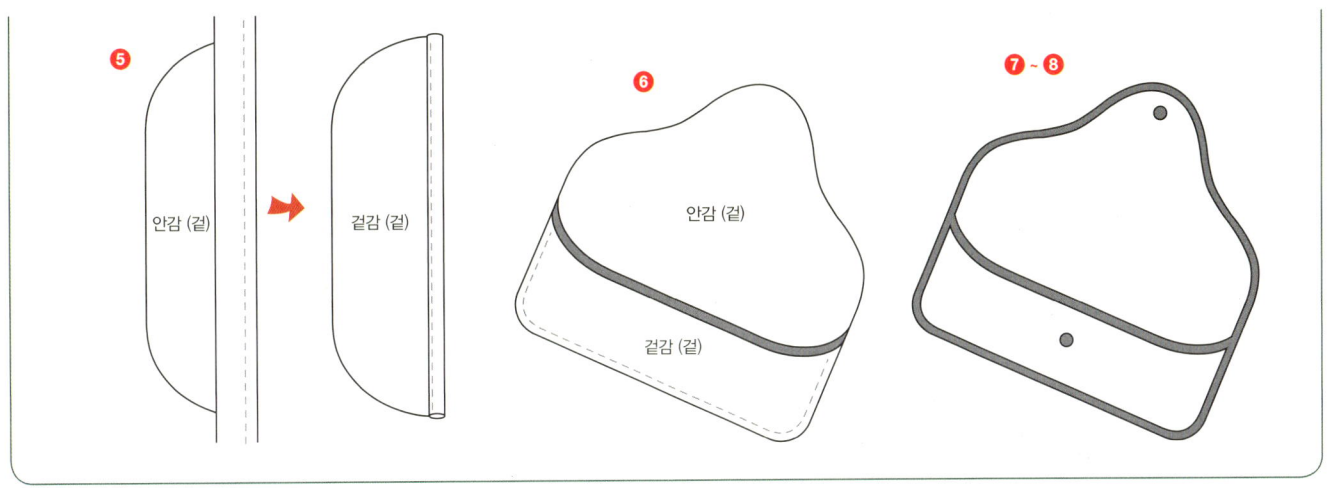

⑤ 안감 (겉) → 겉감 (겉)

⑥ 안감 (겉) / 겉감 (겉)

⑦~⑧

50p

와이어 헤어밴드

만드는 방법

① 면무늬원단(폭 10×길이 85cm) 1장을 재단한다.

② 5cm 폭이 되게 반을 접은 다음 양끝을 둥글게 잘라낸다.

③ 창구멍을 남기고 시접을 0.7cm 안으로 그린 다음, 박음질한다.

④ 창구멍으로 뒤집어서 와이어를 집어넣고, 창구멍을 공그르기로 손바느질한다.

 TIP

이때 와이어가 원단을 뚫고 나오지 않도록 양끝을 둥글게 감아 넣어준다.

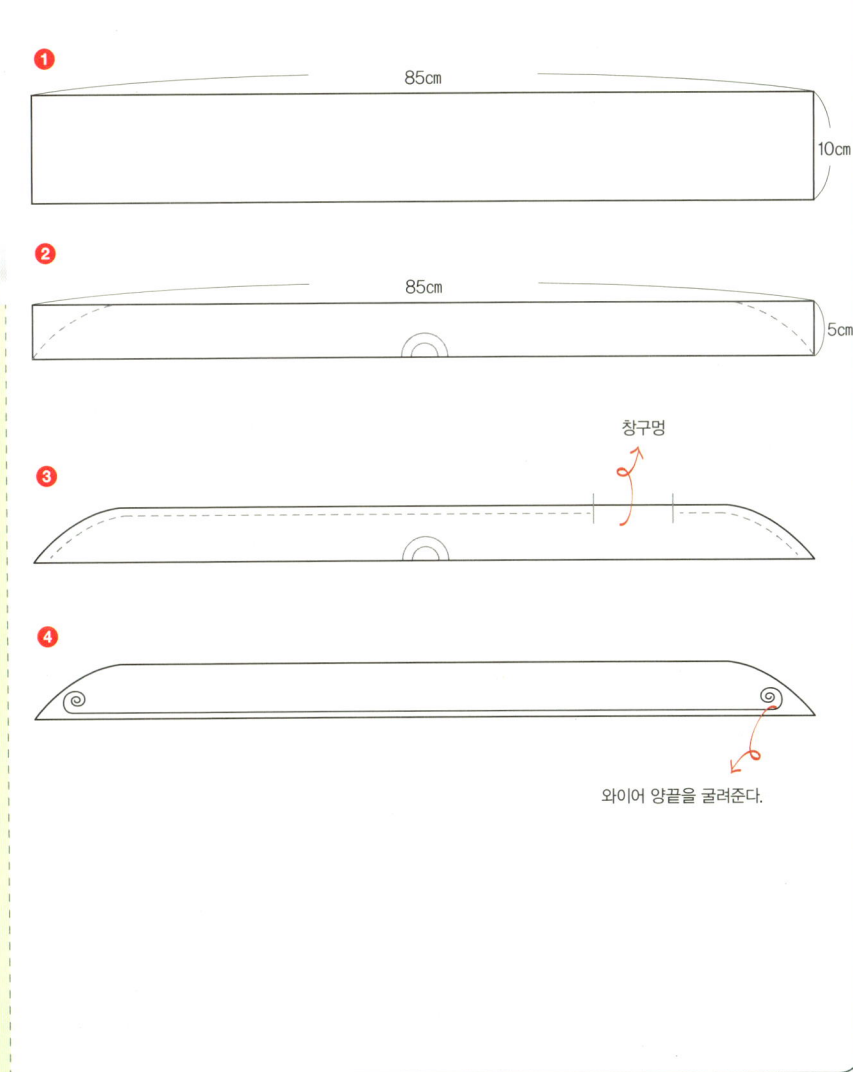

① 85cm / 10cm

② 85cm / 5cm

③ 창구멍

④ 와이어 양끝을 굴려준다.

SEWING STORY

아날로그 감성
이어폰 홀더

EARPHONE HOLDER

58p

- **완성 크기**
  지름 11cm

- **재료**
  30수 면원단, 3온스 솜, T단추

- **재단 사이즈**
  지름 12cm 원형(시접 0.5cm 포함)

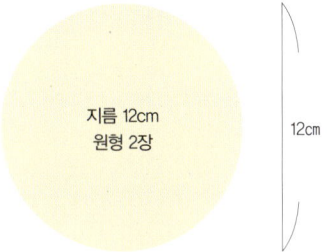

지름 12cm
원형 2장

12cm

남녀노소 누구나 가지고 다니는 이어폰.
가방에서 찾기도 힘들고, 늘 엉키고 꼬여 있어 보관하고 관리하기 불편하셨죠?
이제 정말 쉽고 간단하게 만든 홀더에 이어폰을 둥글게 감아 감싸주면 끝!

키홀더 1세대
슬리퍼 모양
키홀더
KEY HOLDER

59p

완성 크기
가로 8cm×세로 11cm

재료
40수 면원단, 4온스 솜, 나무장식, 오시도리끈, 쇠링

재단 사이즈
바닥 2장, 뚜껑 2장(슬리퍼 모양의 실물도안 참고)
※ 전체 시접 0.5cm 별도

뚜껑
겉감 1장, 안감 1장

바닥
겉감 1장, 안감 1장

요즘 시중에서 파는 키링에서는 느낄 수 없는 감성에 앙증맞은 키홀더.
어디서든 쉽게 열쇠를 찾을 수 있도록 나만의 키홀더를 만들어보세요.
선물 아이템으로도 좋아요.

이어폰 홀더

만드는 방법

① 면원단을 지름 12cm 원형으로 겉감과 안감 1장씩 재단한다.

② 3온스 솜을 지름 12cm보다 조금 크게 재단하여 맨 아래에 둔 후, 겉감과 안감을 겉끼리 맞댄다. 창구멍만 남기고 0.5cm 시접으로 돌려가며 박음질한다.

③ 바느질땀이 다치지 않을 정도로만 솜을 바짝 잘라낸다.

④ 창구멍으로 뒤집은 후, 공그르기로 창구멍을 손바느질한다.

⑤ 원형을 반으로 접고 T단추를 맞대어 달아준다.

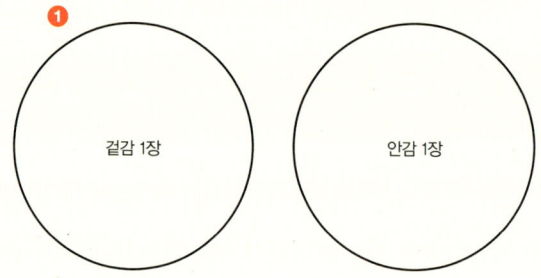

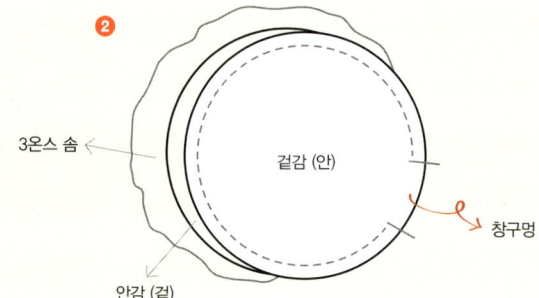

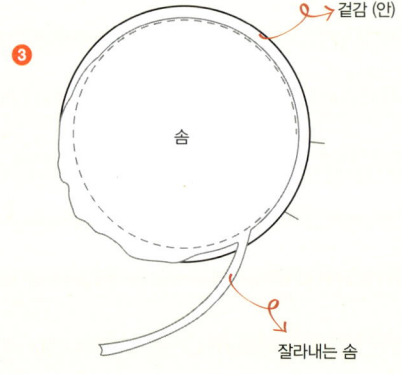

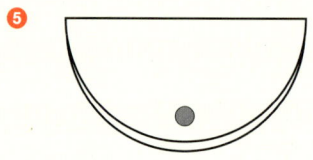

슬리퍼 모양 키홀더

만드는 방법

❶ 실물도안을 이용하여 시접 0.5cm로 뚜껑
　모양(겉감 1장, 안감 1장)과 바닥 모양(겉감
　1장, 안감 1장)을 재단한다.

❷ 뚜껑 모양 원단의 겉감과 안감을 겉끼리
　맞댄 다음, 솜을 맨 아래에 댄다. 시접
　0.5cm 안쪽으로 창구멍을 남기고 박음질
　한다.

❸ 발바닥 모양 원단도 겉감과 안감을 겉끼리
　맞댄 후, 솜을 맨 아래에 댄다. 시접 0.5cm
　안쪽으로 창구멍을 남기고 박음질한다.

❹ ②, ③ 모두 박음선이 다치지 않을 정도로
　남은 솜을 바짝 잘라낸다.

❺ 뚜껑 모양과 바닥 모양 모두 창구멍으로 뒤
　집고, 창구멍을 공그르기로 손바느질한다.

❻ 완성된 뚜껑과 바닥 모양에 중심을 표시
　한다.

❼ 바닥 모양과 뚜껑 모양을 중심에 맞춰 댄
　후, 공그르기로 바느질한다.

 TIP

이때 오시도리끈이 들어가기 때문에, 중심
쪽에는 0.7cm 공그르기를 하지 않는다.

❽ 오시도리끈에 쇠링을 끼우고 완성된 키홀
　더에 끼워준 다음, 나무장식에 매듭을 매
　준다.

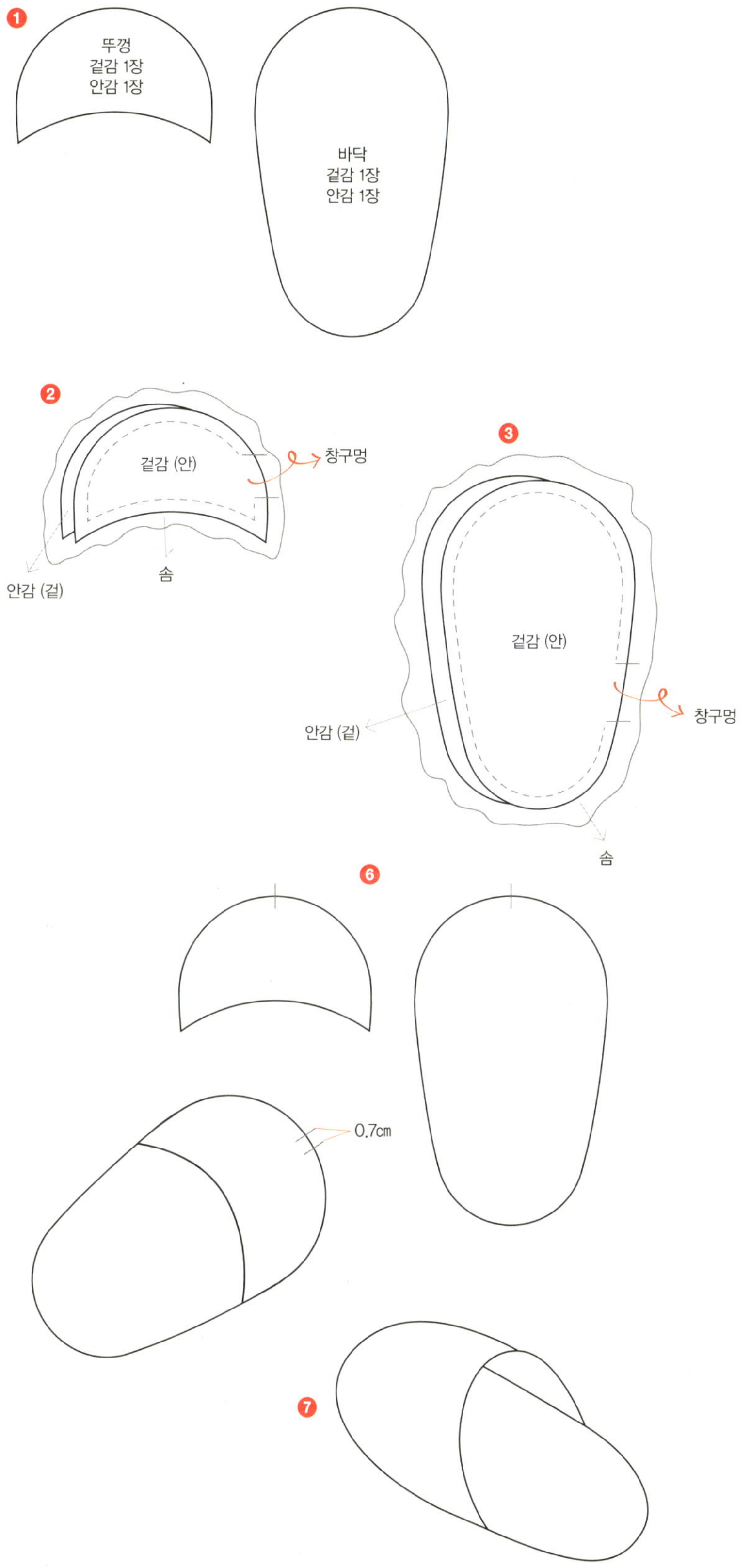

---

❶ 뚜껑
　겉감 1장
　안감 1장

　바닥
　겉감 1장
　안감 1장

❷ 겉감 (안)
　창구멍
　안감 (겉)
　솜

❸ 겉감 (안)
　안감 (겉)
　창구멍
　솜

❻ 0.7cm

❼

64p

SEWING STORY

감사한 마음을 담아
용돈 파우치

GIFT ENVELOPE

Package

- **완성 크기**
  가로 20cm×세로 10cm

- **재료**
  무늬원단, 단색원단, 접착심지, T단추

- **재단 사이즈**
  겉감 뚜껑 무늬원단 1장(실물도안 참고)
  겉감 몸판 단색원단 1장(실물도안 참고)
  안감 단색원단 1장(실물도안 참고)
  ※ 전체 시접 포함

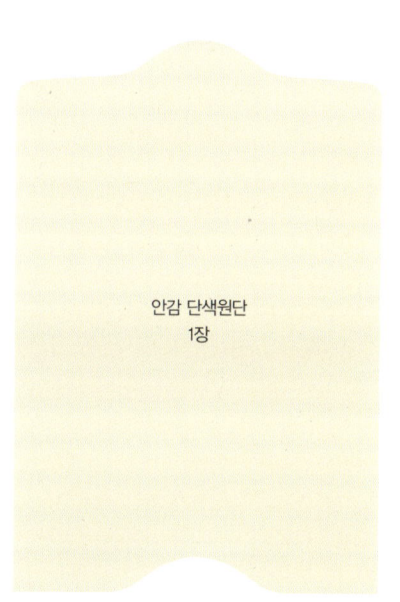

겉감 뚜껑
무늬원단 1장

겉감 몸판
단색원단 1장

안감 단색원단
1장

부모님이나 아이에게 특별한 마음을 전할 때 사용하면 좋은 용돈 봉투입니다.
받는 사람도 재사용할 수 있어 주는 기쁨과 받는 행복이 두 배가 되는
용돈 파우치를 만들어보세요.

매일 자랑하고 싶은
다이어리 · 북커버
DIARY COVER

65p

Package

- **완성 크기**
  가로 13cm×세로 20cm×폭 2.5cm(사용하는 다이어리 크기)

- **재료**
  리넨무늬원단, 30수 면원단, 2온스 솜, T단추, 가죽여밈

- **재단 사이즈**
  겉감 리넨무늬원단 1장(28cm×21cm)
  안감 30수 면원단 1장(28cm×21cm)
  안감 덧단 30수 면원단 2장(18cm×21cm)
  2온스 접착솜 1장(29cm×22cm)
  가죽 1장(2.5cm×8cm)
  ※ 전체 시접 포함

겉감 리넨무늬원단
1장
21cm
28cm

안감 30수 면원단
1장
21cm
28cm

안감 덧단
30수 면원단
2장
21cm
18cm

2온스 접착솜
1장
22cm
29cm

가죽 1장
8cm
2.5cm

새해를 맞이하면서 준비하는 일 중의 하나가 다이어리 구입이잖아요.
새해 계획과 함께 연중행사를 정리하고 중요한 것들을 메모하는 다이어리에
내 취향 가득 담긴 나만의 커버를 만들어 사용하면 더욱 애착이 생기지 않을까요.

용돈 파우치

만드는 방법

❶ 실물도안을 이용하여 겉감 뚜껑 무늬원단 하단과 몸판 단색원단 상단에 0.7cm 시접으로 재단한다. 뚜껑과 몸판을 이어 박고 겉감에 접착심지를 대어 다림질한 다음, 접착심지를 겉감에 맞춰 잘라낸다.

❷ 만들어놓은 겉감을 안감 단색원단과 겉끼리 맞대고, 하단을 0.7cm 시접으로 박음질한다. 이때 시접은 가윗밥을 주고 가름솔로 다림질한다.

❸ 겉감의 B부분을 접어 뚜껑을 이어 박은 A 부분까지 보내고 다림질한다.

❹ 안감도 B부분을 겉감의 반대편으로 접어 다린 다음, 0.7cm 시접 안쪽으로 ●부분까지 박음질한다. ▲부분은 겉감만 박음질하고 창구멍인 안감은 박음질하지 않는다.

❺ 곡선 부분에 가윗밥을 주고, 창구멍으로 뒤집어 다림질한다.

❻ 창구멍을 박음질하고 여밈 부분에 T단추를 달아준다.

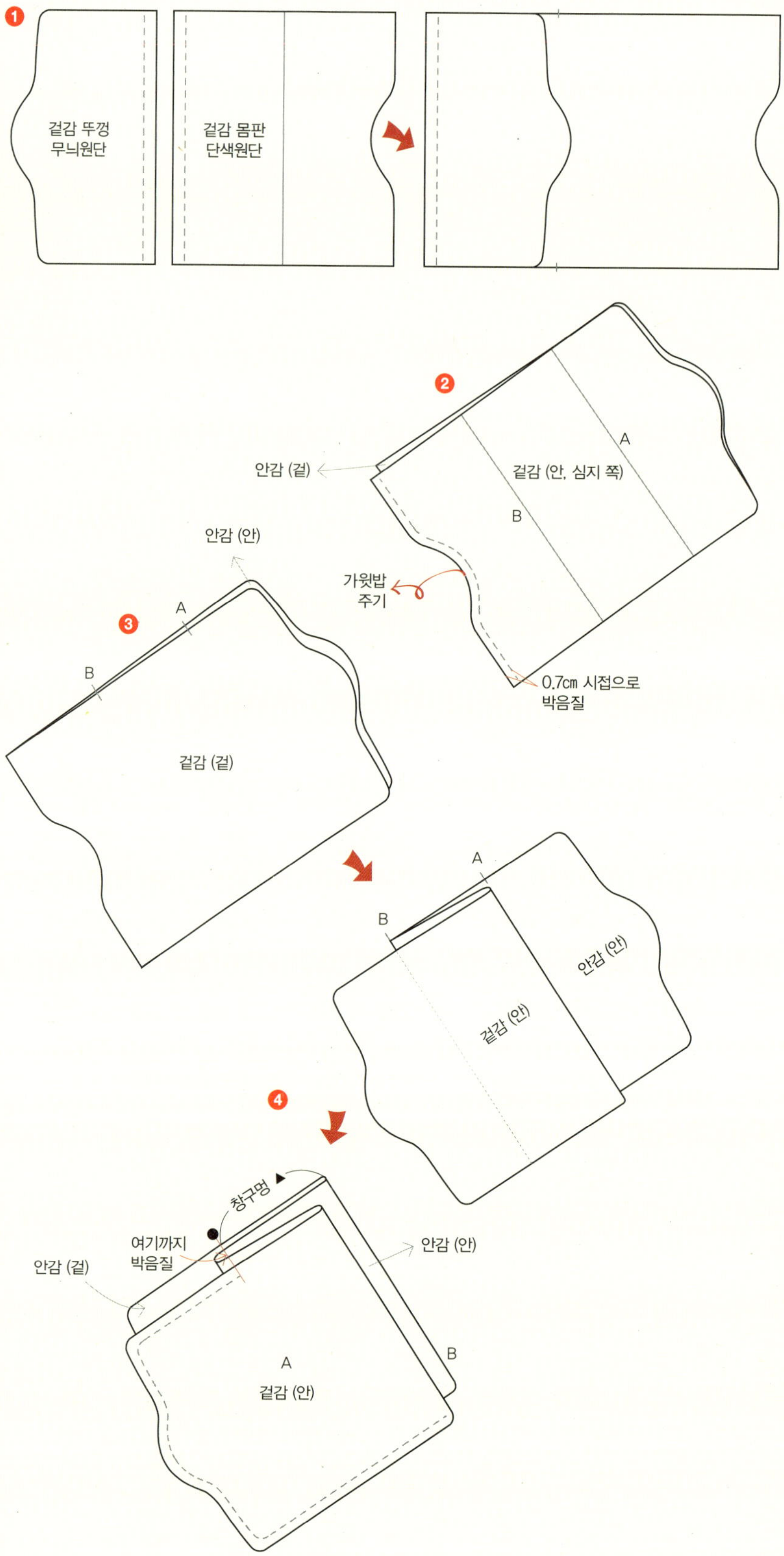

❶ 겉감 뚜껑 무늬원단   겉감 몸판 단색원단

❷ 안감 (겉)   겉감 (안, 심지 쪽)   A   B   가윗밥 주기   0.7cm 시접으로 박음질

❸ 안감 (안)   A   B   겉감 (겉)

A   B   겉감 (안)   안감 (안)

❹ 창구멍 ▲   여기까지 박음질   ●   안감 (겉)   안감 (안)   A   겉감 (안)   B

다이어리·북커버

만드는 방법

❶ 재단된 겉감 리넨무늬원단에 2온스 접착솜
을 대고 다림질한 다음. 남은 솜을 겉감에
맞춰 잘라낸다.

❷ 가죽여밈(2.5×8cm)을 겉감의 왼편 중심
에 끝박음질한다.

❸ 안감 덧단 30수 면원단(18×21cm) 2장을 9
×21cm 되도록 접은 후. 겉감 겉 양쪽에
대고 끝박음질한다.

❹ 안감 30수 면원단(28×21cm)을 ③ 위에 겉
끼리 맞대고 창구멍을 남겨 박음질한다.

❺ 사각의 모서리 부분을 잘라내고 창구멍으
로 뒤집는다.

❻ 창구멍을 공그르기로 손바느질한 후. 잘
펴지도록 다림질한다.

❼ 가죽여밈에 T단추를 달아준다.

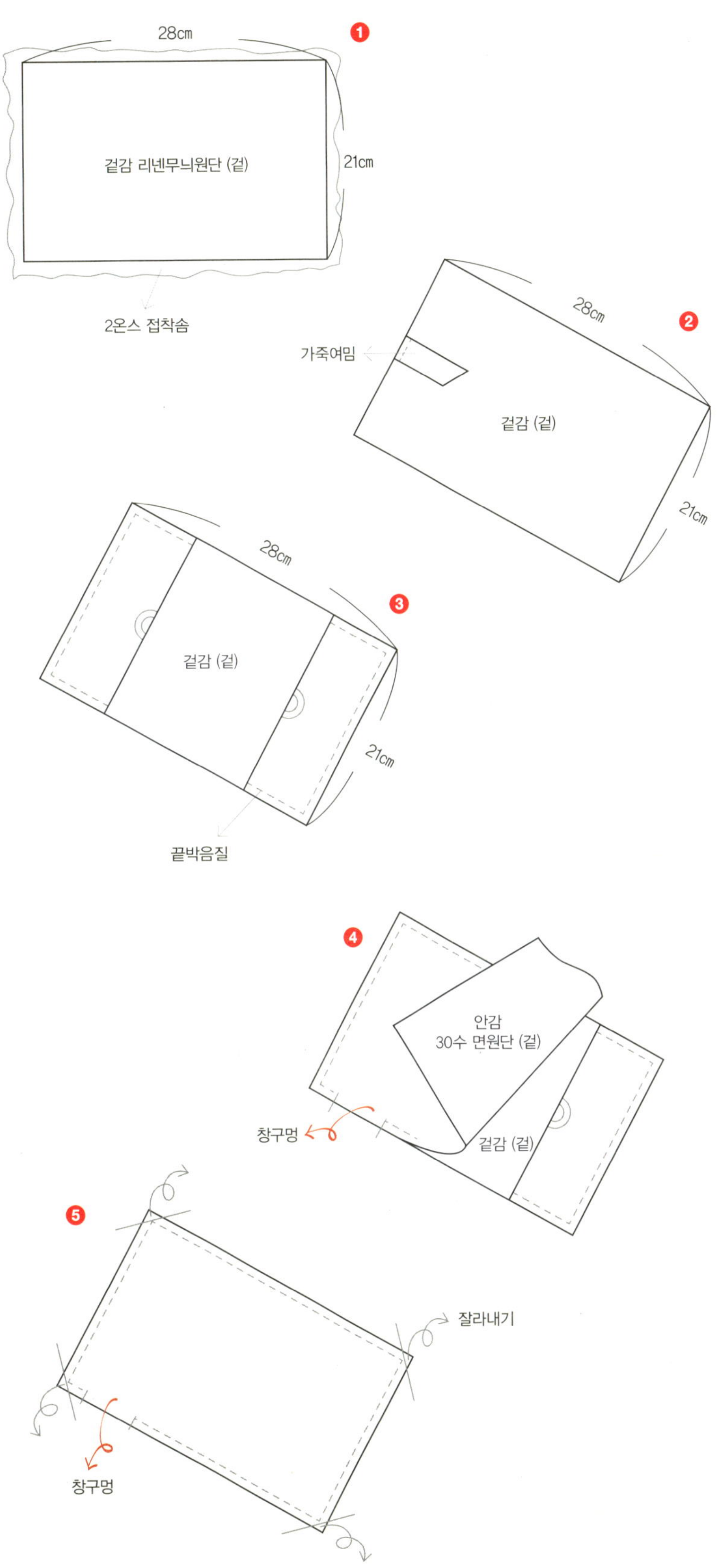

❶ 28cm

겉감 리넨무늬원단 (겉)

21cm

2온스 접착솜

❷ 28cm

가죽여밈

겉감 (겉)

21cm

❸ 28cm

겉감 (겉)

21cm

끝박음질

❹

안감
30수 면원단 (겉)

창구멍

겉감 (겉)

❺

잘라내기

창구멍

안전하게 보관할 수 있는
태블릿 PC
파우치
TABLET PC POUCH

68p

- **완성 크기**
  가로 15cm×세로 24cm

- **재료**
  옥스퍼드무늬원단, 옥스퍼드무지원단, 30수 면원단, 메쉬원단,
  4온스 솜, 고무줄(폭 1.5cm×길이 16cm), 5호 지퍼(57cm), 슬라이드

- **재단 사이즈**
  겉감 옥스퍼드무늬원단 2장(실물도안, 시접 포함)
  주머니 옥스퍼드단색원단 1장(20cm×30cm)
  겉감 바이어스 옥스퍼드단색원단 1장(폭 3.5cm×길이 15cm)
  지퍼마감 옥스퍼드단색원단 2장(3cm×18cm)
  안감 30수 면원단 2장(실물도안 이용, 겉감보다 전체 0.5cm 작게)
  안감 전체 바이어스 30수 면원단 2장(폭 3cm×길이 약 80cm 정도)
  주머니 메쉬원단 1장(14.5cm×17cm)

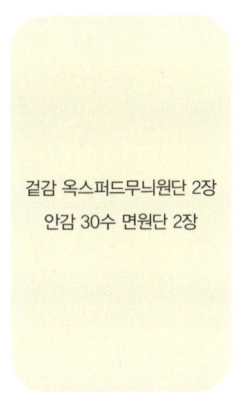

겉감 옥스퍼드무늬원단 2장
안감 30수 면원단 2장

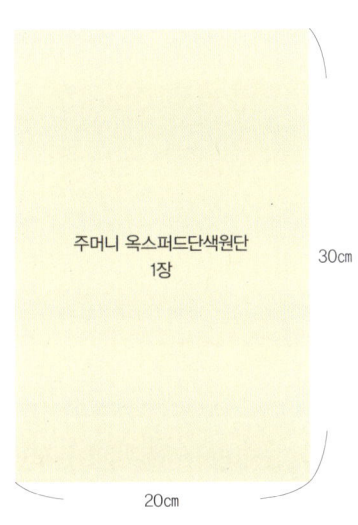

주머니 옥스퍼드단색원단
1장

30cm

20cm

겉감
바이어스 1장

15cm

3.5cm

지퍼마감 2장

18cm

3cm

안감
전체 바이어스 2장

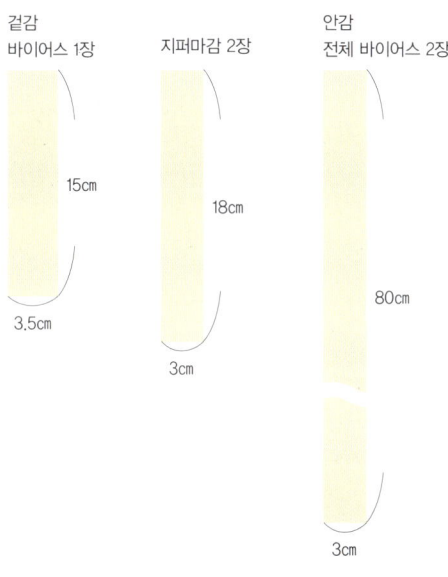

80cm

3cm

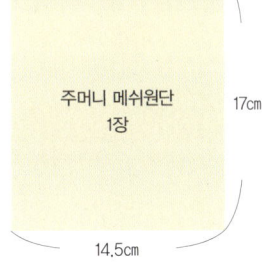

주머니 메쉬원단
1장

17cm

14.5cm

요즘은 아이패드, 지패드, 갤럭시탭 같은 휴대가 간편한 전자기기들이 많아서,
좀 더 깨끗하고 안전하게 보관할 수 있는 전용 파우치는 필수 같아요.
남들과 다른 나만의 느낌으로 태블릿 PC 보관용 파우치에 넣어 스마트한 일상 보내세요.

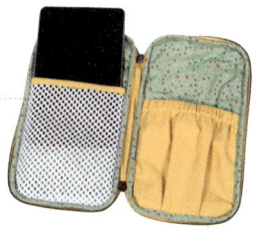

01 겉감 옥스퍼드무늬원단 2장에 솜을 대고, 그림을 따라 박음질하여 누벼준다.

02 지퍼와 지퍼마감 원단 연결하기

❶ 지퍼마감 옥스퍼드단색원단 1장 아래에 솜을 대고 끝박음질한다.

❷ ~ ❸ 솜을 댄 지퍼마감 원단과 솜을 대지 않은 지퍼마감 원단 사이에 5호 지퍼(57cm)를 끼우고, 1cm 시접으로 박음질한다.

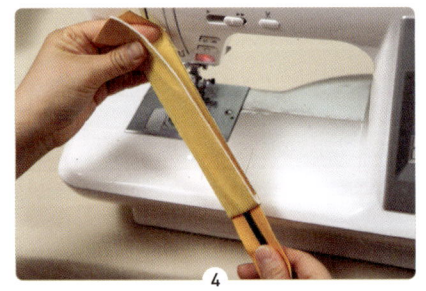

03 겉감에 지퍼 박음질하기

❶ ~ ❷ 지퍼마감 원단의 중심을 표시하고 누벼놓은 겉감 중심과 맞춘다. 겉감 중심부터 0.5cm 시접으로 겉감 가장자리를 박음질한다.

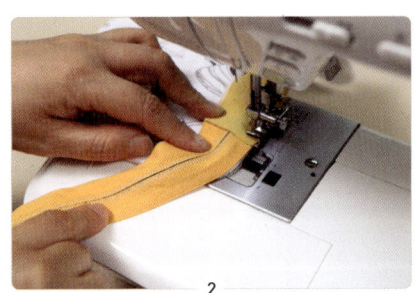

❸ ~ ❻ 남은 겉감 1장도 박지 않은 반대편 지퍼
와 맞대고, 전체를 0.5cm 시접으로 박음질한다.

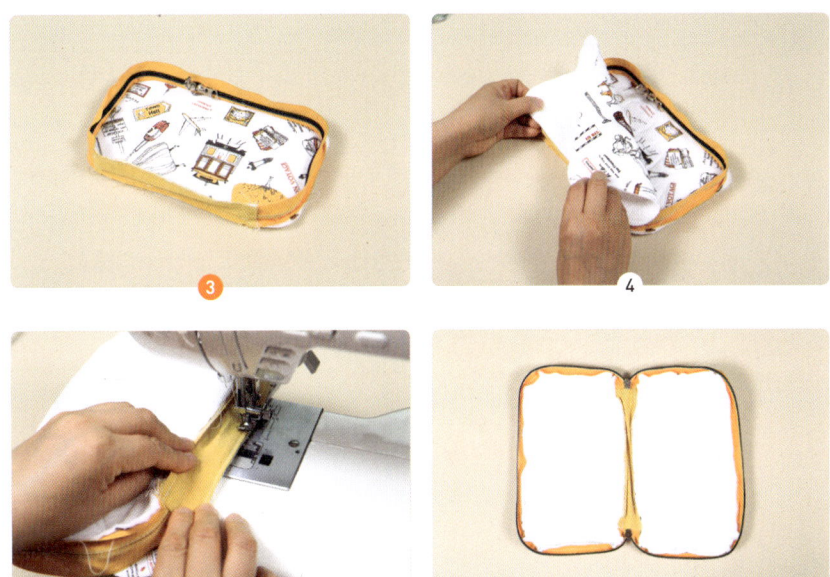

04 주머니가 될 메쉬원단 상단에 폭
3.5cm 바이어스를 0.7cm 시접으로 박음질
한다. 밖으로 두 번 접어 바이어스를 감싸 끝
박음질한 후, 안감 30수 면원단 하단에 맞춰
끝박음질하여 수납공간을 만들어준다.

05 주머니 옥스퍼드단색원단 1장을 반으로 접은 다음(20×15cm), 골선 부분에 1.5cm 선을 그리고 선을 따라 박음질한다.
박음질한 1.5cm 터널 속으로 고무줄을 집어넣고 잡아당겨 14.5cm로 가로 길이를 맞춘 다음, 끝을 돌려가며 박음질한다.

④ 넉넉한 원단 하단은 주름을 접어 폭을 맞춰 준다.

06 만들어놓은 양쪽 안감을 겉감 안에 나란히 대고 같이 끝박음질한다.

70

07 안감 원단과 같은 색상의 바이어스 (폭 3cm)를 겉감 지퍼 부분에 댄 후, 겉감 쪽 중심부터 0.7cm 시접으로 박음질한다.

3 ~ **5** 바이어스는 사선으로 접고 박음질 안 된 부분은 끝까지 박음질하여 바이어스 마감 처리를 한다.

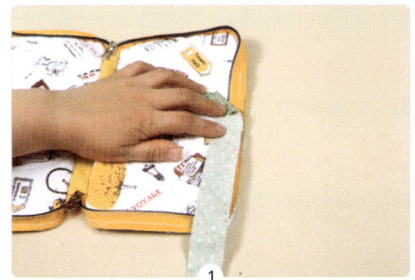

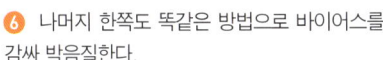

6 나머지 한쪽도 똑같은 방법으로 바이어스를 감싸 박음질한다.

7 바이어스를 안쪽으로 두 번 접고 끝박음질한다.

NO.2

나를 닮은
우리 집 생활 소품

Package

- **완성 크기**
  가로 35cm×세로 36cm(시중에 파는 수건을 반 잘라 사용)

- **재료**
  타월, 무늬원단, 리본테이프, T단추

- **재단 사이즈**
  타월 1장(35cm×38cm)
  무늬원단 3장(12cm×12cm, 38cm×8cm, 5cm×18cm)
  리본테이프 2줄(37cm)

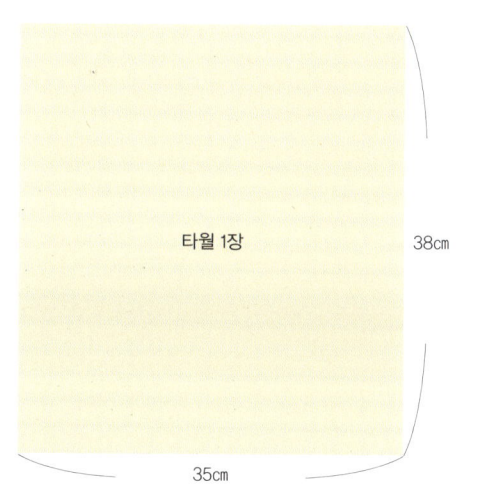

타월 1장

38cm

35cm

무늬원단

12cm

12cm

무늬원단

18cm

5cm

무늬원단

38cm

8cm

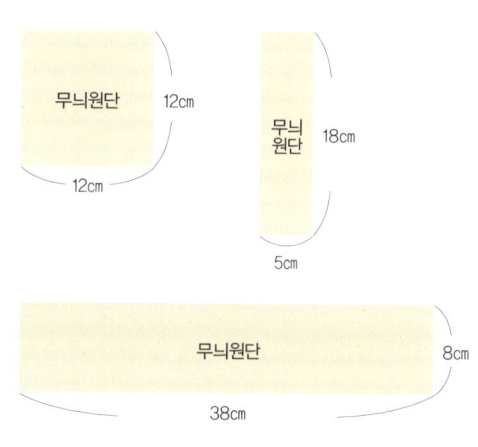

물이 있는 곳에 꼭 필요한 손 전용 타월이에요.

고리를 달아 걸어둘 수 있어 주방뿐 아니라 욕실, 베란다 등 언제 어디서나 사용하기 좋아요.

자연스럽게 인테리어 효과까지 톡톡히 볼 수 있는 실용적인 아이템입니다.

01 시중에 파는 긴 타월을 반 잘라내고 나머지 반만 사용한다. 자른 부분을 겉으로 1.5cm 접어놓은 후, 겉 상단에 포인트무늬원단 댈 곳을 정한다.

② 포인트무늬원단(12×12cm)을 사방 1cm 시접으로 접어 다림질한다.

02 끈고리로 사용할 무늬원단(5×18cm) 한쪽 끝을 접어 다림질하고, 이어서 대문접기로 양끝을 다림질한다. 이때 반대편 끝은 시접을 접지 않고 다림질한다. 마무리된 한쪽 끝부터 박음질하기 시작해서 끈 가장자리를 끝박음질한다.

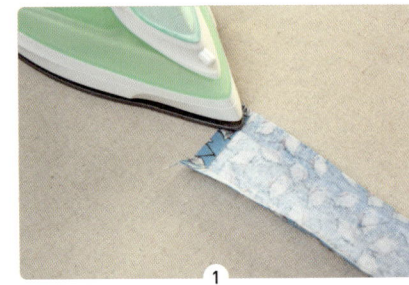

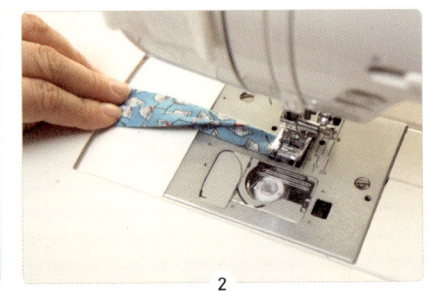

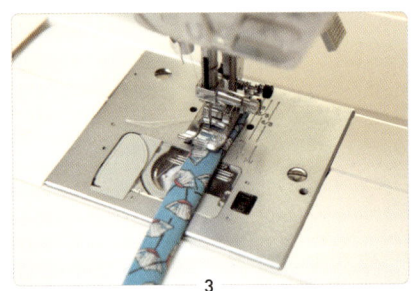

03 박음질된 끈을 준비된 타월 모서리 부분에 선박음질한다. 다려놓은 포인트무늬원단(12×12cm)을 모서리 끈 위에 맞춰 올려놓고 사방으로 박음질한다.

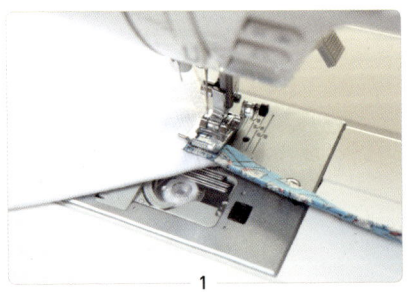

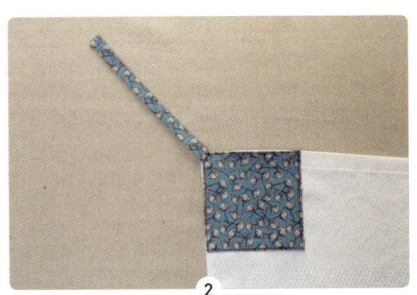

04 포인트로 사용될 또다른 무늬원단(38×8cm)의 긴 가로선 양옆을 1cm 접어 다림질하고, 그 위에 리본테이프를 양옆으로 얹어 놓은 후, 한쪽씩 박음질한다.

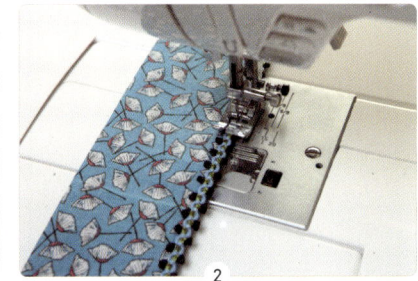

④ 원단에 맞춰 남은 리본테이프를 깨끗이 잘라 정리한다.

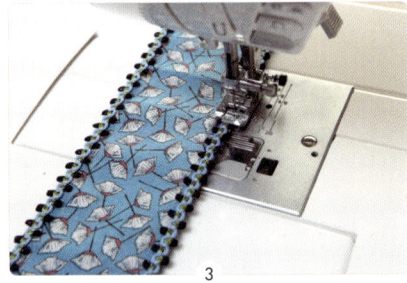
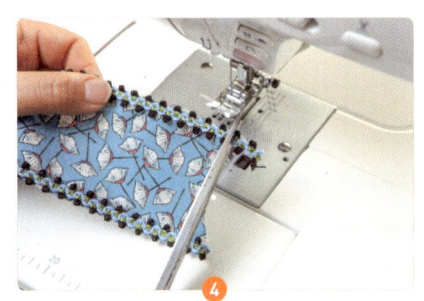

05 만들어놓은 타월 하단 1cm 띄운 지점에 리본테이프 박은 무늬원단을 올려두고 중심을 맞춘다. 양끝을 접어 넣고 타월 폭에 맞춰 시침한 후, 리본테이프 양옆을 박음질한다.

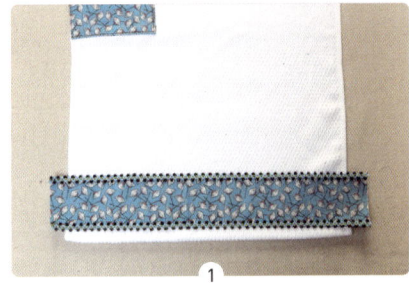

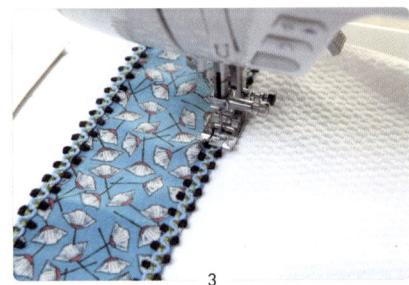
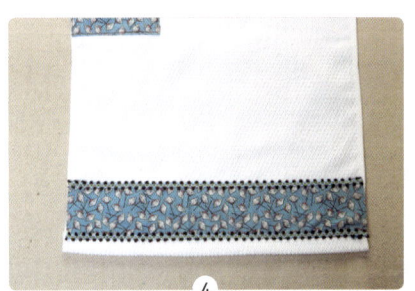

06 끈과 포인트무늬원단(12×12cm)을 박음질한 곳에 T단추를 달아 고리로 만든다.

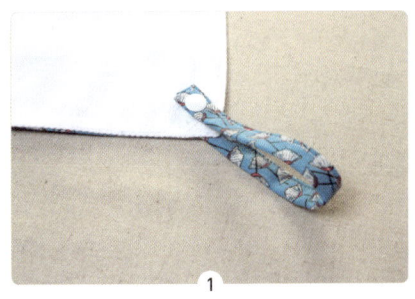
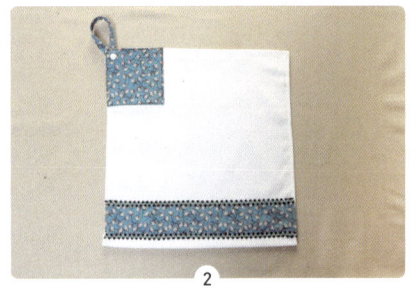

실용성과 스타일 모두!
캐주얼 에이프런

BASIC APRON

80p

- **완성 크기**
  가로 100cm×세로 76cm

- **재료**
  무늬면원단, 솔리드원단, 조리개세트, 가죽라벨

- **재단 사이즈**
  앞치마(실물도안 참고, 시접 포함)
  끈가리개 덧단(실물도안 참고, 시접 포함)
  주머니감 2장(18cm×20cm, 시접 별도)
  허리끈 2장(6cm×90cm)
  목끈 1장(8cm×60cm)

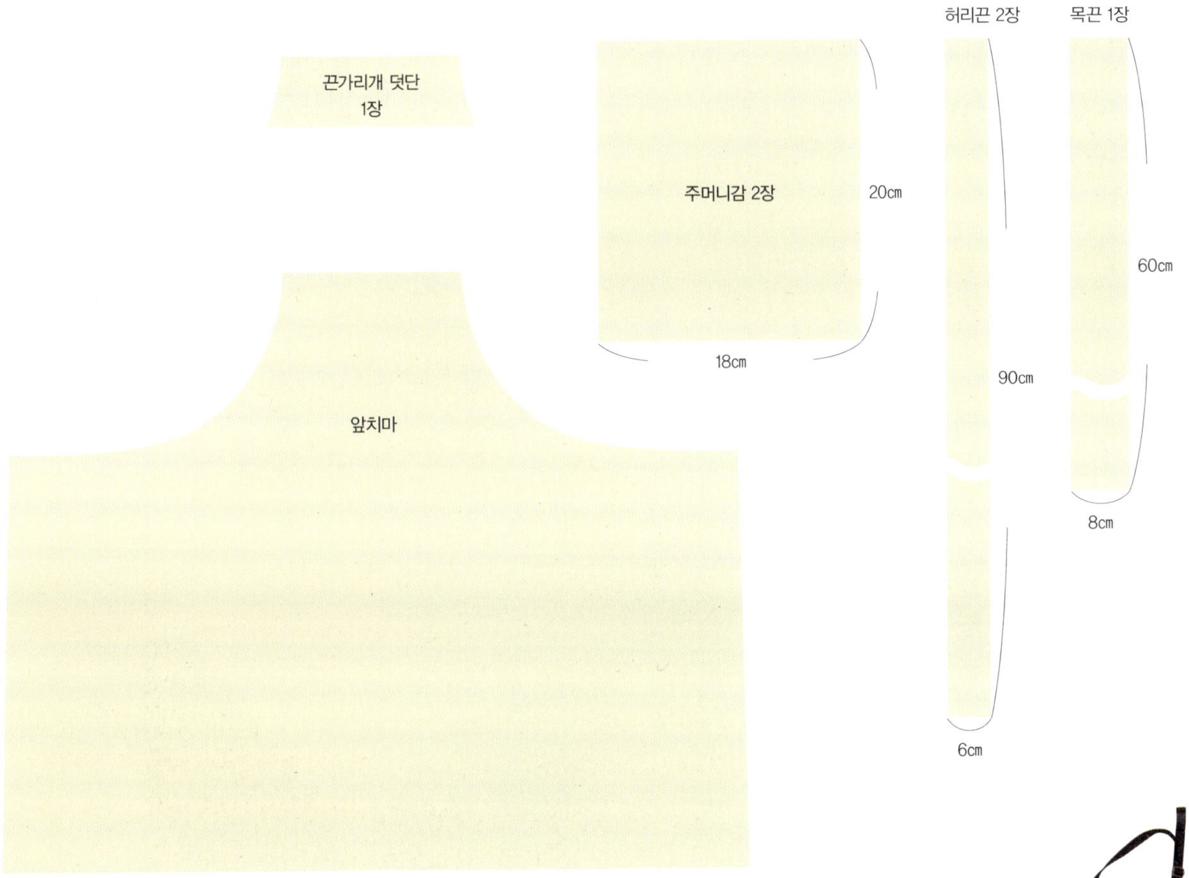

끈가리개 덧단
1장

주머니감 2장

20cm

18cm

앞치마

허리끈 2장

목끈 1장

60cm

90cm

8cm

6cm

주방뿐 아니라 카페나 공방 등 다양한 공간에서 모던한 스타일을 연출할 수 있는
에이프런입니다. 길이 조절이 자유로운 목 스트랩으로 남녀 모두에게 잘 어울리는
실용적인 디자인이에요. 앞면에는 넉넉한 사이즈의 포켓이 있어 작업도구, 펜 등을
보관하기 좋아요.

① ~ ② 허리끈(6×90cm) 2장을 대문접기하여
다림질한 다음 끝박음질한다.(1.5×90cm, 2장)

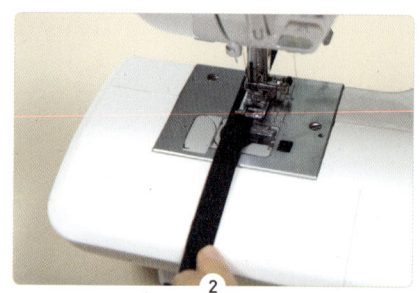

③ ~ ④ 목끈(8×60cm) 1장도 대문접기하여
다림질한 다음 박음질한다.(2×60cm, 1장) 목
끈 한쪽에 고리를 걸어 접고 4cm 길이로 자른
후, 끝박음질하여 고정해놓는다.

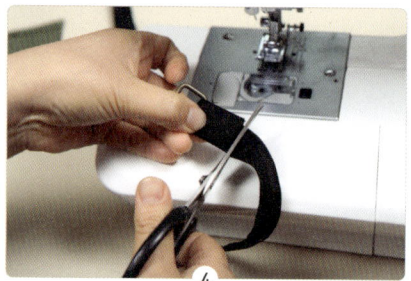

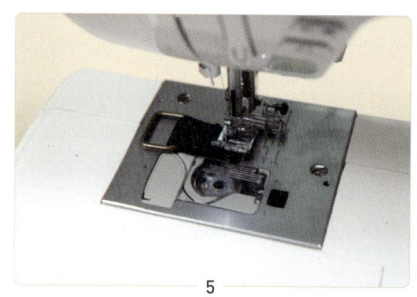

02 끈가리개 덧단 하단을 0.7cm로 두 번
접어 다린 후 끝박음질하면, 허리끈과 목끈
을 가리는 덧단이 만들어진다.

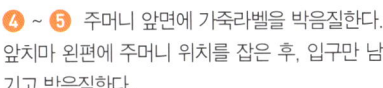 **03 주머니 만들어 달기**

① ~ **③** 주머니감(18×20cm) 2장을 겉끼리 맞대고 창구멍을 표시한 다음, 시접 0.7cm를 그려준다. 창구멍만 남기고 박음질한 후, 뒤집어 다림질한다.

④ ~ **⑤** 주머니 앞면에 가죽라벨을 박음질한다. 앞치마 왼편에 주머니 위치를 잡은 후, 입구만 남기고 박음질한다.

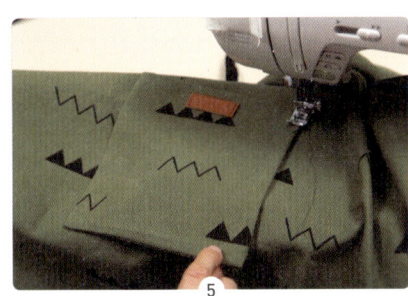

04 앞치마감 상단 오른편에서 2cm 띄운 지점에 목끈을 고정하고, **01**에서 고리 걸어 놓은 끈을 왼쪽에서 2cm 띄운 지점에 시침핀으로 고정한다. 그 위에 끈가리개 덧단을 놓고 시침핀으로 고정한 후, 2cm 시접선과 상단 1cm 시접선을 그리고 선을 따라 박음질한다.

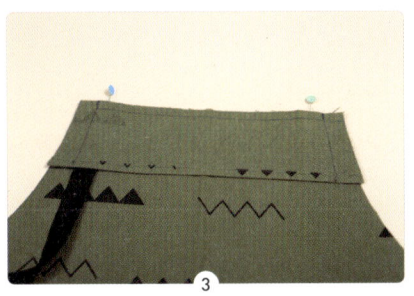

05 박음질한 덧단감을 뒤집어서 뒷면 양 옆을 1cm로 두 번 접어 다림질한 후, 접힌 부분을 끝박음질한다. 이때 양끝에는 허리끈을 끼워 넣어 박음질한다. 안쪽에서 바깥쪽으로 끈을 고정하여 한 번 더 박음질한다.

06 목끈에 조리개 고리를 끼우고, 앞치마 상단에 박음질해놓은 고리에 끼운다.

1

2

④ 끈 끝부분을 두 번 접어 박음질하여 마무리한다.

3

4

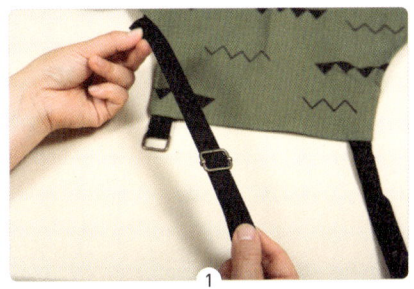

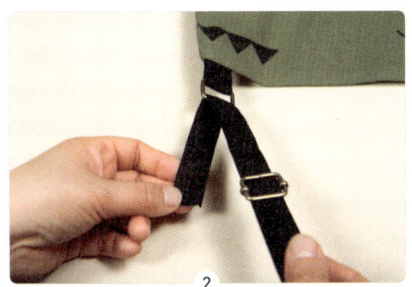

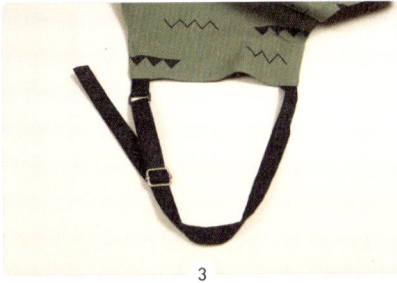

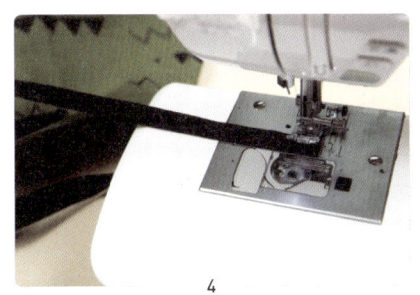

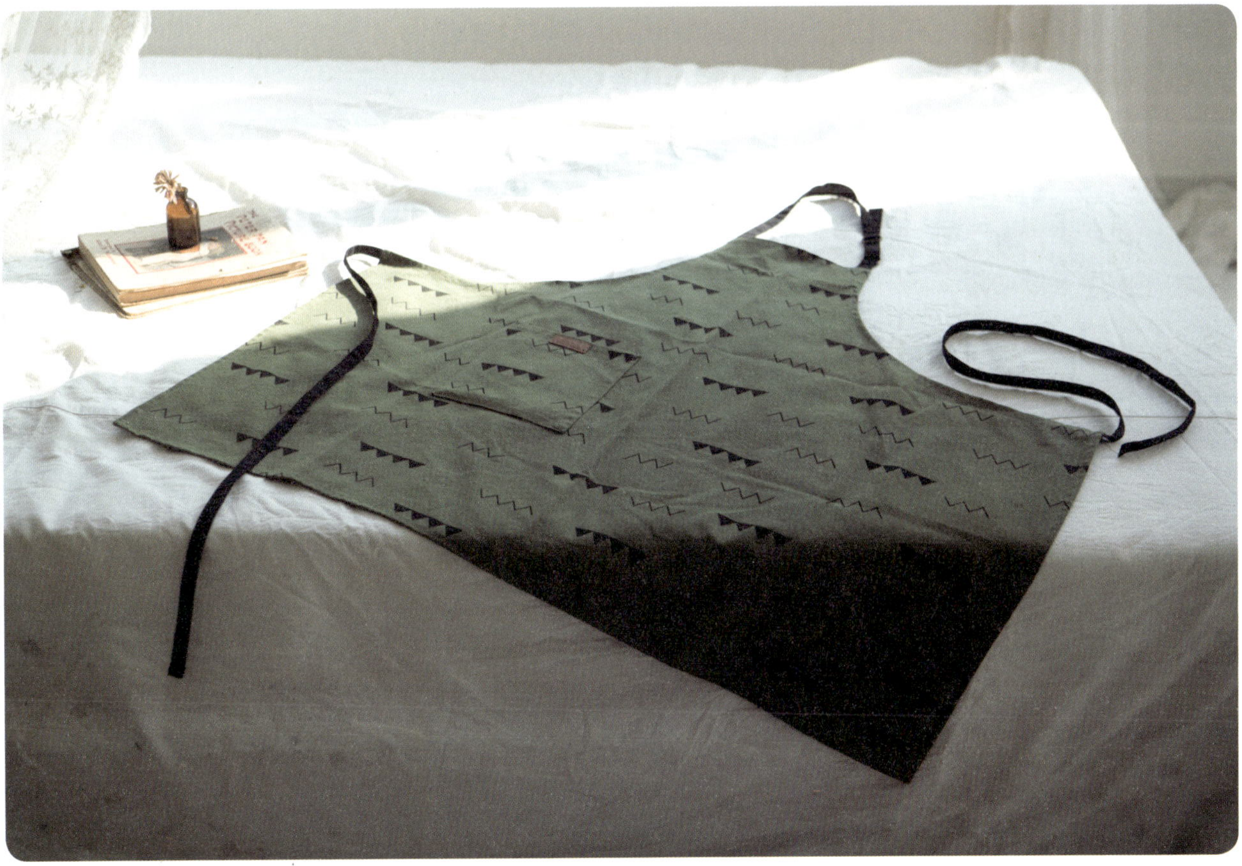

SEWING STORY

특별한 날 입고 싶은
로맨틱
랩 앞치마
LOVELY APRON

86p

- **완성 크기**
  약 가로 50cm×세로 90cm

- **재료**
  20수 무늬원단 2종(꽃무늬, 도트), 20수 무지원단, 거즈원단,
  광목오공레이스(350cm), 면라벨

- **재단 사이즈**
  스커트 꽃무늬원단 1장(145cm×60cm)
  주머니 꽃무늬원단 2장(18cm×15cm)
  상의 도트원단 1장(실물도안 참고)
  상의 무지원단 1장(실물도안 뒤집어 재단)
  상의 거즈원단 2장(실물도안 참고)
  어깨끈 도트원단 1장(55cm×5cm)
  어깨끈 무지원단 1장(55cm×5cm)
  어깨끈 거즈원단 2장(55cm×5cm)
  끈 도트원단 1장(55cm×6cm)
  끈 무지원단 1장(55cm×6cm)
  주머니 상단 무지원단 2장(18cm×8cm)
  바이어스 무지원단 1장(460cm×3.5cm)

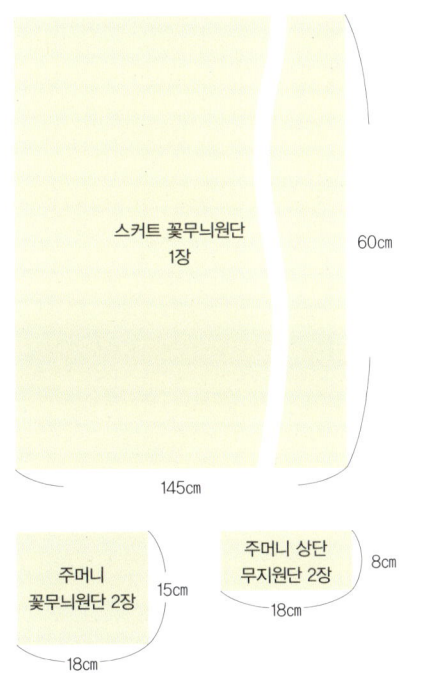

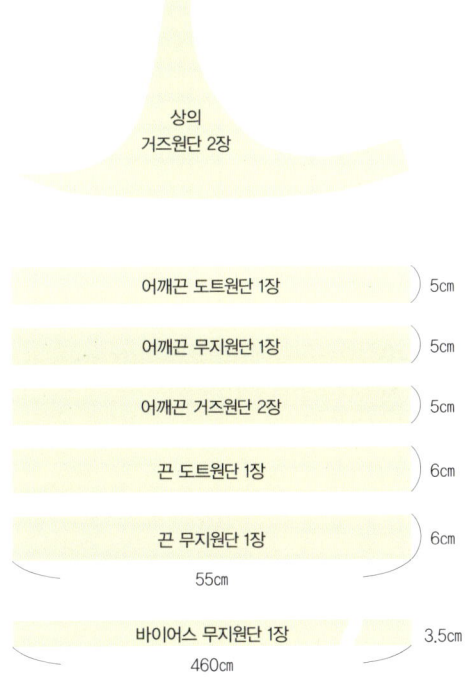

상의
도트원단 1장
무지원단 1장
(무지원단은 뒤집어서 재단)

상의
거즈원단 2장

스커트 꽃무늬원단
1장

60cm

145cm

주머니
꽃무늬원단 2장

15cm

18cm

주머니 상단
무지원단 2장

8cm

18cm

어깨끈 도트원단 1장 — 5cm
어깨끈 무지원단 1장 — 5cm
어깨끈 거즈원단 2장 — 5cm
끈 도트원단 1장 — 6cm
끈 무지원단 1장 — 6cm
55cm
바이어스 무지원단 1장 — 3.5cm
460cm

요리하는 시간을 더 즐겁게 만들어줄 여성스러움이 가득 묻어나는 러블리한 앞치마입니다.
전체적으로 자연스럽고 여유 있게 내려오는 핏에 넓은 어깨끈으로 안정적인 착용감이 특징이에요. 어깨끈은 뒤쪽에
서 크로스가 되는 형식으로 흘러내리지 않아 편안하답니다.

01 광목오공레이스에 주름발(땀수다이얼 4번, 윗실다이얼 7번)로 주름을 잡아주고, 주름 잡은 레이스를 주머니 2장 상단에 박아준다.

3 주머니 상단 무지원단을 반으로 다리고 다시 1cm씩 다린 후, 레이스 박은 주머니 뒷면 위에 대고 다림질선을 박음질한다.

4 ~ 5 레이스를 박은 주머니 앞면을 잘 접어 넣고 핀으로 고정한 후, 0.2cm로 박음질한다. 주머니 상단을 제외한 3면을 시접 1cm 안쪽으로 다려준다.

02 스커트 꽃무늬원단 옆선과 하단을 2cm씩 두 번 접어 다려주고, 옆선부터 0.2cm로 끝박음질한다.

4 모서리는 하단과 옆선으로 연결해 삼각형 모양으로 박아준다.

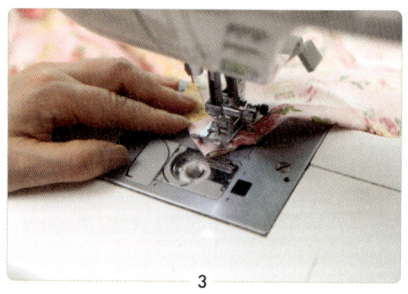

03 스커트 하단에서 22cm 지점과 중심에서 46cm 지점에 주머니 위치를 잡아 핀으로 고정한 후, 왼쪽 주머니 위쪽에서 5cm 지점에 면라벨을 끼워 넣는다. 고정한 주머니의 옆선과 하단을 0.2cm로 박음질한다.

04 상의 무지원단과 도트원단 안쪽에 주름 잡아놓은 레이스(주머니 달고 남은 부분)를 박음질한다. 레이스를 달아놓은 곳에 같은 색상의 어깨끈을 시접 1cm로 연결하여 박음질한다.

4 상의 거즈원단 2장도 어깨끈과 연결하여 박아준다.

5 시접은 가름솔로 다린다.

6 상의 겉감 아래에 거즈원단을 대고 전체 0.2cm로 박음질한다.

7 어깨끈 끝은 둥글게 자른다.

8 ~ **10** 바이어스를 하단 제외하고 상의 거즈원단부터 0.7cm로 박음질한다. 둥글게 잘라준 어깨끈 끝부분을 지날 때는 바이어스가 접히지 않도록 감싸준다. 바이어스를 겉으로 두 번 접어 감싸며 0.2cm로 박음질한다.

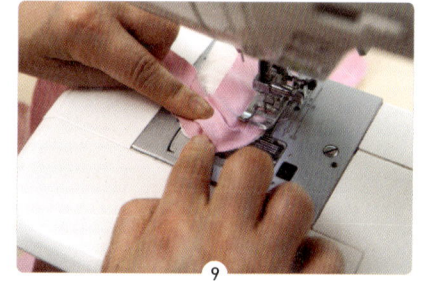

05 상의 하단과 스커트 상단을 오버로크한 다음, 주름노루발(땀수다이얼 4번, 윗실다이얼 7번)로 주름을 잡아준다. 상의 2장을 도안에 표시된 교차점에 맞춰놓고, 교차되는 부분을 0.5cm로 박아준다.

1

2

3

교차점은 개인사이즈에
맞춰 조율하기

06 끈(2장)을 반으로 접고 한쪽 끝을 1cm로 다려준다. 양옆도 1cm로 다림질한 후, ㄱ자로 0.2cm 박음질한다.

1

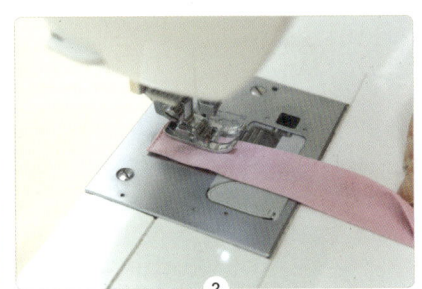
2

07 상의 겉 양끝 10cm 부분을 남기고 스커트 겉을 대어 핀으로 고정한 후, 1cm로 박음질한다.

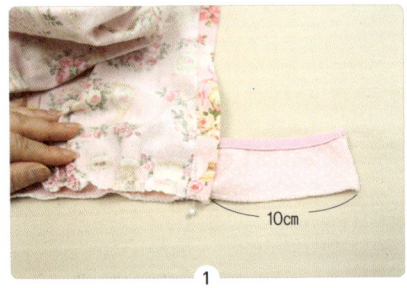
1

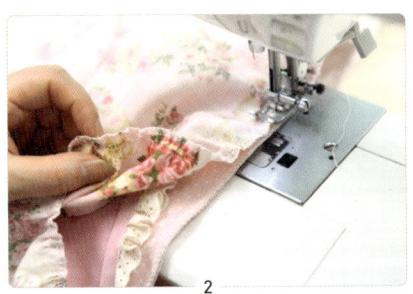
2

❸ 시접을 상의 쪽으로 보내고 겉감 쪽에서 0.3cm로 눌러박기한다.

❸

📍 TIP

10cm 부분은 개인 사이즈에 따라 조율하면
된다.(참고로 10cm는 M사이즈에 해당함)

08 어깨끈을 개인 사이즈에 맞게 X자로 맞춰 뒤쪽에 표시한다. 표시한 선을 상의 바이어스 끝과 10cm 남겨놓은 끝에 맞추고, 남겨놓은 부분을 안으로 접어 핀으로 고정한다.

참고로 사진에 보이는 어깨끈 사이즈는 47cm(55-8cm)

09 끈을 1.5cm 안으로 접어 넣고 치마 끝 부분에 핀을 꽂은 후, 겉에서 ㄱ자로 0.3cm 박음질한다.

3 ~ 4 끈 부분을 지날 때는 튼튼하게 되돌아 박기한다. 끈 안쪽도 튼튼하게 되돌아박기하여 완성한다.

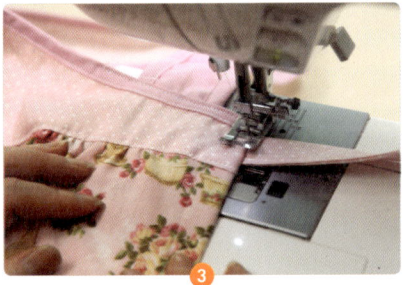

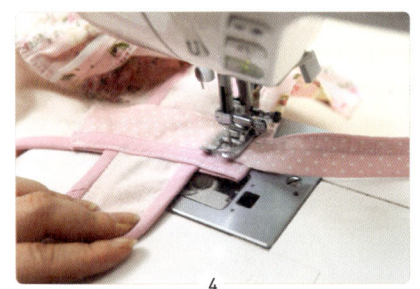

상의 양쪽 끝에 어깨끈을 박아 완성한 모습

- **완성 크기**
  가로 27cm×세로 11cm

- **재료**
  실내화 고무속판, 누비원단, 순면원단, 논슬립원단, 방울솜(조금)

- **재단 사이즈**
  누비원단 4장(실물도안 참고)
  리본뚜껑 순면원단 8장(실물도안 참고)
  바이어스 순면원단 1장(150cm×3.5cm)
  바닥 논슬립원단 2장(실물도안 참고)

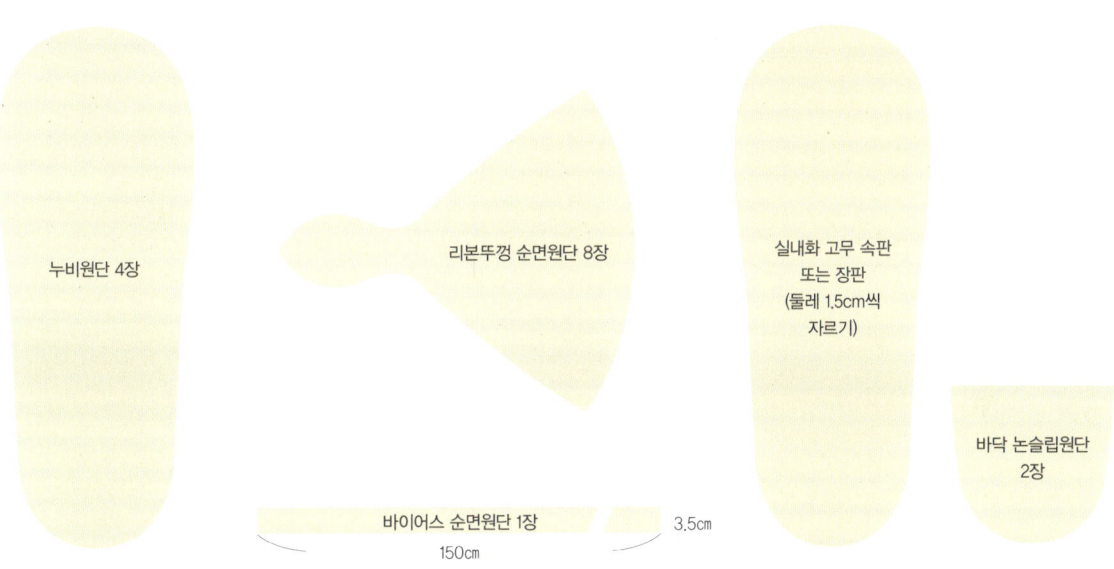

누비원단 4장

리본뚜껑 순면원단 8장

실내화 고무 속판
또는 장판
(둘레 1.5cm씩
자르기)

바닥 논슬립원단
2장

바이어스 순면원단 1장

150cm

3.5cm

러블리한 디자인으로 침실, 거실, 사무실, 독서실 어느 곳이든 잘 어울리는 여성스러움이 돋보이는
실내 슬리퍼입니다. 개인 발 사이즈에 맞춰 리본으로 조절하여 묶는 디자인이라 실용적이며,
솜을 넣어 따뜻하게 발을 감싸주어 쌀쌀한 가을부터 봄까지 실내화로 좋아요.

90p

리본 실내화

만드는 방법

① 리본뚜껑 순면원단을 2장씩 겉끼리 맞댄 후, 창구멍 5cm 남기고 0.7cm로 박음질한다. 같은 방법으로 4개를 만든다.
  - 전체 가윗밥을 주고 리본감 4개를 뒤집는다.
  - 창구멍 시접을 안으로 잘 접어 넣고 다림질한다.

② 창구멍으로 방울솜을 넣고 창구멍을 핀으로 꽂은 후, 한 손으로 솜을 눌러가며 0.2cm로 박음질한다.

③ 누비원단(2장) 하단에 바닥 논슬립원단을 핀으로 꽂고 시접 1cm로 박음질한다.

④ 바닥 논슬립원단을 하단으로 내린 후, 둥근 부분을 누비원단과 잘 맞춰 0.3cm로 박아준다.

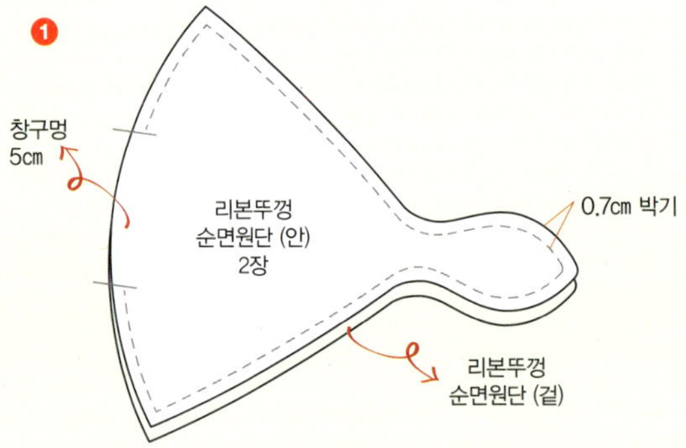

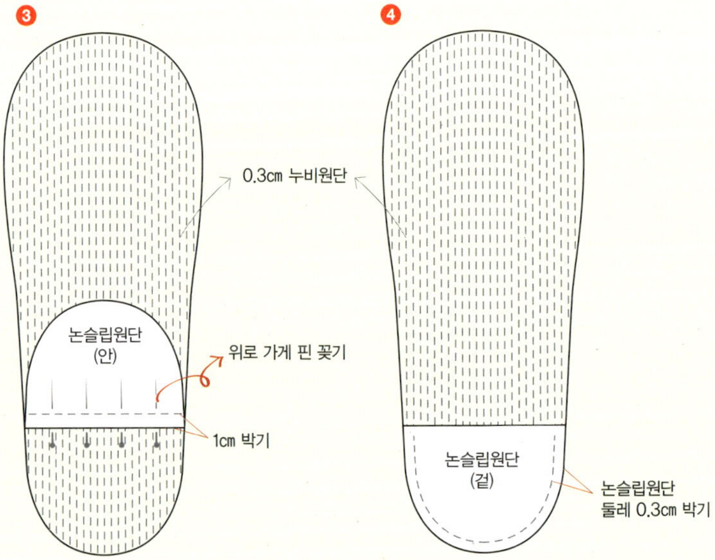

① 창구멍 5cm

리본뚜껑 순면원단 (안) 2장

0.7cm 박기

리본뚜껑 순면원단 (겉)

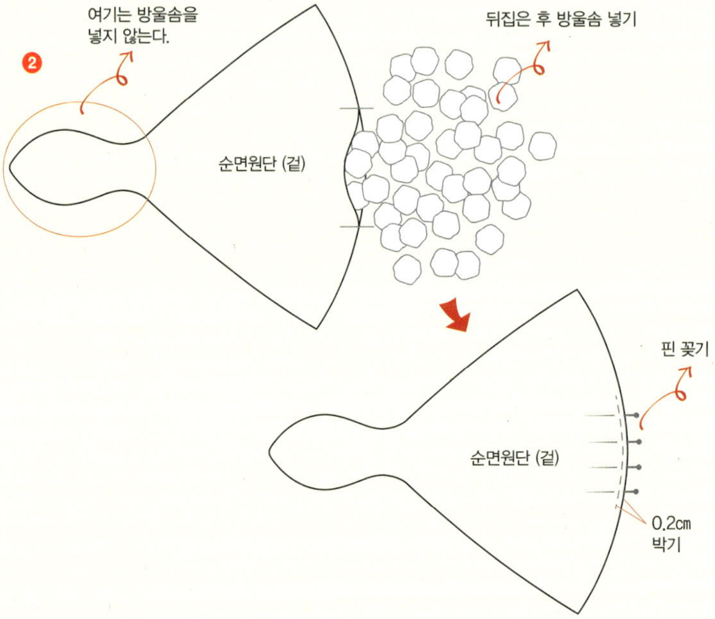

② 여기는 방울솜을 넣지 않는다.

순면원단 (겉)

뒤집은 후 방울솜 넣기

순면원단 (겉)

핀 꽂기

0.2cm 박기

③ 0.3cm 누비원단

논슬립원단 (안)

위로 가게 핀 꽂기

1cm 박기

④ 논슬립원단 (겉)

논슬립원단 둘레 0.3cm 박기

92

5 지퍼노루발로 교체 후, 논슬립원단을 박아
준 안쪽에 누비원단을 잘 맞춰 댄 후, 창구
멍만 남기고 0.3cm로 박음질한다.
  – 창구멍에 고무속판을 넣고 0.3cm로 박
   음질한다.

6 누비원단 위에 만들어놓은 리본감 2개를
양옆에 맞춰 핀으로 고정한 후, 0.5cm로
박음질한다.

 TIP

리본감을 박음질할 때, 박음질이 새어나가지
않도록 바늘을 꽂아놓고 한 손으로 솜을 꾹
꾹 눌러가며 박아준다.

7 바닥 논슬립원단 있는 쪽에서 바이어스를
전체 0.7cm로 박음질한다.
  – 바이어스를 겉으로 넘겨 감싸준다.
  – 솜 없는 부분의 끝을 두 번 묶어주어 리본
   모양을 만든다.

8 나머지 한 짝도 같은 방법으로 만들면 실내화
한 쌍이 완성된다.

 TIP

원단이 두꺼워 16호 바늘로 교체하면 편하게
박을 수 있다.

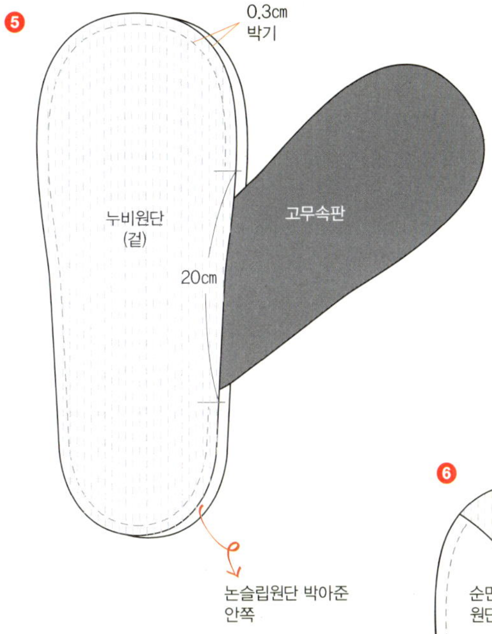

5 0.3cm
박기

누비원단
(겉)

고무속판

20cm

논슬립원단 박아준
안쪽

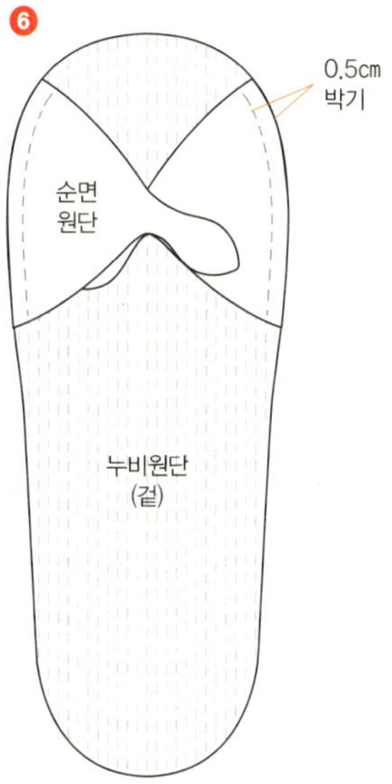

6 0.5cm
박기

순면
원단

누비원단
(겉)

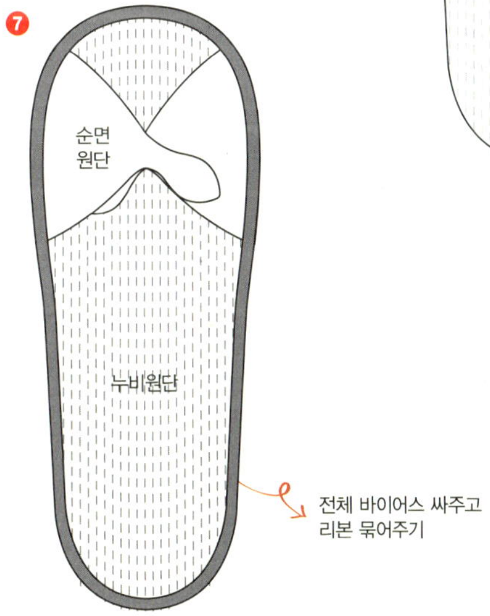

7 순면
원단

누비원단

전체 바이어스 싸주고
리본 묶어주기

- **완성 크기**
  가로 63cm×세로 43cm

- **재료**
  고슴도치타월(밤색, 진밤색), 누빔속지, 미끄럼방지원단,
  소프트펠트(흰색, 밤색)

- **재단 사이즈**
  실물도안 참고
  ※ 몸판, 주둥이 부분은 시접 별도 / 눈, 코 부분은 시접 포함

웃음 짓는 곰돌이가 귀여워 욕실이나 주방 현관 앞에 놓으면 기분 좋아지는 발매트입니다.
아이들 방이나 놀이방, 반려동물이 주로 있는 곳에 깔아도 좋아요.
집 안 분위기를 포근하게 연출할 수 있는 발매트를 만들어 선물해보세요.

01 밤색 고슴도치타월에 곰돌이 얼굴 모양 실물도안을 대어 그리고 전체 시접 1cm로 재단한 다음, 그 아래에 누빔속지를 대고, 끝박음질한다. 남은 누빔속지는 타월원단에 맞춰 잘라낸다.

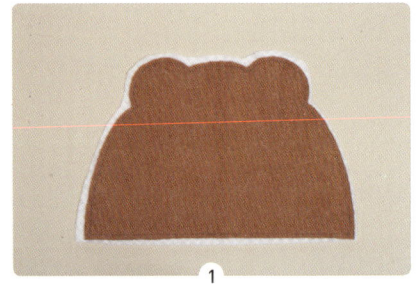 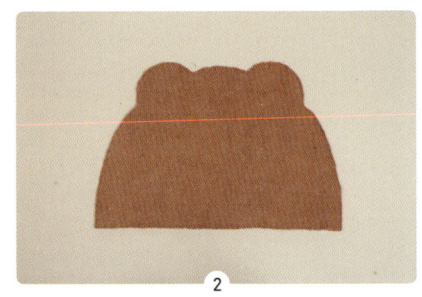

02 미끄럼방지원단도 **01**과 같은 방법으로 곰돌이 얼굴 모양 실물도안을 대고 그린 후, 시접 1cm로 재단한다. 그 아래에 누빔속지를 대고 끝박음질한 후, 남은 속지를 미끄럼방지원단에 맞춰 잘라낸다.

03 곰돌이 주둥이 만들기

① 주둥이로 사용될 진밤색타월을 누빔속지와 같이 재단한다.
② ~ **③** 타월원단과 누빔속지를 겉끼리 잘 맞춰놓은 후, 시접선 1cm를 그리고 U모양만 박음질한다. 직선 부분은 창구멍이므로 박지 않는다.

④ ~ **⑥** 타월원단에 맞춰 누빔속지를 바짝 자른 후, 박지 않은 창구멍으로 뒤집고 다려준다. 타월원단과 누빔속지를 시침핀으로 고정한 후, 창구멍을 끝박음질한다.

창구멍

 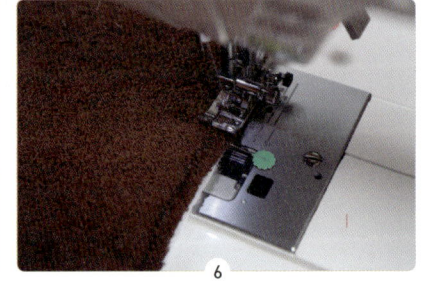

04 흰색 펠트로 재단해 만든 눈을 **01**에서 만들어놓은 곰돌이 얼굴 모양 밤색원단 위에 시침핀으로 고정하고, 가장자리를 박음질한다.

2 진밤색 펠트를 재단해 만든 눈동자를 흰색 눈 위에 시침핀으로 고정하고, 가장자리를 박음질한다.

05 곰돌이 얼굴 모양 밤색원단에 **03**에서 만든 주둥이를 대고 시침핀으로 고정한 후, 주둥이 가장자리를 박음질한다.

2 주둥이 상단에 펠트지로 재단한 코를 대고 시침 핀으로 고정한후, 가장자리를 박음질한다.
3 진밤색원단(주둥이 부분) 코 밑에 수성펜으로 인중과 입을 그려놓고, 선을 따라 여러 번 반복하여 박음질한다.

06 완성한 얼굴에 **02**에서 만든 미끄럼 방지원단을 박음질하여 완성한다.

1 ~ **3** 만들어놓은 미끄럼방지원단과 얼굴 모양 타월원단을 겉끼리 맞댄 후, 하단 직선 부분에 창구멍을 15cm 정도 남기고 몸판 전체를 시접 1cm로 박음질한다.

4 ~ **6** 곡선 부분에 가윗밥을 주고 창구멍으로 뒤집은 후, 창구멍을 공그르기로 손바느질하여 마무리한다.

볼륨감 있는
와이어
큐브 파우치
WIRE POUCH

100p

• **완성 크기**

가로 31cm×세로 13cm×바닥 11cm

• **재료**

옥스퍼드원단, 30수 면원단 2종, 4온스 솜, 3호 지퍼(60cm),
3호 슬라이드(2개), 와이어 1세트(30cm), 레인보우실

• **재단 사이즈**

겉감 30수 면원단 2장(45cm×12cm)
안감 30수 면원단 1장(45cm×40cm)
바닥감 옥스퍼드원단 1장(45cm×20cm)
4온스 솜 1장(47cm×42cm, 안감 사이즈보다 약간 크게 재단)
지퍼 양옆고리 2장(3cm×6cm)
※ 전체 시접 포함

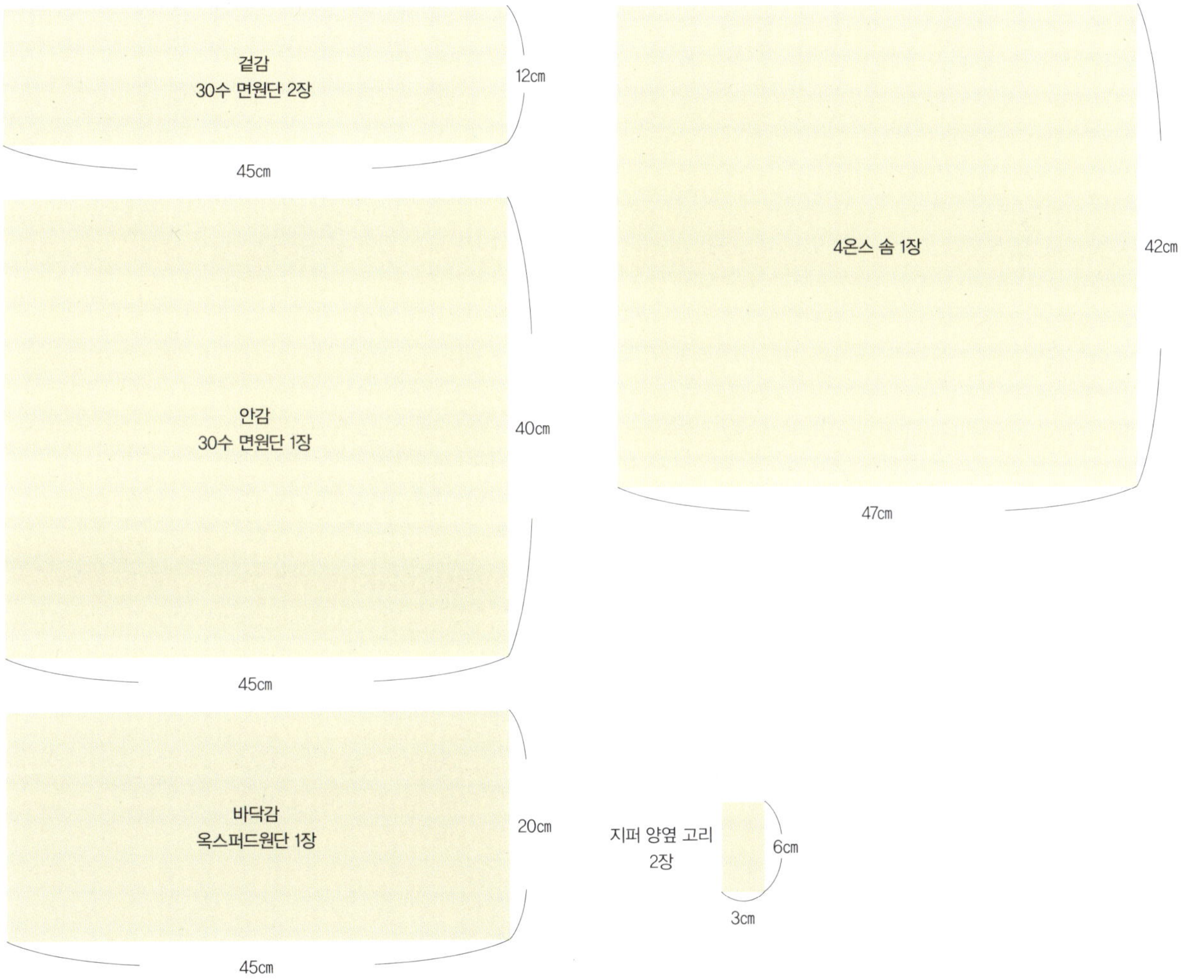

```
겉감
30수 면원단 2장          12cm
        45cm
```

```
4온스 솜 1장              42cm
        47cm
```

```
안감
30수 면원단 1장          40cm
        45cm
```

```
바닥감
옥스퍼드원단 1장          20cm
        45cm
```

```
지퍼 양옆 고리
2장            6cm
    3cm
```

밑면이 넓은 볼륨감 있는 파우치예요. ㄷ자 모양의 와이어로 만들어 입구 부분이 흐트러짐 없이
활짝 열리는 덕분에 다양한 소지품을 편하게 꺼낼 수 있어 편리하고 실용적입니다.

01 바닥감 옥스퍼드원단(45×20cm) 1장에 겉감 30수 면원단(45×12cm) 2장을 대고, 양옆 1cm 시접으로 박음질한다. 박음질한 시접을 가름솔로 가르고 다림질한다.

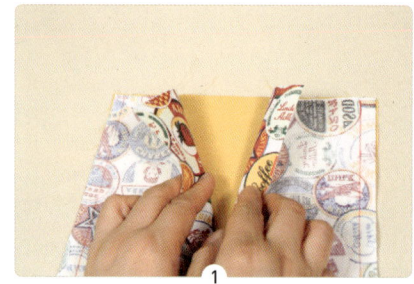

02 이어 박은 겉감에 4온스 솜을 대고 3cm 간격으로 선을 그어놓고, 재봉틀의 여러 가지 패턴을 이용하여 박음질한다. 남은 솜은 겉감에 맞춰 잘라낸다.

❷ 레인보우실로 윗실을 끼워준다.

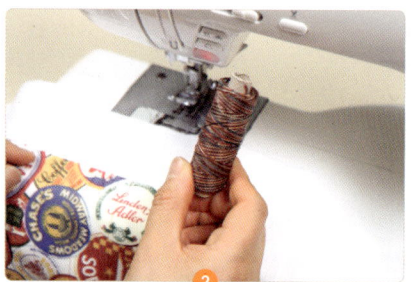

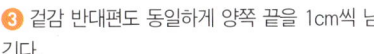 **03** 겉감과 안감에 지퍼 박음질하기

① ~ **②** 지퍼노루발로 바꾸고 겉감 한쪽에 지퍼를 7cm 정도 양쪽으로 길게 놓은 후, 겉감에서 1cm 떨어져서 박음질을 한다. 끝부분도 똑같은 방법으로 박는다.

③ 겉감 반대편도 동일하게 양쪽 끝을 1cm씩 남긴다.

④ ~ **⑤** 안감 30수 면원단 겉과 지퍼 안을 맞대고, 안감 양끝 1cm씩 남기고 박음질한다. 안감 반대편도 양끝 1cm씩 남기고 박음질한다.

04 겉감은 겉감대로, 안감은 안감대로 반 접어서 시침핀으로 고정한다. 반 접은 안감에 0.7cm 시접선을 그려 창구멍을 표시하고, 시접선을 따라 박음질한다. 막힌 창구멍은 가위로 잘라낸다. 지퍼에 슬라이드를 양쪽으로 끼워준다.

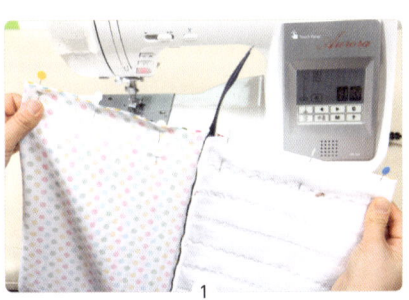
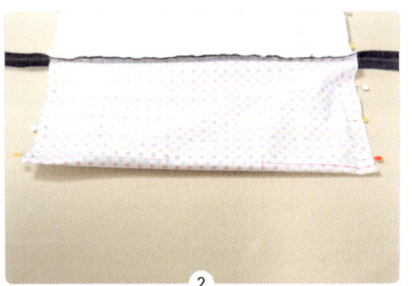
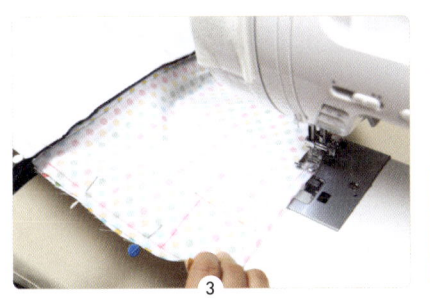
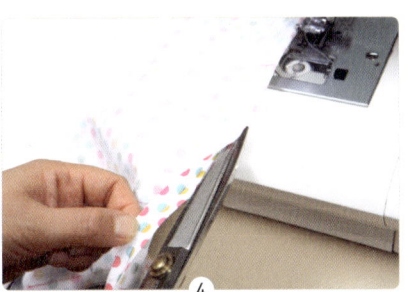
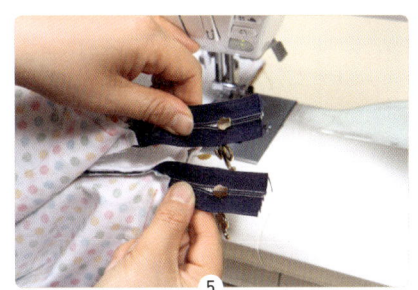

05 겉감 양쪽을 시접 1cm로 박음질한다. 03에서 지퍼를 박음질할 때 양옆 1cm 남긴 부분까지 박는다. 안감도 똑같은 방법으로 박는다. 단, 지퍼 쪽 안감은 양쪽 모두 2cm 남기고 박음질한다.

06 안감 하단에 바느질한 선을 기준으로 사각형(5.5×5.5cm)을 그린다. 겉감 네 모서리에도 바느질선을 기준으로 같은 크기의 사각형을 그린다.

07 겉감의 사각형을 꼭짓점끼리 맞대어 삼각형으로 만든 후, 접어서 고정한다. 안감도 똑같은 방법으로 고정한다.

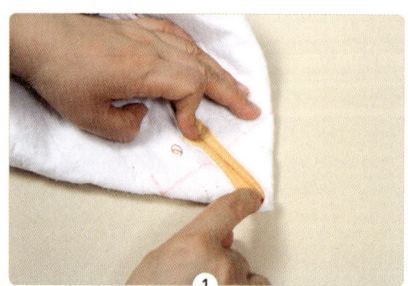

08 안감과 겉감의 삼각형 직선 부분을 박음질하고, 박음질된 선에서 0.7cm 시접만 남기고 잘라낸다. 창구멍으로 뒤집어준 다음, 양쪽 지퍼를 밖으로 빼낸다.

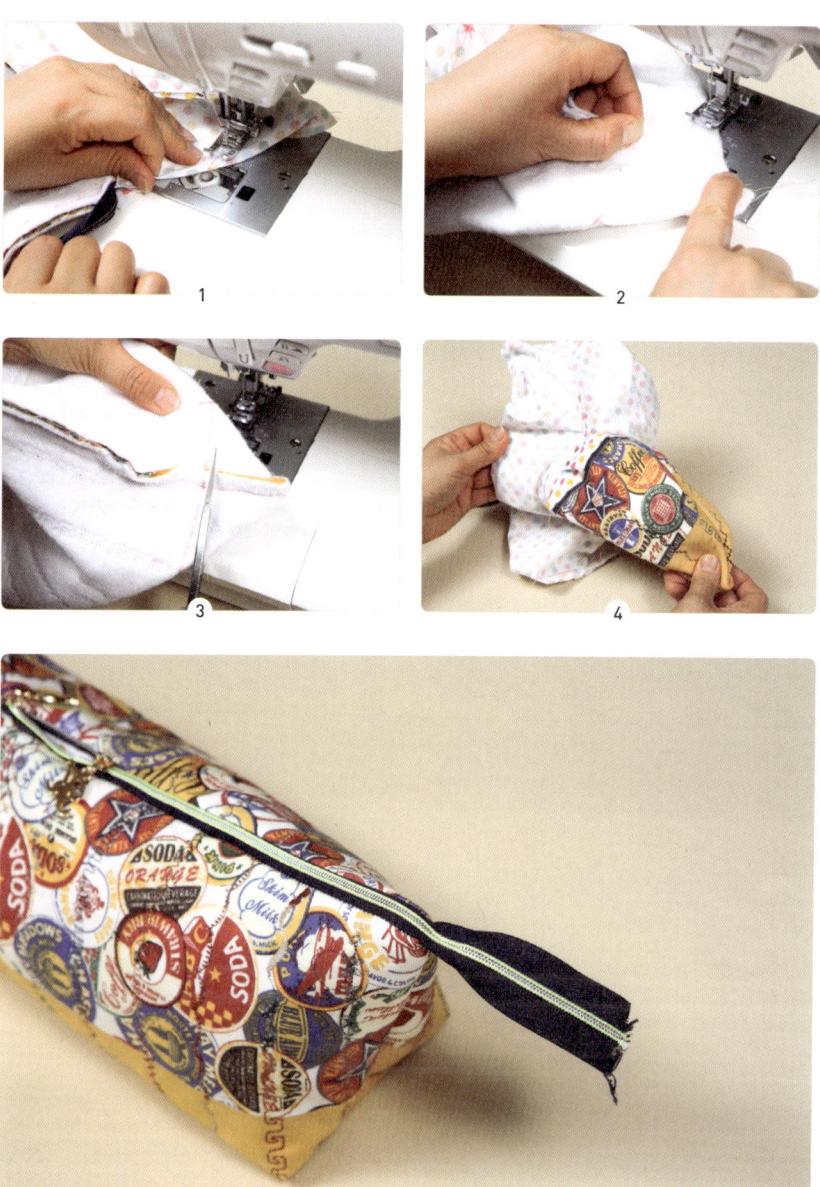

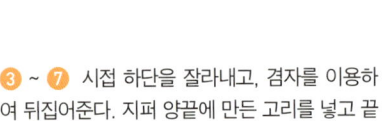
1 ~ **2** 지퍼 양옆고리 2장(3×6cm)의 6cm 쪽을 0.7cm씩 접는다. 접은 쪽이 보이도록 반으로 다시 접어준 다음, 양옆에 0.7cm 시접을 표시하고 박음질한다.

3 ~ **7** 시접 하단을 잘라내고, 겸자를 이용하여 뒤집어준다. 지퍼 양끝에 만든 고리를 넣고 끝 박음질한다.

 TIP

하단을 잘라주면, 뒤집었을 때 시접 부분이 두껍지 않고 깔끔해진다.

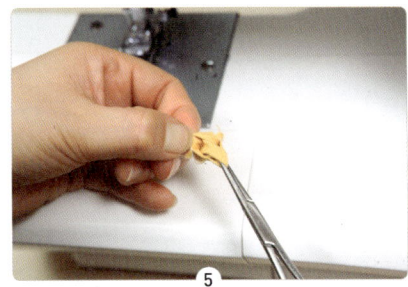

10 와이어를 넣고, 공그르기로 손바느질하여 마무리한다.

1 안감이 지퍼 쪽으로 올라오지 않게 시침핀으로 고정해놓는다.

2 ~ **4** 겉감 쪽에 2cm를 내려 양쪽에 선을 긋고, 선을 따라 양쪽을 박음질한다. 창구멍도 박음질한다.

5 ~ **6** 안감에서 박음질 안 된 2cm 부분에 와이어를 양쪽으로 집어넣고, 박음질 안 된 곳을 공그르기로 손바느질한다.

 TIP

이때 와이어가 반대편 와이어와 겹치지 않도록, 중심 부분을 고정하여 공그르기해야 한다.

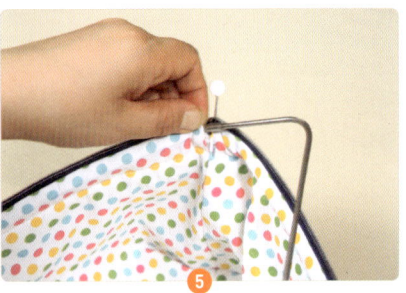

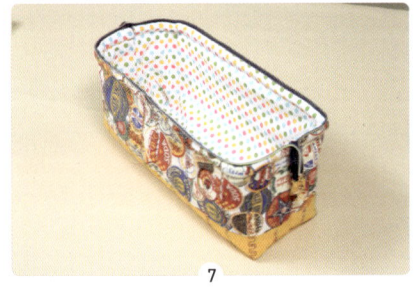

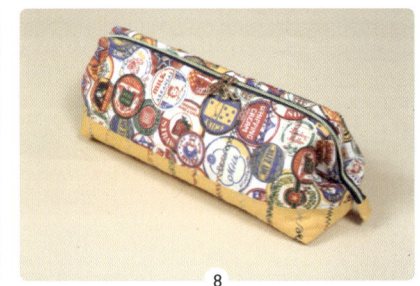

SEWING STORY

정리정돈이 필요할 땐
다용도 스퀘어
바구니
SQUARE BASKET

108p

- **완성 크기**
  가로 20cm×세로 23cm

- **재료**
  무늬원단 2종, 접착심지

- **재단 사이즈**
  겉 바구니원단 1장, 접착심지 1장(34cm×37cm)
  안 바구니원단 2장, 접착심지 2장(24cm×37cm)
  끈 2장(폭 7cm×길이 15cm)

끈 2장

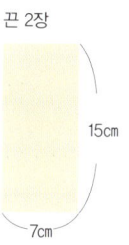

15cm

7cm

겉 바구니원단 1장
접착심지 1장

37cm

34cm

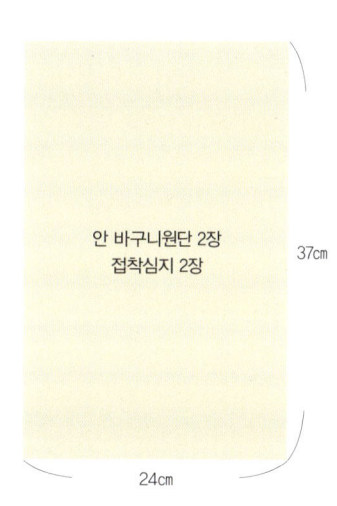

안 바구니원단 2장
접착심지 2장

37cm

24cm

책상이나 선반에 두고 양말, 속옷, 필기도구 등 깔끔하게 정리를 도와주는
수납 바스켓입니다. 수납공간도 넉넉하고, 찾고자 하는 도구들을 바로 찾을 수 있는
정리정돈 필수 아이템을 만들어보세요.

다용도 스퀘어 바구니

만드는 방법

① 겉 바구니원단(34×37cm) 네 모서리를 6×
6cm씩 잘라낸 다음, 접착심지를 대고 다림
질한다. 남은 접착심지는 깨끗이 잘라낸다.

② 안 바구니원단 2장(24×37cm) 네 모서리
역시 사방 6×6cm씩 잘라낸 다음, 접착심
지를 대고 다림질한다. 남은 접착심지는
잘라낸다.

③ 겉 바구니원단 네 모서리를 1cm 시접으
로 박음질하여 네모난 바구니 모양으로
만든다.

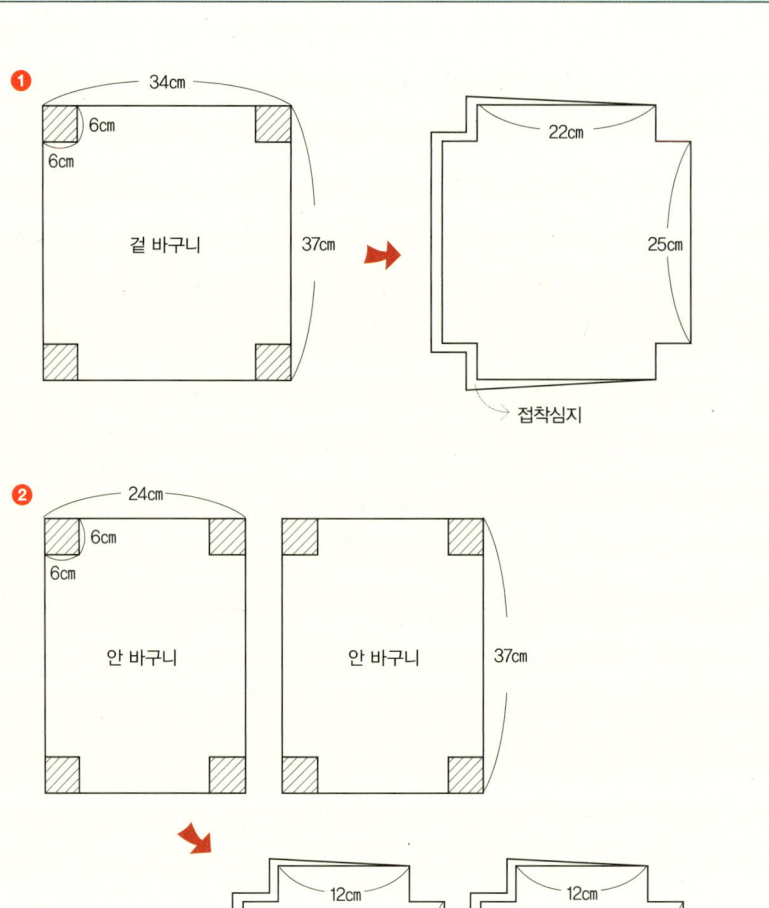

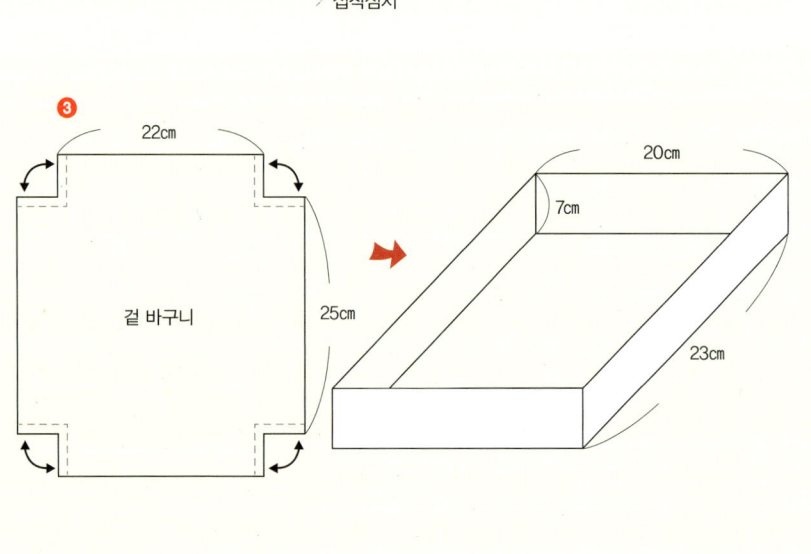

안 바구니원단 네 모서리도 1cm 시접으로 박음질하여, 네모난 바구니 모양 2개를 만들어둔다.

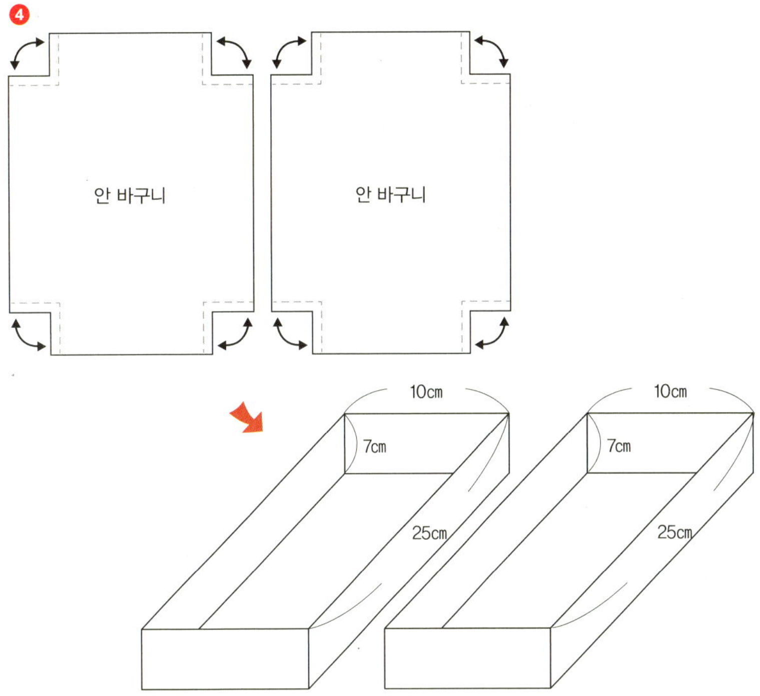

 겉 바구니, 안 바구니 모두 가름솔로 정리한다. 시접 부분의 접착심지만 바느질선 가까이까지 바짝 잘라준다.

TIP

원단 시접 부분은 자르지 않는다.

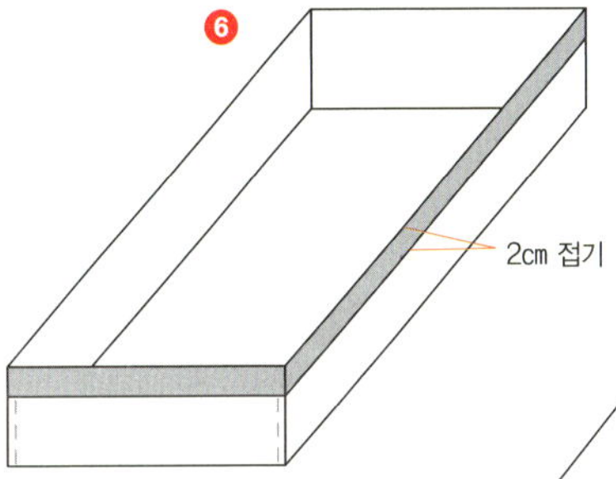

⑥ 겉 바구니, 안 바구니 모두 상단을 사방 2cm로 접고 눌러준다.

TIP

겉감 바구니는 안으로 2cm, 안감 바구니는 겉으로 2cm 접는다.

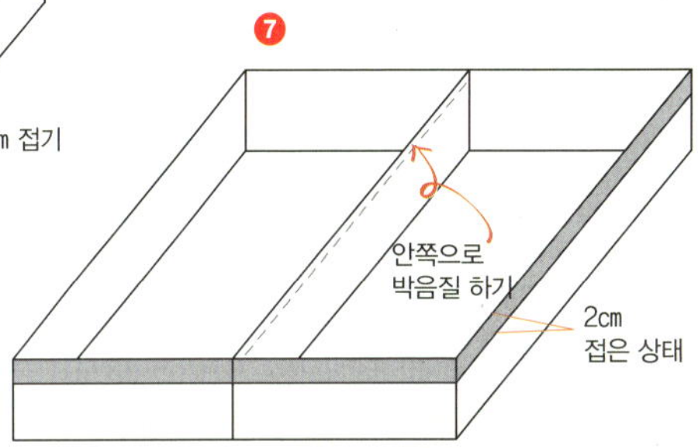

⑦ 안 바구니 2개를 긴 쪽으로 맞대어 박음질하여 붙여놓는다.

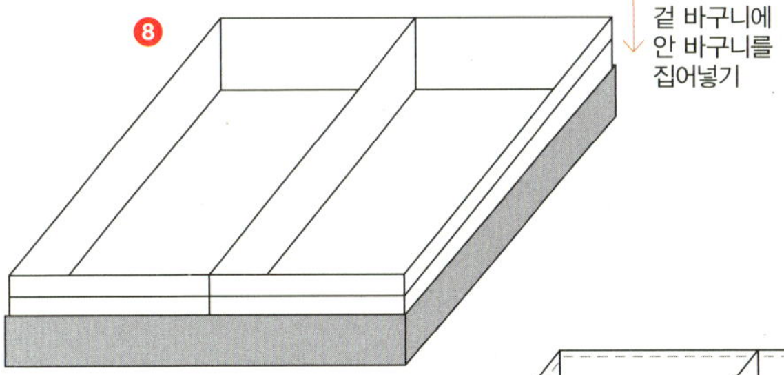

⑧ 겉 바구니 접어놓은 것에 박음질된 안바구니를 집어넣고 시침핀으로 고정한다.

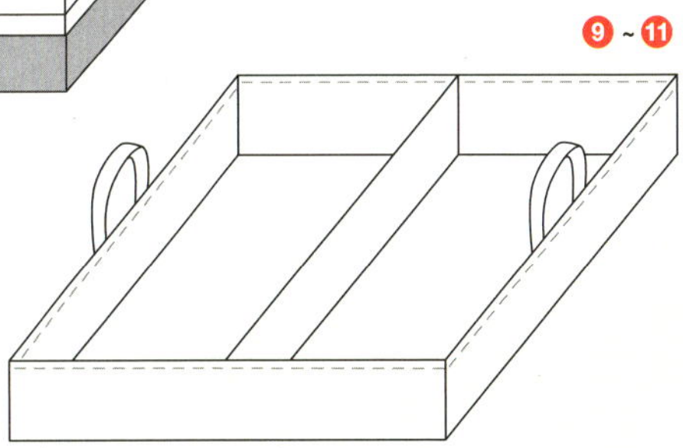

⑨ 끈(폭 7×길이 15cm) 2장을 대문접기하고 가장자리에 박음질한다.

⑩ 겉 바구니와 안 바구니 사이 중심 부분 양쪽에 만들어놓은 끈을 고정한다.

⑪ 겉 바구니 가장자리를 전체적으로 박음질한다.

④ 안 바구니   안 바구니

10cm   7cm   25cm   10cm   7cm   25cm

⑥ 2cm 접기

⑦ 안쪽으로 박음질 하기   2cm 접은 상태

⑧ 겉 바구니에 안 바구니를 집어넣기

⑨ ~ ⑪

SEWING STORY

깔끔하고 센스 있게
보관하기
선풍기 커버
(스탠드형)

FAN COVER

112p

- **완성 크기**
  가로 40cm×세로 76cm(선풍기 낮춘 상태로 쟀을 때 사이즈)

- **재료**
  리넨무늬원단, 리넨무지원단, 양면띠레이스, 고무줄(8~9cm), 싸개단추,
  슬라이더, 면라벨, 3호 지퍼(90cm)

- **재단 사이즈**
  앞판 리넨무늬원단(블루꽃) 1장(38cm×90cm)
  앞판 리넨무늬원단(그린꽃) 1장(34cm×90cm)
  뒤판 리넨무지원단 1장(50cm×90cm)
  리넨무지원단 바이어스 1장(190cm×3.5cm)
  양면띠레이스(폭 3cm×길이 92cm)
  바닥 리넨무지원단 2장(실물도안 참고)

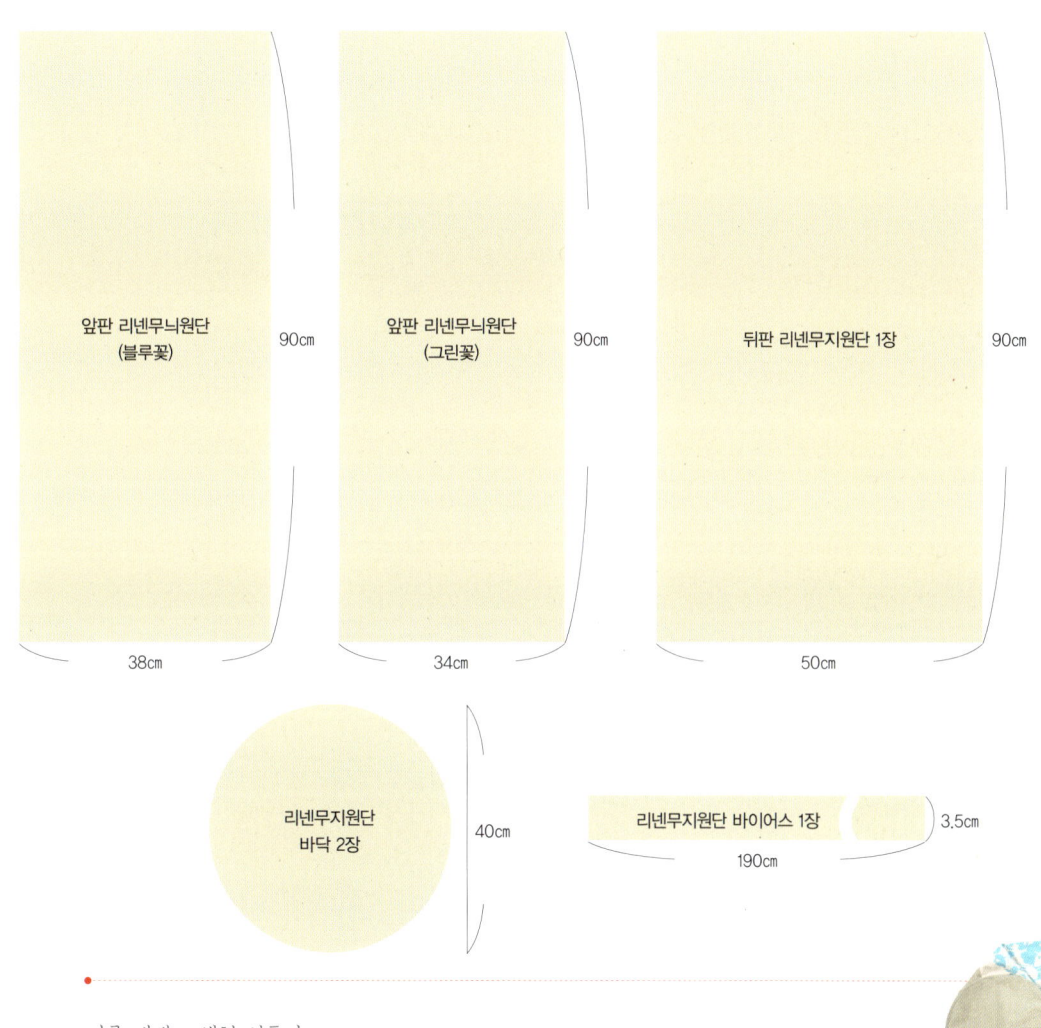

여름 내내 고생한 선풍기.

높이 때문에 보관하기도 힘들고, 먼지와 습기, 곰팡이 등으로부터

깔끔하게 관리하여 내년 여름에 새것처럼 사용하면 좋겠지요. 그래서 생각하게 된

세탁하기 쉬워 오래 쓸 수 있는 개성만점 스탠드형 선풍기 커버입니다.

레이스 (겉)   0.5cm   고무줄

①   레이스 (안)   고무줄

②   1cm 박기   레이스 (겉)

③   0.2cm   레이스 (겉)

선풍기 커버(스탠드형)

만드는 방법

① 양면띠레이스 끝에 고무줄을 반 접어 모아서 0.5cm로 박음질한다.

② 양면띠레이스를 겉끼리 마주 보게 반으로 접은 후, 고무줄 위에 대고 1cm로 박음질한다.

③ 레이스를 뒤집어서 접은 선을 제외한 양면을 0.2cm로 박음질한다.

 TIP

특히, 고무줄 부분을 지날 때는 튼튼하게 박음질한다.

④ 오버로크해준 뒤판 리넨무지원단 겉 세로선에 앞판 리넨무늬원단(블루꽃) 겉을 대고 1cm로 박음질한 후, 가름솔로 다려준다.
　- 리넨무지원단 반대편 세로선에는 리넨무늬원단(그린꽃)을 1cm로 연결한다.

⑤ 뒤판 리넨무지원단 하단 중심에서 32cm 띄운 지점을 표시한다. 표시한 선 위에 만들어놓은 양면띠레이스와 면라벨을 차례로 놓은 다음, 라벨을 사방 0.2cm로 박음질한다.
　- 양면띠레이스 뒷면에 싸개단추를 달아준다.

⑥ 가운데 연결하지 않은 리넨무늬원단 안 세로선에 2cm 표시를 하고, 표시한 선을 지퍼 끝에 맞춰 0.3cm로 박음질한다.

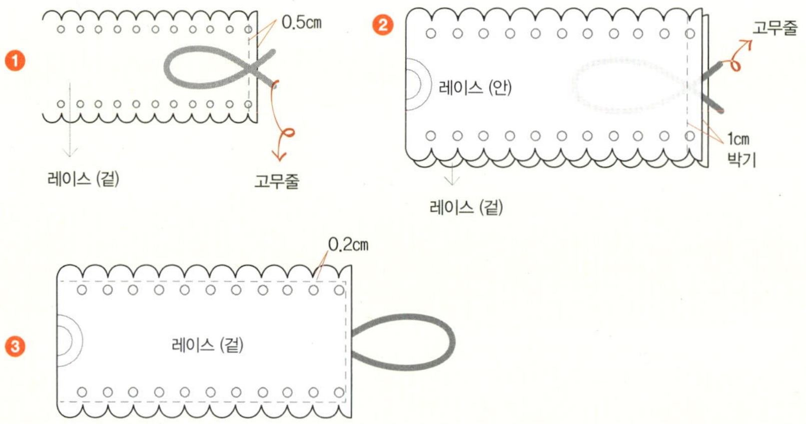

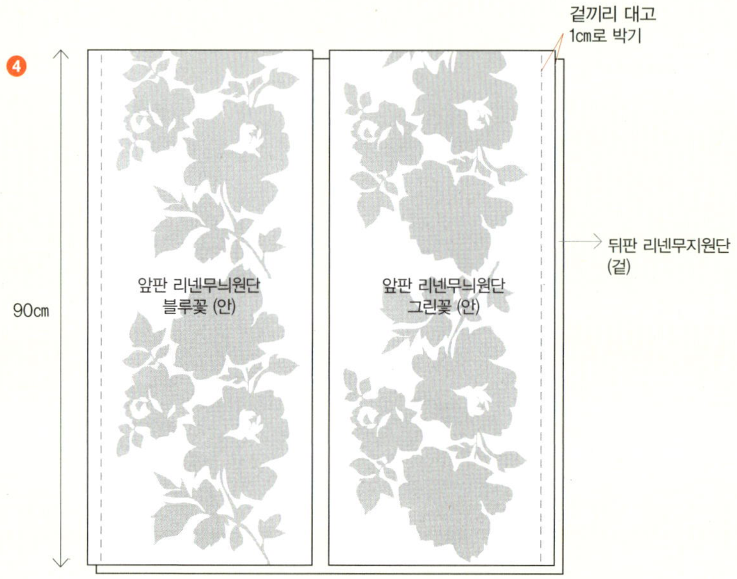

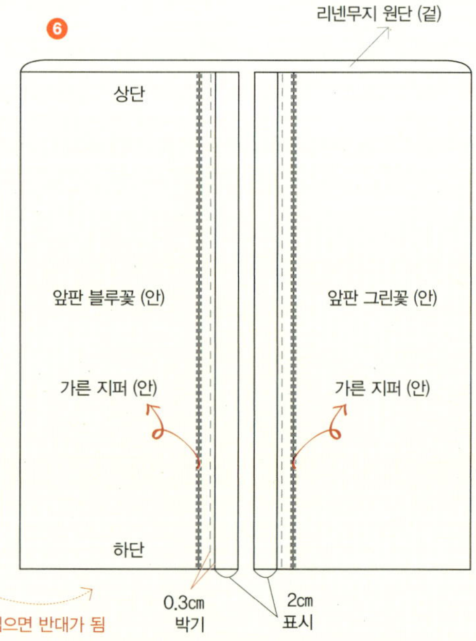

④   겉끼리 대고 1cm로 박기

90cm   앞판 리넨무늬원단 블루꽃 (안)   앞판 리넨무늬원단 그린꽃 (안)   뒤판 리넨무지원단 (겉)

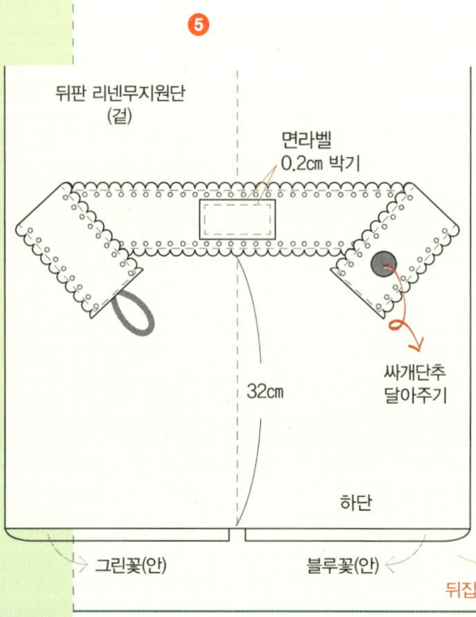

⑤   뒤판 리넨무지원단 (겉)   면라벨 0.2cm 박기   싸개단추 달아주기   32cm   그린꽃(안)   블루꽃(안)

⑥   리넨무지 원단 (겉)   상단   앞판 블루꽃 (안)   앞판 그린꽃 (안)   가른 지퍼 (안)   가른 지퍼 (안)   하단   0.3cm 박기   2cm 표시

뒤집으면 반대가 됨

110p

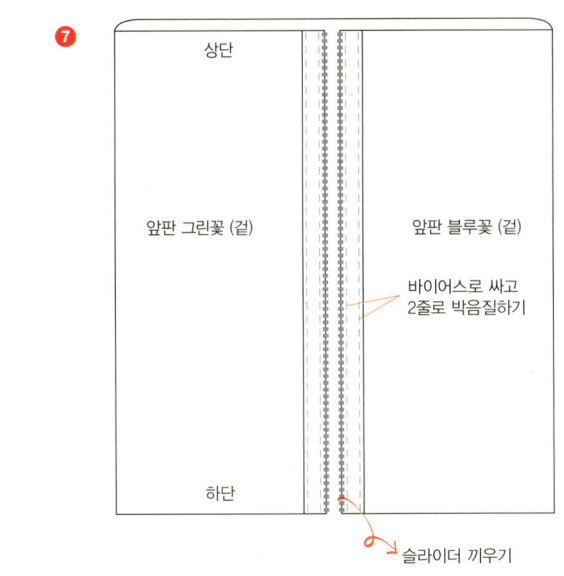

7

상단

앞판 그린꽃 (겉)

앞판 블루꽃 (겉)

바이어스로 싸고
2줄로 박음질하기

하단

슬라이더 끼우기

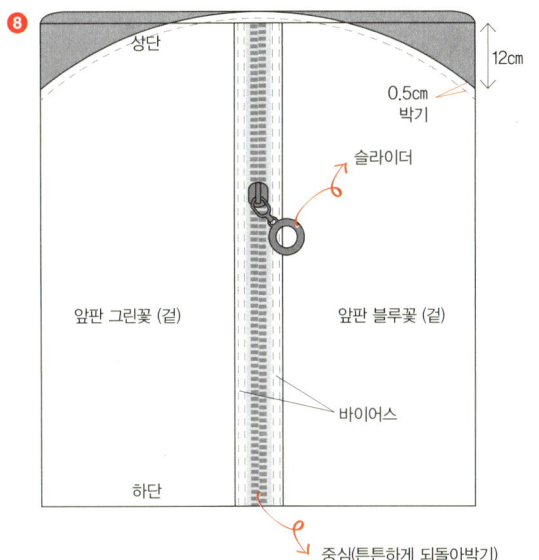

8

상단

12cm

0.5cm
박기

슬라이더

앞판 그린꽃 (겉)

앞판 블루꽃 (겉)

바이어스

하단

중심(튼튼하게 되돌아박기)

7 지퍼노루발로 교체한 후, 남겨놓은 2cm를 두 번 접어 바이어스로 감싼다. 리넨무늬원단(그린꽃)을 옆으로 당기면서 바이어스를 눕혀 또 한 줄 끝박음질한다. 같은 방법으로 남은 리넨무늬원단(블루꽃)도 처리한다. – 하단에 슬라이더를 끼워준다.

 TIP

아래에 놓인 뒤판 리넨무지원단이 물리지 않도록 주의해야 한다.

8 앞판과 뒤판 중심을 맞추고 상단 양옆 12cm를 둥글게 그려 잘라낸다. 잘라낸 곡선을 0.5cm로 박음질한다.

9 뒤판에서 바이어스 양끝 2cm 남기고 0.7cm로 박음질한다. 바이어스를 겉으로 돌린 후, 앞에 남긴 2cm 부분을 안으로 접어 넣고 바이어스를 두 번 접어 감싸준다.

 TIP

지퍼 쪽은 튼튼하게 되돌아박기한다.

10 리넨무지원단 바닥 2장을 딱 맞춰 둘레를 0.3cm로 박음질한다. 만들어놓은 하단에 바닥을 맞춰 핀을 꽂은 후, 둘레 박아놓은 선을 따라 박음질하고 바이어스로 감싸준다.
– 바이어스는 무지원단 바닥에서 0.7cm로 박음질하고, 겉감 무늬원단으로 돌려 두 번 접어 박아준다.

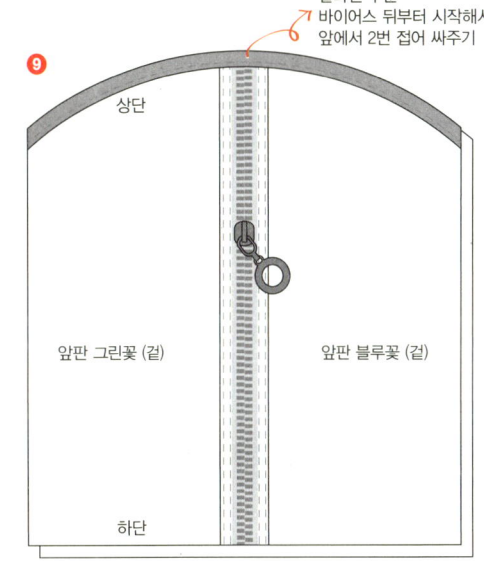

9

잘라낸 부분
바이어스 뒤부터 시작해서
앞에서 2번 접어 싸주기

상단

앞판 그린꽃 (겉)

앞판 블루꽃 (겉)

하단

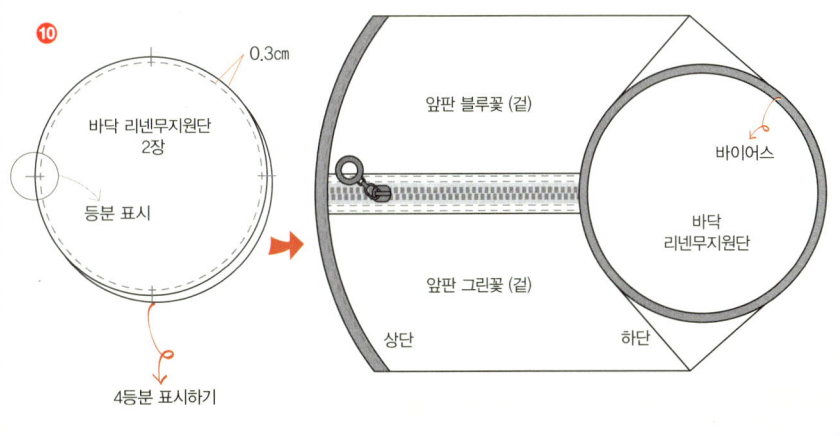

10

0.3cm

바닥 리넨무지원단
2장

등분 표시

4등분 표시하기

앞판 블루꽃 (겉)

바이어스

바닥
리넨무지원단

앞판 그린꽃 (겉)

상단

하단

116p

Package

- **완성 크기**
  가로 18cm×세로 11cm

- **재료**
  면도트원단, 옥스퍼드원단(흰색, 노란색), 검정색 소프트펠트, 2온스 솜,
  고무줄(폭 1.5cm×길이 40cm)

- **재단 사이즈**
  부엉이 얼굴 면도트원단 2장(실물도안 참고, 시접 별도)
  부엉이 눈 흰색 옥스퍼드원단(9cm×9cm, 시접 포함)
  부엉이 코 노란색 옥스퍼드원단(4cm×4cm)
  부엉이 눈알 검정색 소프트펠트(시접 포함)
  고무줄 터널감 면도트원단 1개(폭 4.5cm×길이 55cm)

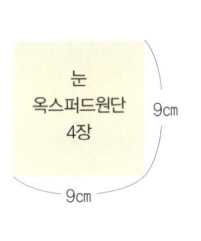

부엉이 얼굴 면도트원단 2장
(앞판 1장, 뒤판 1장)

눈
옥스퍼드원단
4장

9cm

9cm

코 옥스퍼드원단 1개

4cm

4cm

고무줄 터널감
면도트원단 1개

55cm

4.5cm

평소 숙면이 필요할 때나 여행 시 비행기와 이동 차량에서 빛을 피해 잠을 자고 싶을 때
사용하면 좋아요. 부엉이 모양으로 예쁘게 만들어 착용해보세요.

부엉이 수면안대

만드는 방법

① 실물도안을 이용하여 부엉이 얼굴, 눈, 눈알을 그리고, 시접 0.7cm로 재단한다. 이어 2온스 솜을 넉넉한 사이즈로 재단해놓는다.

② 부엉이 코 옥스퍼드원단(노란색, 4×4cm) 양끝을 0.5cm 접은 후, 삼각형 모양으로 다시 접는다.

③ 부엉이 눈 옥스퍼드원단(흰색, 9×9cm) 4장을 2장씩 겹쳐 7cm 원을 그려 박음질하고, 원 중심에 2cm 정도 창구멍을 내어준다. 박음선에서 0.3cm 시접으로 잘라낸 다음, 중앙의 창구멍으로 뒤집고 다림질한다.

④ 솜을 댄 겉감에 만들어놓은 코의 위치를 잡는다.

> 🎈 **TIP**
>
> 눈을 박으면 코도 같이 박음질되기 때문에, 코는 따로 박지 않아도 된다.

⑤ 코를 중심으로 눈을 양쪽으로 올려놓고 원 가장자리를 박음질한 다음, 그 위에 눈알을 대고 박음질한다.

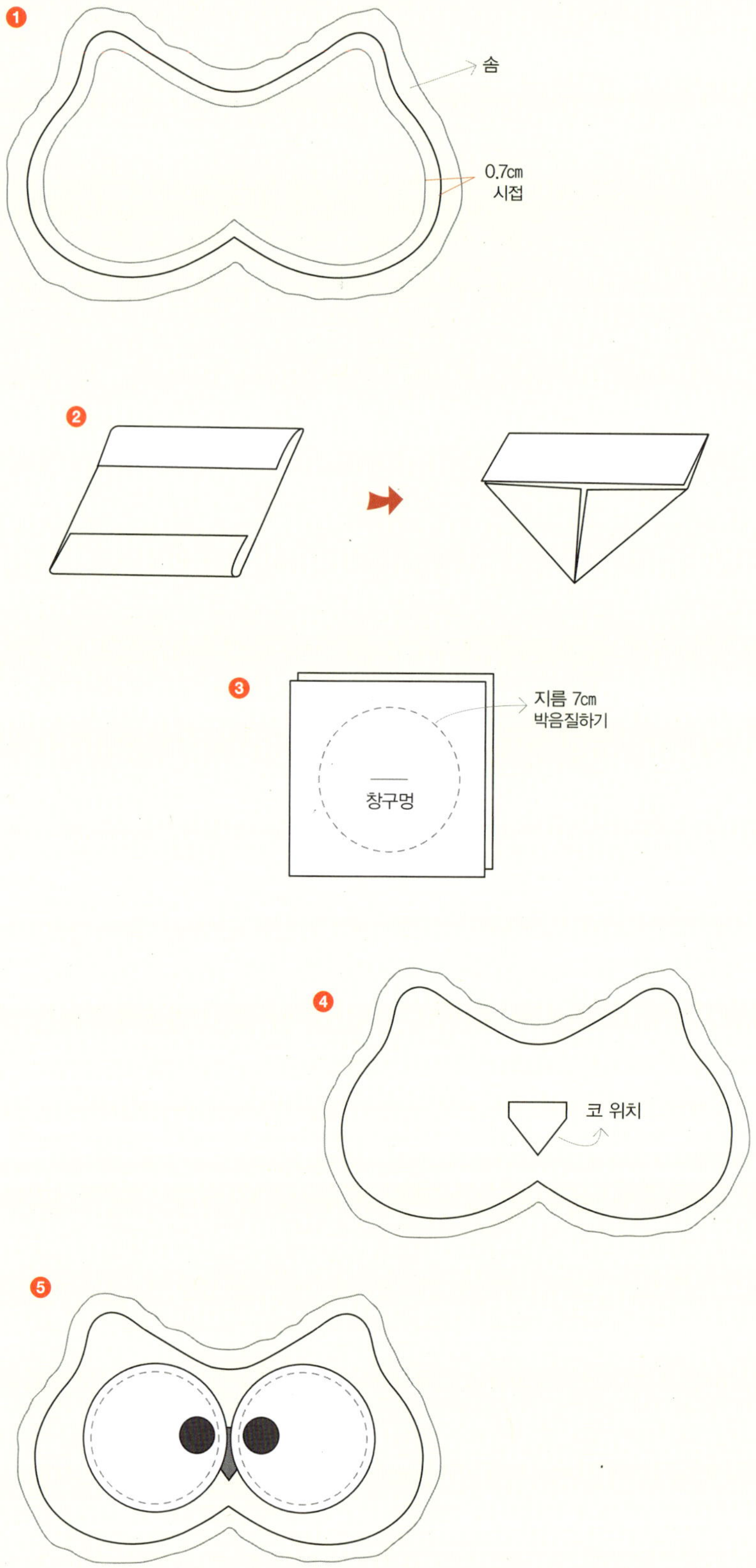

① 솜 0.7cm 시접

②

③ 지름 7cm 박음질하기 창구멍

④ 코 위치

⑤

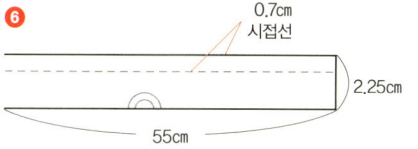

6 고무줄 터널감(폭 4.5×길이 55cm)을 반으로 접어 0.7cm 시접을 그려준다.

7 시접선을 따라 박음질한 후, 뒤집어서 고무줄(폭 1.5×길이 40cm)을 끼워 넣고 잡아당긴다.

 TIP

고무줄이 빠지지 않도록 양쪽을 시침핀으로 고정한다.

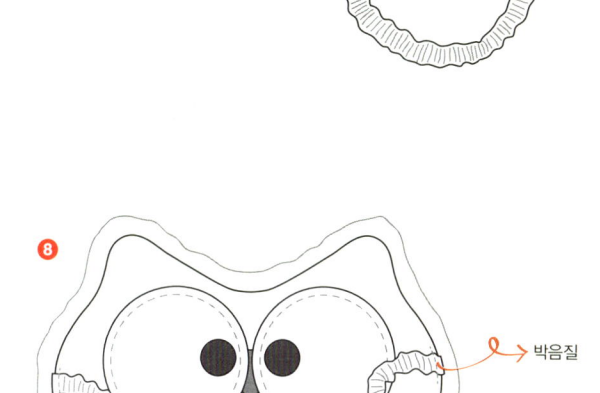

8 눈과 코를 박은 겉감에 만들어놓은 고무줄을 양쪽으로 고정하여 박음질한다.

9 ⑧에 실물도안 뒤판을 겉끼리 맞댄 후, 창구멍을 남기고 0.7cm 시접으로 박음질한다. 남은 솜은 잘라내고 곡선 부분은 가윗밥을 내어 뒤집는다. 창구멍을 공그르기로 손바느질한다.

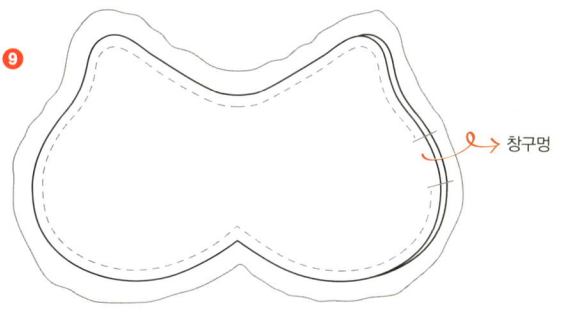

편안한 밤, 특별한 쉼
바디 필로우

BODY PILLOW

120p

- **완성 크기**
  폭 70cm×길이 100cm

- **재료**
  노랑도비원단, 리넨패치원단, 3호 지퍼(80cm) 1개, 띠면레이스(75cm) 1개,
  슬라이더, 엔틱단추

- **재단 사이즈**
  겉감 노랑도비원단 1장(103cm×73cm), 옆원형 2장(실물도안 참고)
  겉감 리넨패치원단 3장(22cm×73cm), 옆원형 2장(실물도안 참고)

겉감 노랑도비원단 1장   73cm

옆원형
노랑도비원단
2장

103cm

겉감
리넨패치원단
3장   73cm

옆원형
리넨패치원단
2장

옆면 가운데
그려줄 작은 원형

22cm

부드러운 순면 원단으로 만들어 아이들에게는 엄마의 품과 같은 느낌을 주고,
몸을 가누기 힘든 임산부에게는 배기는 부분 없이 편안한 자세로 숙면할 수 있도록 도와줍니다.
발베개로도 사용하기 좋아요.

01 원형의 겉감 노랑도비원단과 리넨패치원단을 겉끼리 맞대고 가운데에 작은 원형 도안을 그려준 후, 선을 따라 박음질한다.

02 원형의 리넨패치원단 양쪽을 1cm 안쪽으로 접고 큰땀으로 시침한 후, 시침한 것을 잡아당겨 가운데 모양을 시접이 보이지 않도록 손바느질한다. 앤틱단추를 가운데에 달아 양옆원형 부분을 마무리한다.

03 리넨패치원단들을 박음질하여 연결한다.

❶ 겉감 리넨패치원단 3장을 시접 1cm로 연결해 박음질한다.

❷ ~ ❹ 연결한 첫 번째 리넨패치원단을 겉감 노랑도비원단에 핀으로 고정한 후, 시접 박음선을 따라 박음질한다. 두 번째 리넨패치원단도 같은 방법으로 박음질한다. 세 번째 리넨패치원단은 겉감 노랑도비원단에 잘 맞춰 0.5cm로 끝박음질한다.

04 세 번째 박음질한 원단 끝에 띠면레이스를 맞춰 핀으로 고정한 후, 레이스 양끝을 두 줄로 박음질한다.

05 지퍼 달기

① ~ **②** 지퍼노루발로 교체한 후 리넨패치원단 겉과 지퍼 겉을 대고 박음질한다. 반대편도 노랑 도비원단 겉과 지퍼 겉을 대고 박아준다.

③ ~ **④** 지퍼를 갈라 시접을 안으로 하고 지퍼 겉을 0.7cm로 박음질한 다음, 갈라서 박은 지퍼에 슬라이더를 끼운다.

⑤ ~ **⑥** 지퍼 열린 쪽으로 뒤집은 후, 지퍼 끝을 되돌아박기한다.

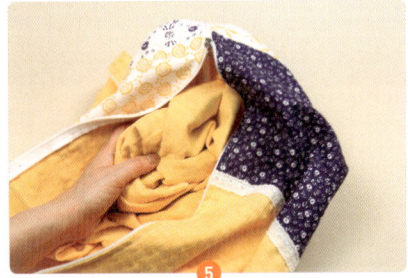

06 만들어놓은 양옆원형을 핀으로 고정한 후 시접 1cm로 박음질하여 마무리한다.

애정 가득 담은
아이 용품&
오가닉 소품

SEWING STORY

새학기 기분 업!
나룻배
페브릭 필통
PENCIL CASE

126p

Package

- **완성 크기**
  길이 25cm×높이 8cm

- **재료**
  리넨원단, 순면도트원단, 접착싱, 3호 지퍼(29cm), 3호 슬라이더

- **재단 사이즈**
  겉감 리넨원단 2장(27cm×12cm)
  겉감 지퍼여밈 리넨원단 2장(5cm×8cm)
  안감 순면도트원단 1장(27cm×22cm)
  접착싱 1장(29cm×24cm)

겉감 지퍼여밈
리넨원단 2장

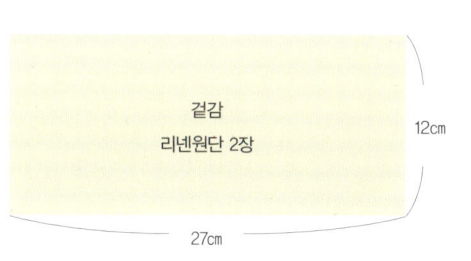

겉감
리넨원단 2장

12cm

27cm

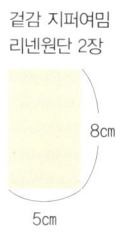

8cm

5cm

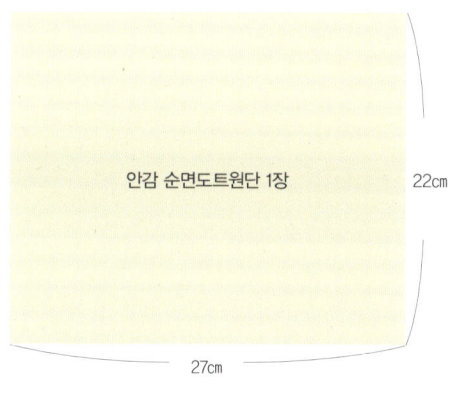

안감 순면도트원단 1장

22cm

27cm

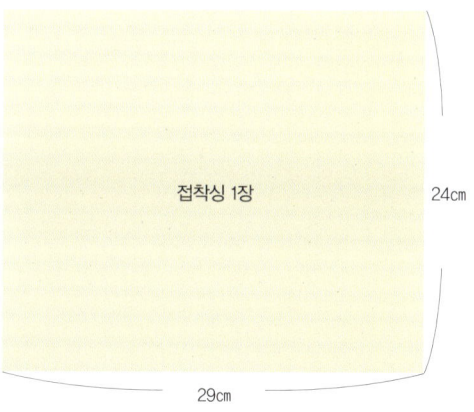

접착싱 1장

24cm

29cm

재미난 원단과 모양의 나룻배 필통~

바닥이 넓어 여러 가지 필기도구를 넉넉하게 넣을 수 있어 활용도가 좋아요.

입학이나 새학기를 준비하는 아이들에게 선물로 만들어줘도 좋은 아이템입니다.

124p

나룻배 페브릭 필통

만드는 방법

❶ 겉감 리넨원단 2장을 겉끼리 대고 1cm로 박음질한 다음, 박아준 시접을 가름솔로 다려준다.

❷ 다림질한 겉감 아래에 접착싱을 대고 전체 0.2cm 박음질한다. 남은 접착싱은 잘라내고 원단이 잘 붙도록 다려준다.

❸ 지퍼노루발로 교체 후, 지퍼를 갈라서 양쪽에 겉끼리 대고 박음질한다.

❹ 지퍼 시접을 안쪽으로 보내고, 겉감 쪽에서 0.5cm로 시접을 눌러가며 박음질한다.

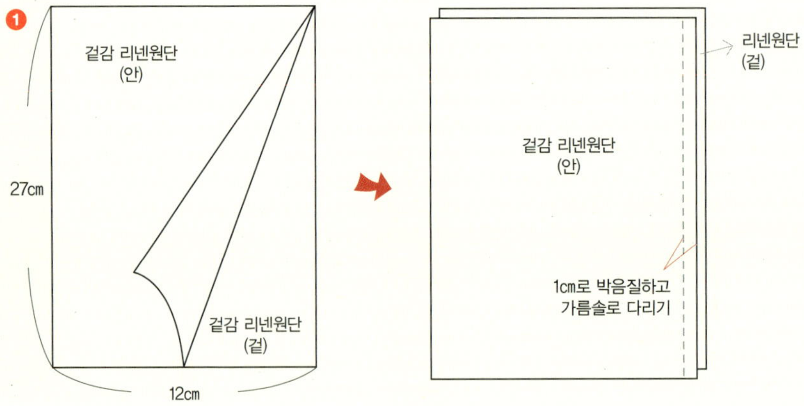

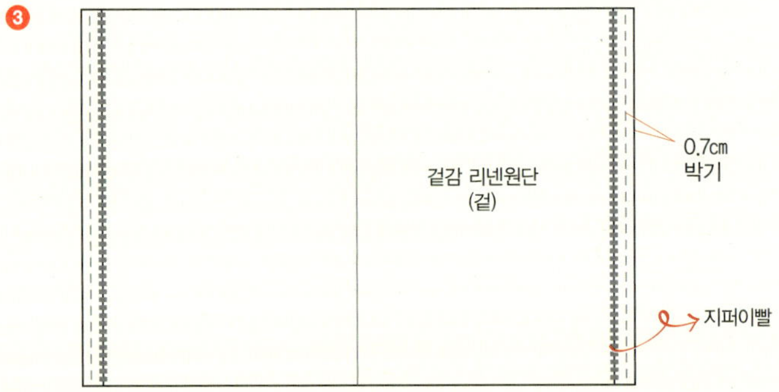

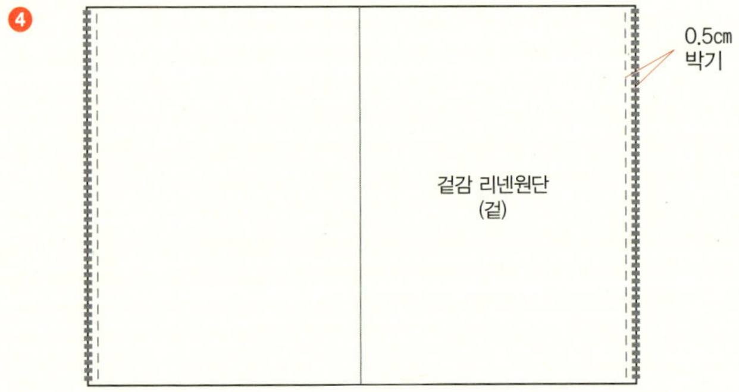

❶

겉감 리넨원단
(안)

27cm

겉감 리넨원단
(겉)

12cm

리넨원단
(겉)

겉감 리넨원단
(안)

1cm로 박음질하고
가름솔로 다리기

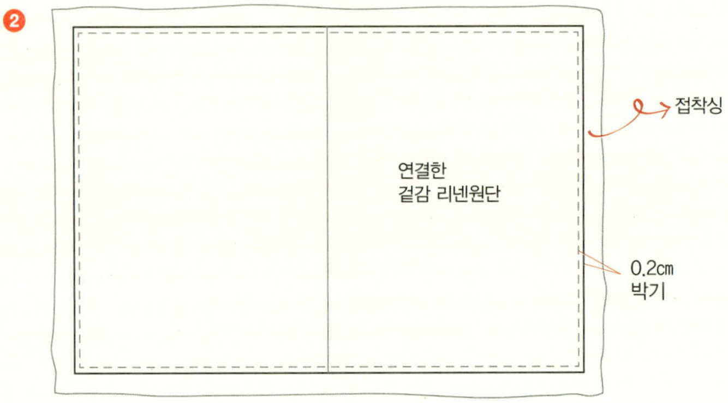

❷

연결한
겉감 리넨원단

접착싱

0.2cm
박기

❸

겉감 리넨원단
(겉)

0.7cm
박기

지퍼이빨

❹

겉감 리넨원단
(겉)

0.5cm
박기

⑤ 안감의 긴 쪽을 양쪽 1cm씩 다린다. 지퍼를 단 겉감에 안감 안을 올려놓고 핀으로 고정한 후, 0.5cm로 박음질한다.

⑥ 겉감 쪽에서 지퍼를 눌러박은 0.5cm 선 안쪽으로 박음질하고, 양옆선도 처음 박음선을 따라 박아준다. 양옆 지퍼를 오그려 슬라이더를 끼운 후, 안감이 보이도록 뒤집어준다.

⑦ 옆선 지퍼 끝에 3cm 지점을 표시하고, 선을 따라 0.7cm로 박음질한 후 오버로크해준다.

⑧ 겉감 지퍼여밈 리넨원단 2장을 반으로 접은 후, 상단 1cm 접어 다린다. 양옆을 0.7cm로 박음질하고 뒤집는다. 같은 방법으로 1장 더 만든다.

⑨ 바닥의 옆선을 삼각형으로 접어 옆선 중심에서 3cm씩 6cm로 표시하고, 표시한 선을 따라 박음질한다.(표시한 6cm까지)
– 반대편도 같은 방법으로 박음질하고 겉으로 뒤집는다.

⑩ 겉감 상단 지퍼 부분을 삼각형으로 접어 지퍼여밈을 1.5cm까지 넣은 후, 0.2cm로 박음질한다.
– 반대편도 같은 방법으로 박음질한다.

🎈 TIP

튼튼하게 되돌아박기를 한 번 더 한다.

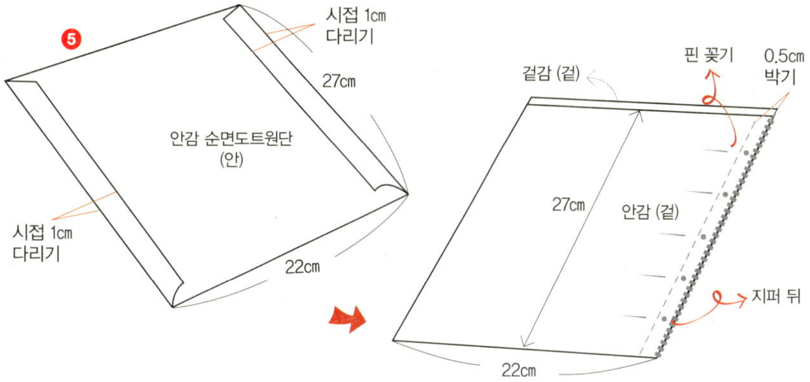

⑤
시접 1cm 다리기
27cm
안감 순면도트원단 (안)
시접 1cm 다리기
22cm

겉감 (겉)
핀 꽂기
0.5cm 박기
27cm
안감 (겉)
지퍼 뒤
22cm

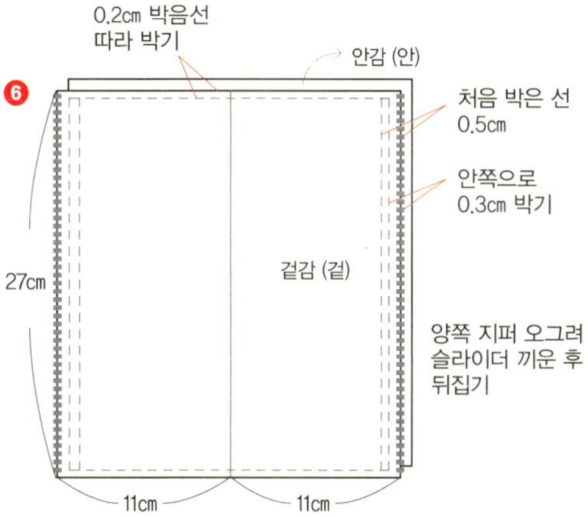

⑥
0.2cm 박음선 따라 박기
안감 (안)
처음 박은 선 0.5cm
안쪽으로 0.3cm 박기
27cm
겉감 (겉)
양쪽 지퍼 오그려 슬라이더 끼운 후 뒤집기
11cm
11cm

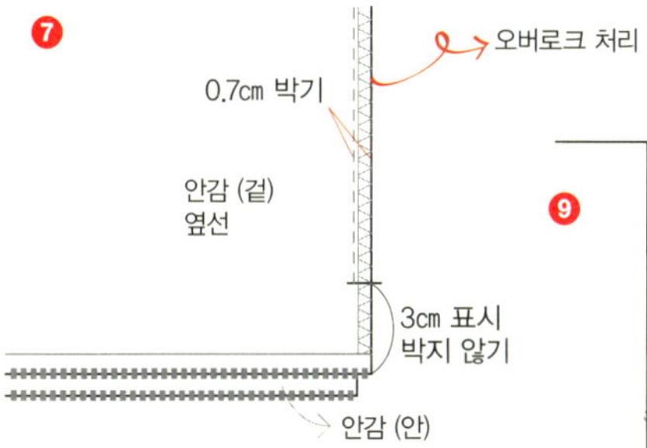

⑦
오버로크 처리
0.7cm 박기
안감 (겉) 옆선
3cm 표시 박지 않기
안감 (안)

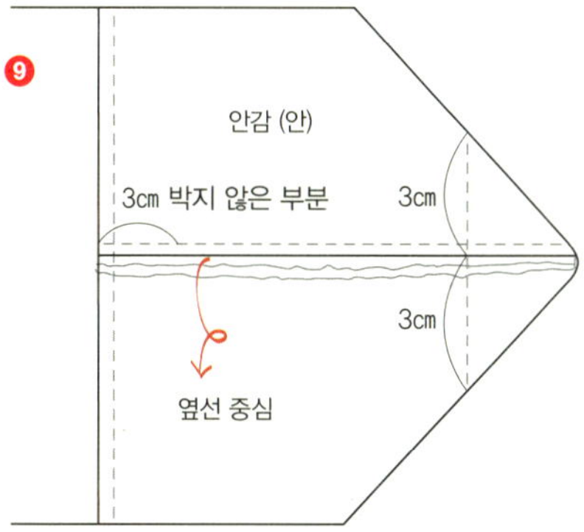

⑨
안감 (안)
3cm 박지 않은 부분
3cm
3cm
옆선 중심

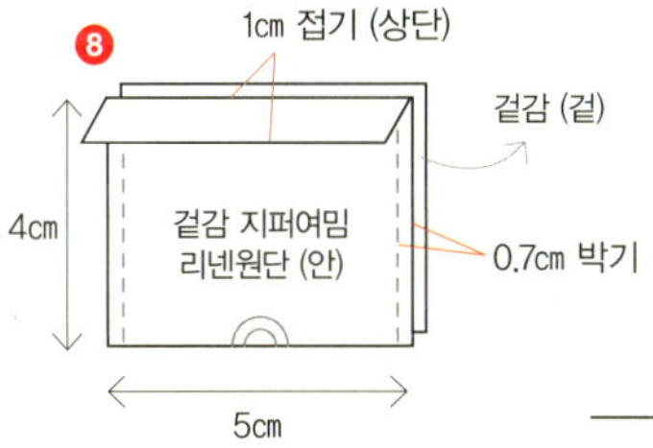

⑧
1cm 접기 (상단)
겉감 (겉)
4cm
겉감 지퍼여밈 리넨원단 (안)
0.7cm 박기
5cm

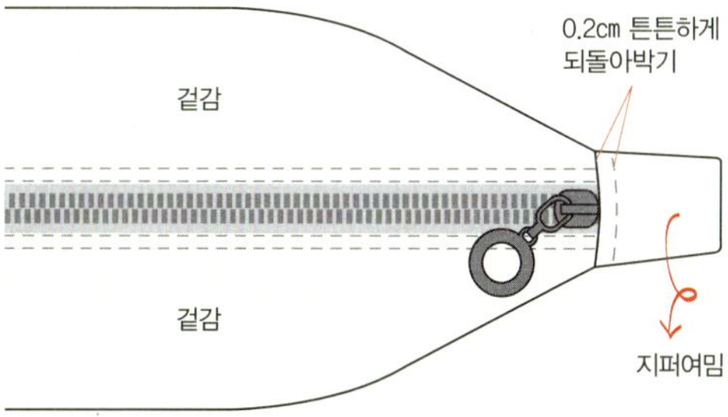

⑩
겉감
0.2cm 튼튼하게 되돌아박기
겉감
지퍼여밈

아이들에게
상상의 나래를~
니모 파우치
POUCH

130p

- **완성 크기**
  약 가로 20cm×세로 25cm(입체형)

- **재료**
  면원단 3종(겉감, 안감, 지느러미), 투톤지퍼(20cm), 단추 2개, 패딩솜.
  4온스 접착솜

- **재단 사이즈**
  겉감 진핑크도트원단 몸판 2장, 배 1장(실물도안 참고)
  안감 연핑크도트원단 몸판 2장, 배 1장(실물도안 참고)
  지느러미 위판 체크원단 2장(실물도안 참고)
  지느러미 옆판 체크원단 4장(실물도안 참고)
  꼬리지느러미 체크원단 2장(실물도안 참고)
  패딩솜 1장(22cm×25cm)
  4온스 접착솜 1장(53cm×37cm)

아이 방 잡동사니나 재봉틀에 쓰고 남은 가정용 실을 넣어두는 보관 파우치로 사용하면 좋아요.
색상별로 만들어 놓아두면 인테리어 효과도 있고, 니모의 입 양옆에 도톰한 파이핑끈을 달아주면
귀여운 크로스 가방으로도 활용할 수 있는, 보면 볼수록 매력 있는 아이템입니다.

01 지느러미 만들기

① 지느러미 위판 1장, 옆판 2장, 꼬리지느러미 1장 체크원단 각각에 패딩솜을 대고, 둘레 0.2cm로 박음질한다. 남은 패딩솜은 원단에 맞춰 잘라낸다.

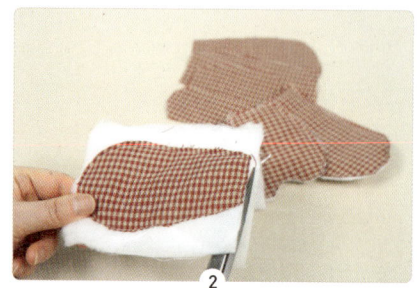

③ 패딩솜을 대지 않은 원단에 패딩솜 댄 원단 겉을 올려놓고, 하단을 제외하고 0.7cm로 박음질한다. 둥근 부분에 가윗밥을 주고, 뒤집어 다려 준다.

⑥ 01~02 과정에서 만들어놓은 지느러미들의 트인 부분을 0.3cm로 박아준다. 지느러미 옆판만 0.7cm로 트인 부분 안으로 접어 넣고, 0.2cm로 박음질한다.

⑦ ~ ⑧ 지느러미 옆판 2장에 사선으로 2줄 선을 그리고(실물도안 참고), 표시한 선대로 박음질한다.

130

02 몸판 만들기

몸판 겉감 진핑크도트원단 아래에 접착솜을
대고 둘레 0.2cm로 박음질한다. 남은 접착
솜을 잘라내고, 접착솜에 잘 붙도록 원단을
골고루 다려준다. 같은 방법으로 몸판 3개를
만들어둔다.

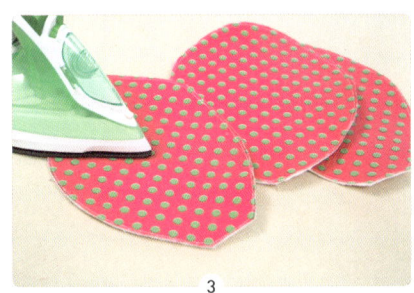

03 만들어놓은 몸판에 지느러미 위치
를 잡아놓고, 처음 박음선을 따라 박음질한
다.(위치는 실물도안 참고)

04 지느러미를 박은 몸판 원단 2장을 겉
끼리 맞대고 꼬리부터 입까지만 박음질한다.
몸판 안감 연핑크도트원단도 같은 방법으로
박음질한다.

05 지퍼 달기

❶ ~ ❷ 우선 지퍼 중심을 표시한 후, 겉감 입
부분과 지퍼를 중심에 맞춰 핀으로 고정한다.

4 지퍼노루발로 교체하여 지퍼 끝에서 0.7cm 안쪽을 박음질한다.

5 ~ **6** 몸판 안감도 입 부분에 맞춰 핀을 꽂고, 지퍼 끝에서 0.7cm 안쪽을 박음질한다.

앞쪽 입 부분에 핀 꽂은 모습

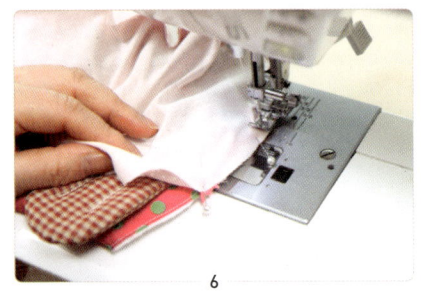

06 몸판 안감을 안쪽으로 넣고 겉감에 맞춰 핀을 꽂은 후, 핀 꽂은 둘레를 0.3cm로 송곳으로 눌러가며 박아준다.

07 배 부분과 몸통 만들어 붙이기

1 ~ **2** 배 부분 겉감 1장을 반으로 접고 중심을 표시한다. 입 부분 겉에 표시한 중심에 지퍼 겉을 놓고 핀을 꽂아준다.

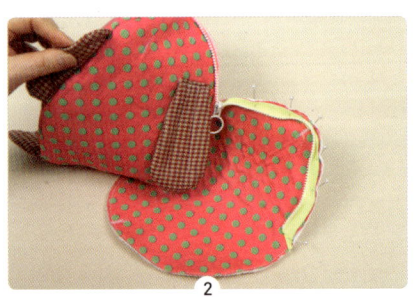

3 지퍼노루발 끝에 맞춰 박음질한다. 이때 지퍼 양끝은 삼각형이 되도록 안으로 접어 넣어 박아준다.

앞쪽 입 부분에 지퍼를 박은 모습

5 박아준 지퍼에(몸판 겉감) 안감 겉을 올려 두고 지퍼 쪽만 0.3cm로 박음질한다. 안감을 겉 감 몸판 쪽으로 둘레에 맞춰 핀으로 고정한 후, 0.3cm로 박음질한다.

08 배 부분 안감에 창구멍을 표시하고, 안감을 겉끼리 대고 핀으로 고정한다. 창구 멍을 제외한 전체를 0.7cm로 박음질한다.

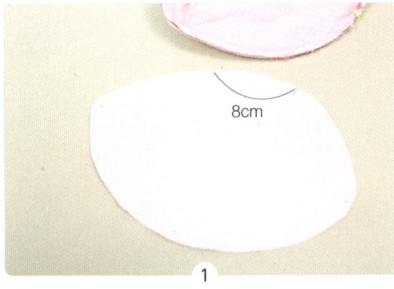

창구멍 표시한 안감 겉을 박음질한 모습

09 창구멍으로 뒤집은 후, 창구멍을 공 그르기한다.

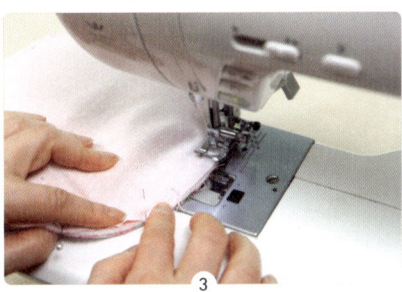

10 실물도안을 참고하여 눈 위치에 단추를 달아주면 귀여운 니모 파우치가 완성된다.

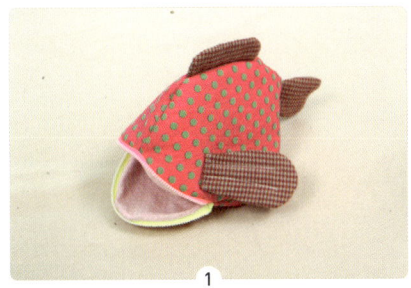

136p

SEWING STORY

소중한 우리 아이의

곰돌이
애착인형 베개

PILLOW

- **완성 크기**
  가로 36cm×세로 55cm

- **재료**
  오가닉원단, 테리타월, 펠트, 면누빔원단, 구름솜, 2온스 솜

- **재단 사이즈**
  몸통 면누빔원단 2장
  주둥이 테리타월 2장
  배 오가닉원단 2장
  귀 오가닉원단 4장
  긴 팔 오가닉원단 2장
  짧은 팔 오가닉원단 2장
  ※ 실물도안 이용. 시접 별도
  펠트 눈 2장, 펠트 코 1장(실물도안 참고, 시접 포함)

주둥이 테리타월
2장

펠트 눈 2장

펠트 코 1장

배 오가닉원단
2장

몸통 면누빔원단
2장

긴 팔 오가닉원단 2장

짧은 팔 오가닉원단 2장

귀 오가닉원단 4장

아이의 숙면을 돕고 안정감을 주는 곰돌이 인형 베개예요.
동물 모양으로 만들어 친밀감을 주고, 민감한 아이 피부에 자극이 없는
오가닉 원단을 사용하여 포근함을 더했습니다.

01 실물도안을 이용하여 긴 팔과 짧은 팔, 귀, 배, 주둥이 모양을 재단한 후, 시접을 0.7cm 그려서 준비한다.

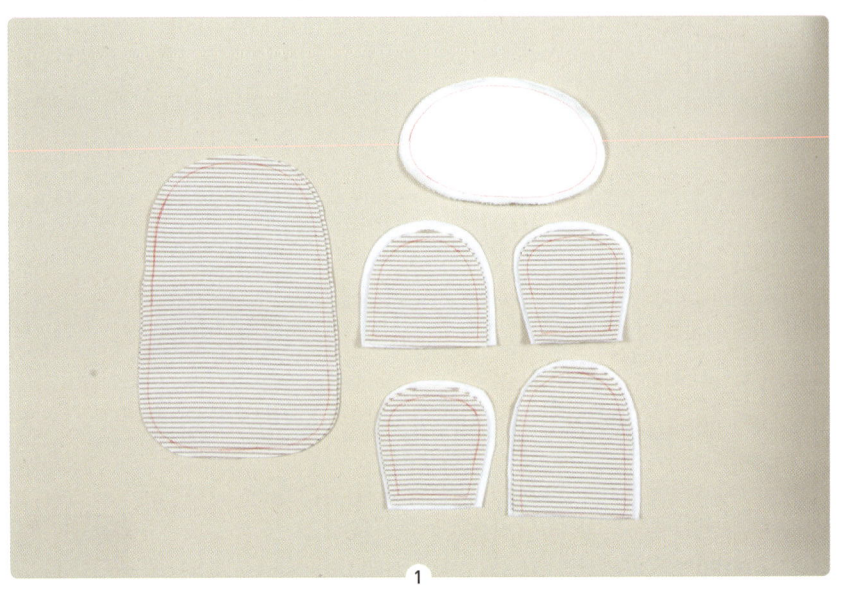

02 오가닉원단 긴 팔 2장과 짧은 팔 2장을 겉끼리 맞대고 아래에 2온스 솜을 댄 후, 시접선을 따라 창구멍만 남기고 박음질한다. 귀 모양 오가닉원단 2장도 같은 방법으로 만들어둔다.

 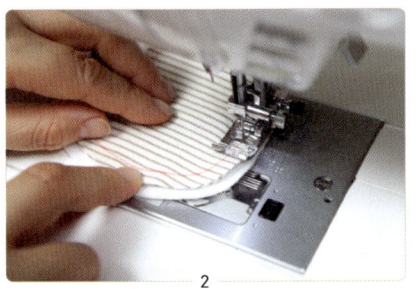

03 배 모양 오가닉원단 2장을 솜을 대지 않고 시접선 따라 창구멍 없이 박음질한다. 주둥이 모양 테리타월 2장도 같은 방법으로 만들어둔다.

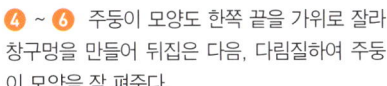 **04** 배, 주둥이 부분에 창구멍 만들어 다리기

① ~ **③** 배 모양 한쪽 끝을 가위로 잘라 창구멍을 만들어 뒤집은 다음, 다림질하여 배 모양을 잘 펴준다.

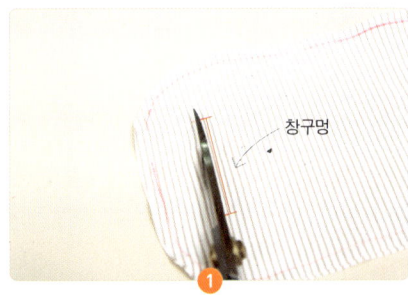

④ ~ **⑥** 주둥이 모양도 한쪽 끝을 가위로 잘라 창구멍을 만들어 뒤집은 다음, 다림질하여 주둥이 모양을 잘 펴준다.

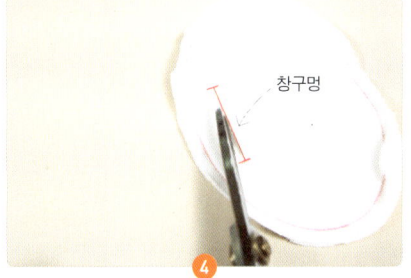

 TIP

곡선 부분의 겉을 예쁘게 하기 위해서는 시접 가장자리를 모두 박음질한 다음 안감 쪽에 창구멍을 내고 뒤집어준다.

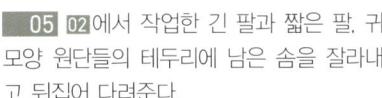 **05** **02** 에서 작업한 긴 팔과 짧은 팔, 귀 모양 원단들의 테두리에 남은 솜을 잘라내고 뒤집어 다려준다.

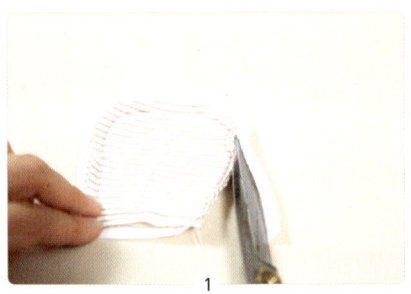

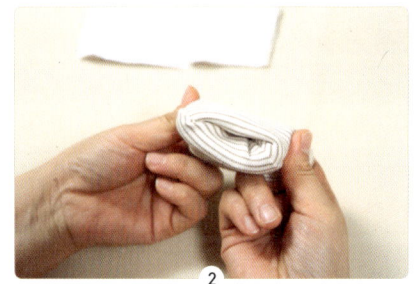

06 몸통 앞판에 팔과 귀, 주둥이와 배 모양을 박음질한다.

1 ~ **2** 실물도안을 이용해 재단된 몸통 면누빔원단 앞판에 귀와 팔의 위치를 잡고, 끝박음질한다.

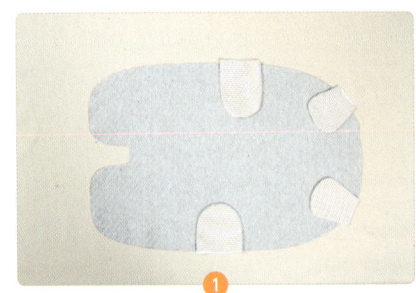

3 ~ **4** 몸통 앞판에 주둥이와 배를 박음질할 위치를 잡고, 주둥이와 배 모양 가장자리를 끝박음질한다.

07 몸통 상단 주둥이 위쪽에 펠트로 준비한 코와 눈알의 위치를 잡아준다. 눈과 코 가장자리를 돌려가며 박음질한다.

3 주둥이 코 밑에 웃는 모습의 입과 인중을 그리고, 갈색실로 여러 번 반복해서 박음질한다.

138

08 몸통 원단 2장을 겉끼리 맞댄 후, 시침핀으로 고정한다. 몸통 직선 부분에 창구멍 10cm 정도 남기고 시접선을 따라 박음질한 후, 창구멍으로 뒤집어서 다림질한다.

① 팔, 귀는 몸통 쪽으로 집어넣는다.

몸통끼리
포개놓은 모습

09 구름솜을 골고루 넣고, 공그르기로 손바느질하여 창구멍을 막아 완성한다.

비 오는 날도 즐겁게
어린이
판초우비
RAINCOAT

144p

- **완성 크기**
  가로 105cm×세로 53cm

- **재료**
  방수원단, 방수테이프, T단추(7개)

- **재단 사이즈**
  앞판 2장, 뒤판 1장(실물도안 참고, 시접 별도)
  모자 2장(실물도안 참고, 시접 별도)
  바이어스감 1장(폭 3.2cm×길이 300cm, 랍바 사용)

앞판 2장

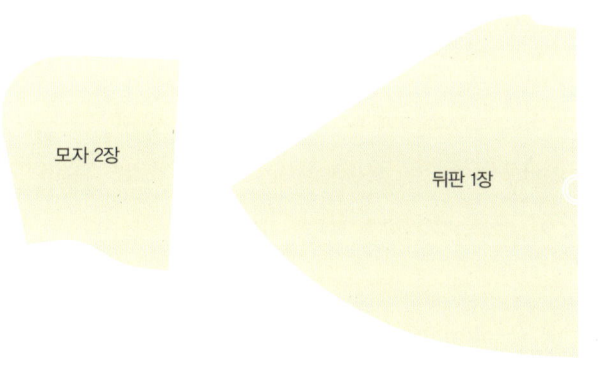

모자 2장

뒤판 1장

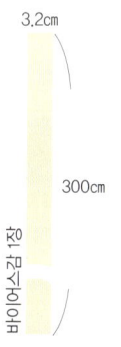

3.2cm

300cm

바이어스감 1장

비 오는 날뿐 아니라 미세먼지가 걱정되는 날, 바람 부는 날에도
가방을 메고 입을 수 있는 아이를 위한 우비를 만들어보세요.

SEWING STORY

차량용 안전 필수템

어린이
안전벨트 가드

SEAT BELT COVER

145p

- **완성 크기**
  가로 17cm×세로 28cm

- **재료**
  30수 면원단 3종, 4온스 접착솜, T단추

- **재단 사이즈**
  겉감 상단, 하단 각 1장씩(실물도안 참고, 시접은 상단과 하단 1cm씩)
  안감 1장(실물도안 참고, 시접 포함)
  바이어스감 1장(폭 3.5cm×길이 100cm 정도)
  4온스 솜 1장(실물도안보다 약간 크게 재단)
  ※ 실물도안 사이즈는 시접 포함

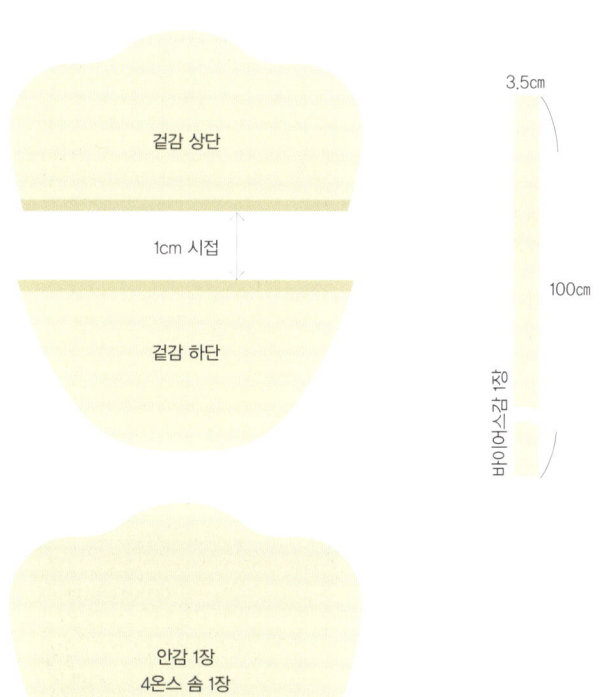

겉감 상단

1cm 시접

겉감 하단

안감 1장
4온스 솜 1장

3.5cm

100cm

바이어스감 1장

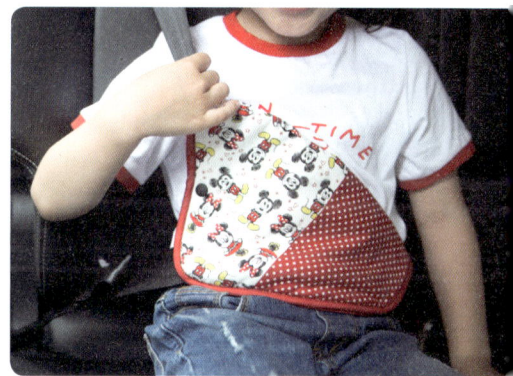

목이 졸리는 갑갑한 느낌 때문에 아이가 안전벨트 착용을 싫어한다면,
목과 얼굴에 닿지 않게 안전벨트 위치를 조절할 수 있는 안전벨트 가드를 이용하세요.
아이의 몸이 흔들리지 않게 도와주고, 급정거 시에는 자리에서 벗어나지 않도록 잡아줍니다.
아이가 평소 좋아하는 캐릭터의 원단으로 만들어보세요.

140p

어린이 판초우비

만드는 방법

① 실물도안을 이용하여 방수원단 앞판 2장,
뒤판 1장, 모자 2장을 시접 표시대로 재단
한다.

② 뒤판과 앞판의 양 옆선을 모두 박음질한다.

③ 모자 2장을 포개어 박음질한 다음. 박음선
에 바이어스를 감싸 박는다. 3cm 시접을
안으로 접어 넣어 박음질한다.

④ 몸판의 목둘레 중심과 모자의 중심을 맞
춰 돌려가며 박음질한다.

⑤ 앞판의 앞여밈 시접을 2cm씩 두 번 접어
박음질한 후, T단추를 달아준다.(몸판은 5
개, 양쪽 팔은 2개)

⑥ 밑단 시접에 바이어스를 감싸 박음질한다.

⑦ 빗물이 새지 않도록 방수테이프를 박음선
모두 다림질하여 붙여준다.

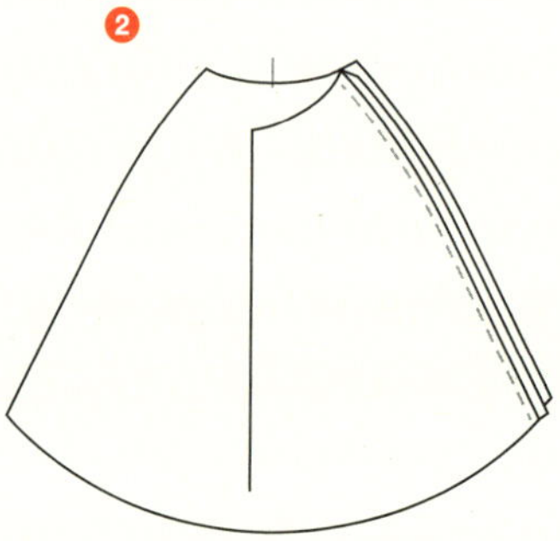

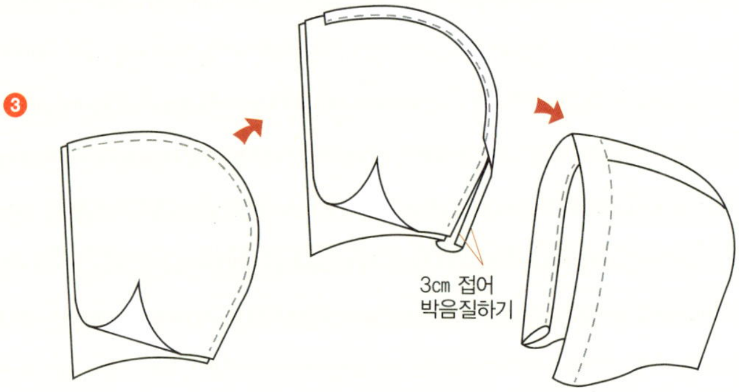

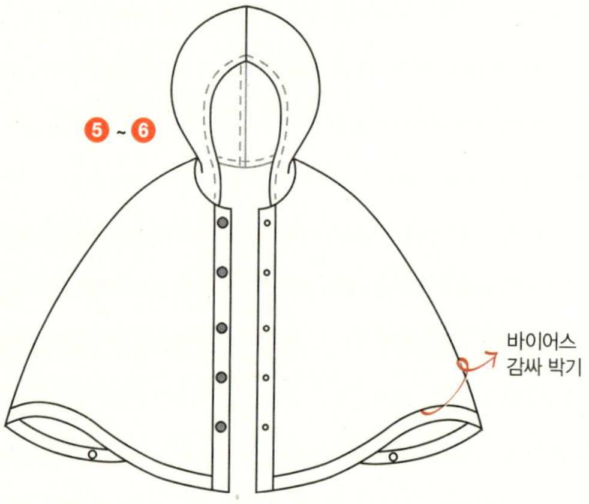

① 1cm 시접 1cm 시접 4cm 시접 중심선

앞판 2장

모자 2장 3cm 시접

뒤판 1장 1cm 시접

②

③ 3cm 접어 박음질하기

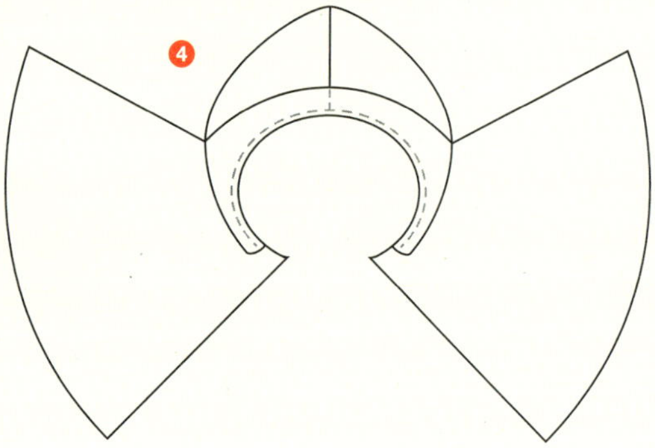

④

⑤ ~ ⑥ 바이어스 감싸 박기

어린이 안전벨트 가드

만드는 방법

❶ 실물도안을 이용하여 30수 무늬면원단 겉감 상단 1장, 30수 도트면원단 하단 1장을 재단한다.

❷ 겉감 상단과 하단을 1cm 시접을 주고 박음질하여 이어준다. 시접은 가름솔로 다림질한다.

❸ 완성된 겉감에 4온스 접착솜을 대고 다림질한 다음, 겉감에 맞춰 남은 솜을 잘라낸다.

❹ 실물도안을 이용하여 재단한 뒷면을 ③과 안끼리 맞댄 후, 돌려가며 끝박음질한다.

❺ 폭 3.5cm으로 재단한 바이어스감을 뒷면에 0.7cm 시접을 두고 돌려가며 박음질한다. 사선으로 접어 겹친 부분을 박아준다.

❻ 바이어스를 겉감 쪽으로 두 번 접어 가장자리에 끝박음질한다.

❼ 반으로 접어 실물도안에 있는 점선 표시를 한 후, 점선을 따라 박음질한다.

❽ ● 표시된 위치에 T단추를 달아준다.

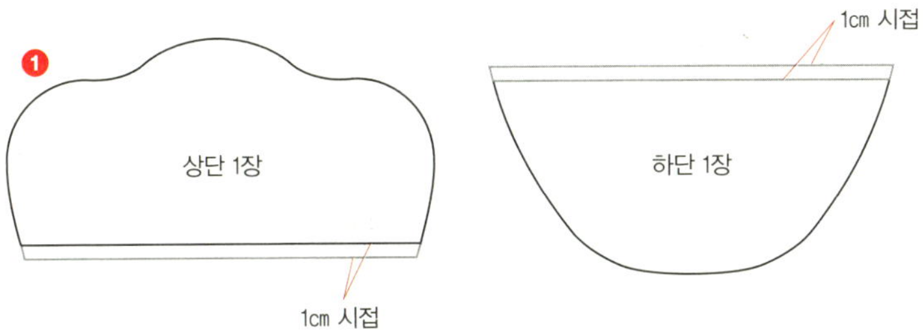

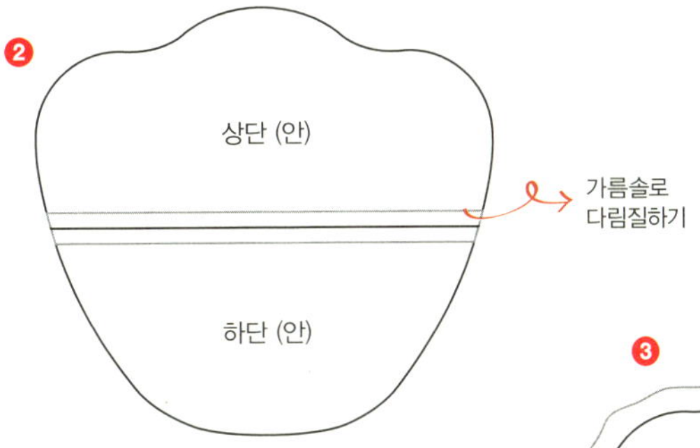

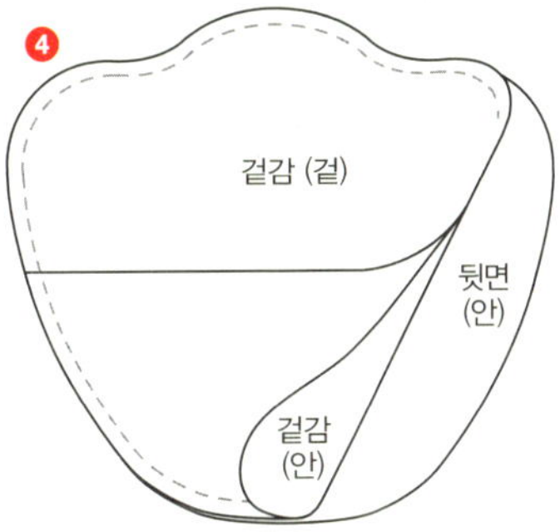

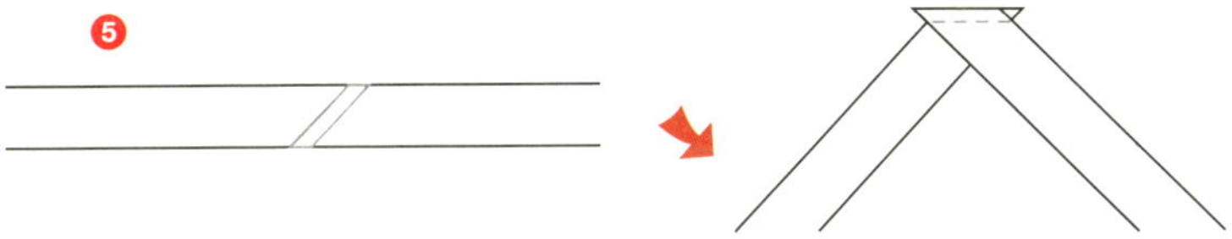

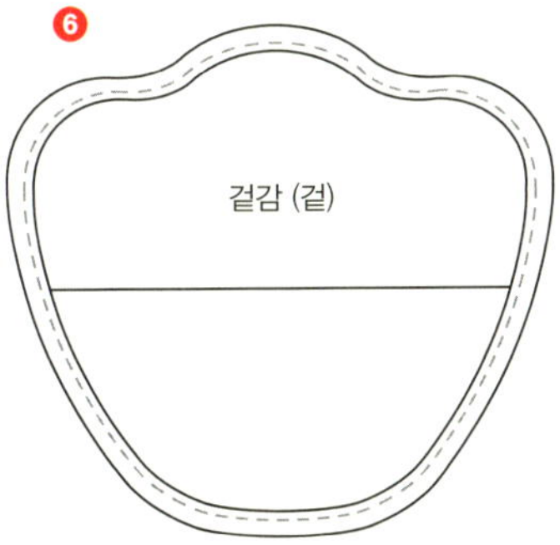

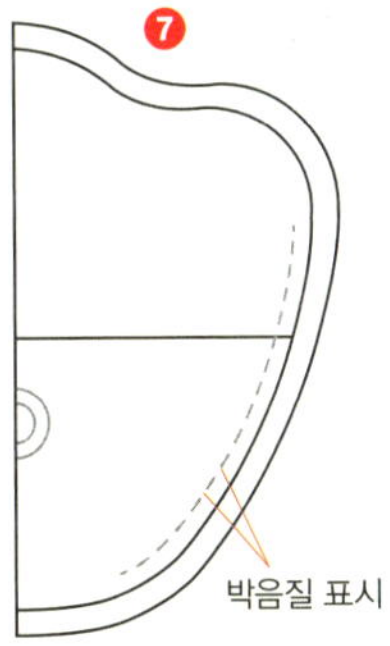

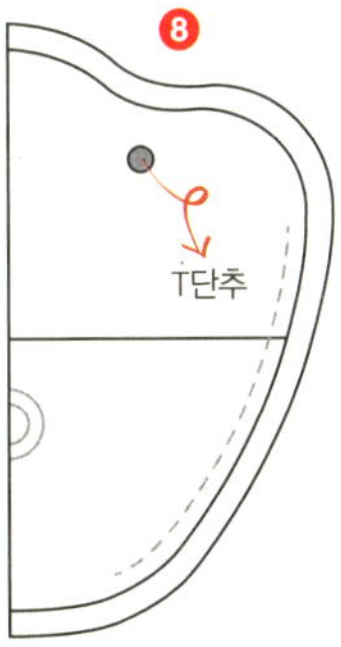

❶ 상단 1장　　하단 1장　　1cm 시접　　1cm 시접

❷ 상단 (안)　　가름솔로 다림질하기　　하단 (안)

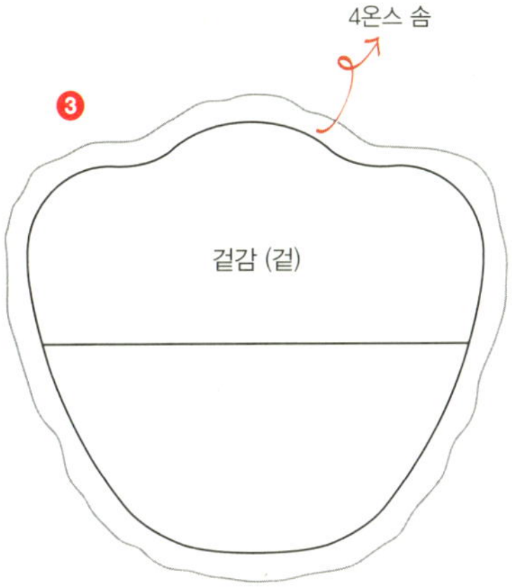

❸ 4온스 솜　　겉감 (겉)

❹ 겉감 (겉)　　뒷면 (안)　　겉감 (안)

❺

❻ 겉감 (겉)

❼ 박음질 표시

❽ T단추

선택이 아닌 필수
오가닉 마스크

ORGANIC MASK

150p

Package

- **완성 크기**
  가로 18cm×세로 10cm

- **재료**
  무늬원단, 오가닉원단, 컬러마스크끈

- **재단 사이즈**
  겉감 무늬원단 2장(실물도안 참고)
  안감 오가닉원단 2장(실물도안 참고)
  ※ 전체 시접 포함

겉감 무늬원단
2장

안감 무늬원단
2장

미세먼지를 막기 위해 남녀노소 누구에게나 꼭 필요한 생필품 마스크.
특히, 우리 아이들에게는 감기에 쉽게 노출되는 계절에 꼭 필요한
간절기 필수 아이템이죠. 소중한 우리 아이를 위해 부드러운 오가닉 원단으로 귀엽고 앙증맞은 마
스크를 만들어보세요.

SEWING STORY

안심하고 사용하는
순면 생리대

COTTON SANITARY PAD

151p

- **완성 크기**
  소형팬티라이너 크기(펼쳤을 때 18cm×18cm, 여몄을 때 8cm×7cm)

- **재료**
  오가닉타월원단, 워싱리넨원단, 워싱내추럴융원단, 무형광방수원단,
  가시도트(2세트)

- **재단 사이즈**
  겉감(보이는 부분) 워싱리넨원단 1장(실물도안 참고)
  겉감(피부에 닿는 부분) 워싱내추럴융원단 1장(실물도안 참고)
  안감(흡수층) 오가닉타월원단 2장(실물도안 참고)
  안감 무형광방수원단 1장(22cm×22cm)

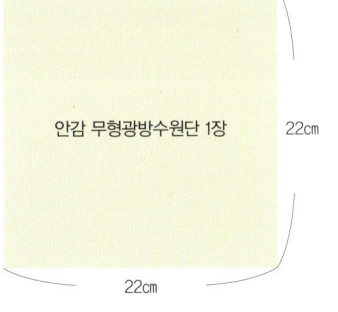

겉감
워싱리넨원단 1장

겉감
워싱내추럴융원단 1장

안감 오가닉
타월원단(흡수층)
2장

안감 무형광방수원단 1장

22cm

22cm

TIP

순면 생리대 세탁 방법
① 사용한 면생리대를 찬물에 담근 후 손으로 가볍게 문질러 생리혈을 제거하세요.
② 과탄산소다 또는 베이킹소다를 적당량 넣어 골고루 섞은 후, 4~5시간 정도 담가두세요.
③ 미지근한 물로 손빨래하거나 세탁기로 세탁하세요.
④ 세탁된 면생리대를 햇빛에 널어 말려주세요.

일회용 생리대 유해물질 논란이 걱정되는 사람, 생리통이나 생리불순이 심해 걱정되는 사람, 피부가 예민한 사람에게 꼭 필요한 오가닉 순면 생리대를 만들어 사용하세요.

파우치에 넣어 들고 다닐 수 있는 작은 사이즈의 팬티라이너로 양 적은 날에 좋아요.

146p

오가닉 마스크

만드는 방법

① 시접이 포함된 실물도안을 이용하여 오가 닉원단 2장, 무늬원단 2장을 재단한다.

② 오가닉원단은 오가닉원단, 무늬원단은 무 늬원단과 겉끼리 맞대어놓는다. 중심 부 분을 0.7cm 안으로 시접을 두고 박음질 한다.

③ 박음질한 시접을 가름솔로 가르고 다림질 한다.

④ 오가닉원단과 무늬원단을 겉끼리 맞댄 후, 위아래를 0.7cm 안쪽으로 시접선을 그리 고 박음질한다.

⑤ 박지 않은 쪽으로 뒤집어 잘 펴지도록 다 림질한 후, 양옆을 끝박음질한다.

⑥ 오가닉원단 쪽으로 양옆을 두 번 접어 터 널이 생기도록 끝박음질한다.

⑦ 양옆 터널에 마스크끈을 넣고 얼굴 사이 즈에 맞춰 끈을 매듭짓는다.

 TIP

매듭진 끈은 터널 속으로 집어넣는다.

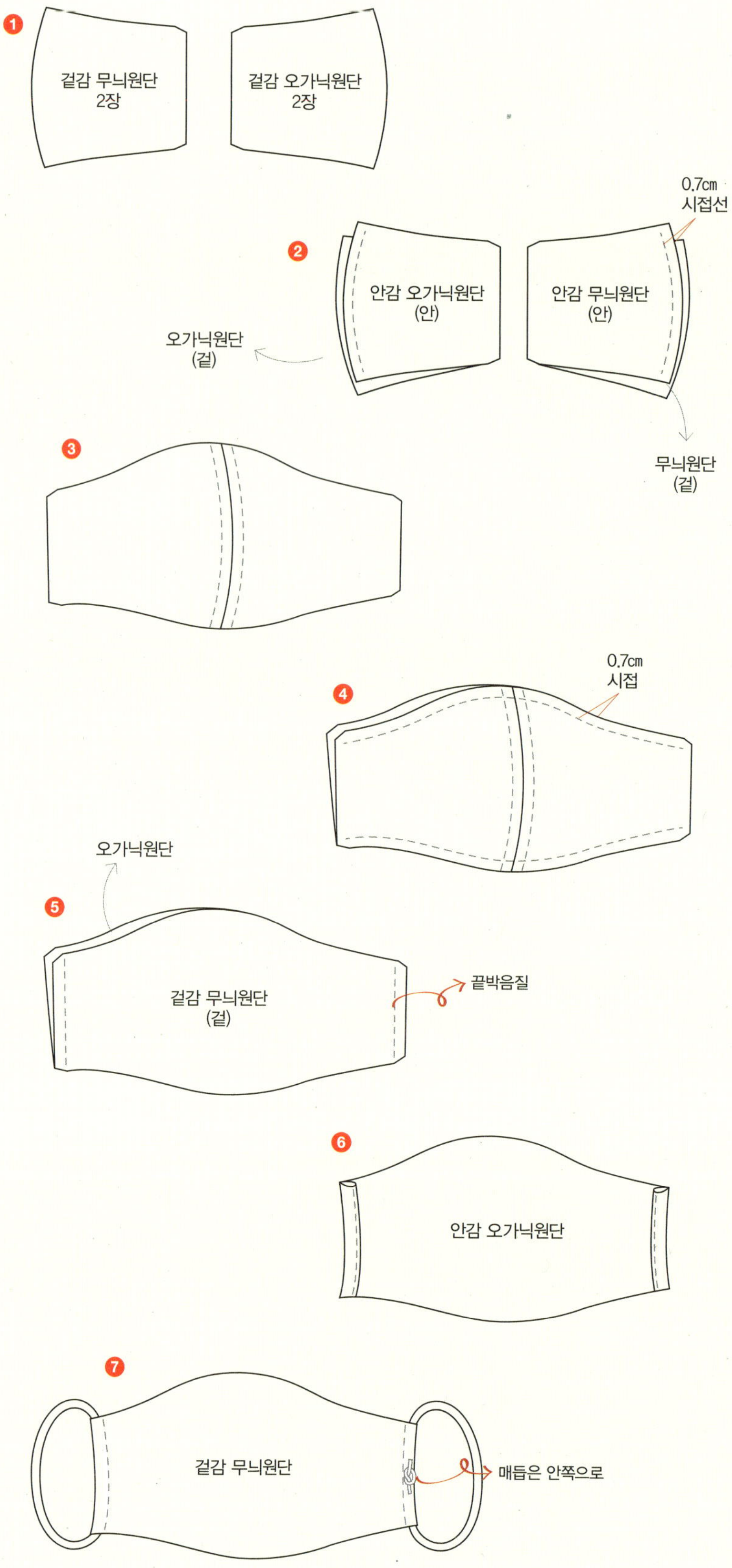

①
겉감 무늬원단 2장
겉감 오가닉원단 2장

②
0.7cm 시접선
안감 오가닉원단 (안)
안감 무늬원단 (안)
오가닉원단 (겉)
무늬원단 (겉)

③

④
0.7cm 시접
오가닉원단

⑤
오가닉원단
겉감 무늬원단 (겉)
끝박음질

⑥
안감 오가닉원단

⑦
겉감 무늬원단
매듭은 안쪽으로

순면 생리대

만드는 방법

1 안감 무형광방수원단에 겉감 워싱리넨원단을 대고 전체 둘레를 0.2cm로 박음질한다. 남은 방수원단은 잘라낸다.

2 안감 오가닉타월원단 2장을 겉감 워싱내추럴융원단에 올려놓고 핀으로 고정한 후, 오가닉타월원단 안쪽을 0.5cm로 박음질한다.

3 창구멍을 5cm 표시하고, 창구멍만 남기고 전체 0.5cm로 박음질한다. 곡선 부분에 가윗밥을 준 후, 창구멍으로 뒤집고 다려준다.

4 창구멍부터 전체 0.2cm로 박음질하고, 가시도트 기구를 이용하여 가시도트를 달아준다.

> 📍 **TIP**
>
> 여몄을 때 가시도트가 잠긴 부분과 같은 방향이 되지 않도록 주의해야 한다.

5 위아래를 모두 접고 가시도트로 여며주면, 순면 생리대가 완성된다.

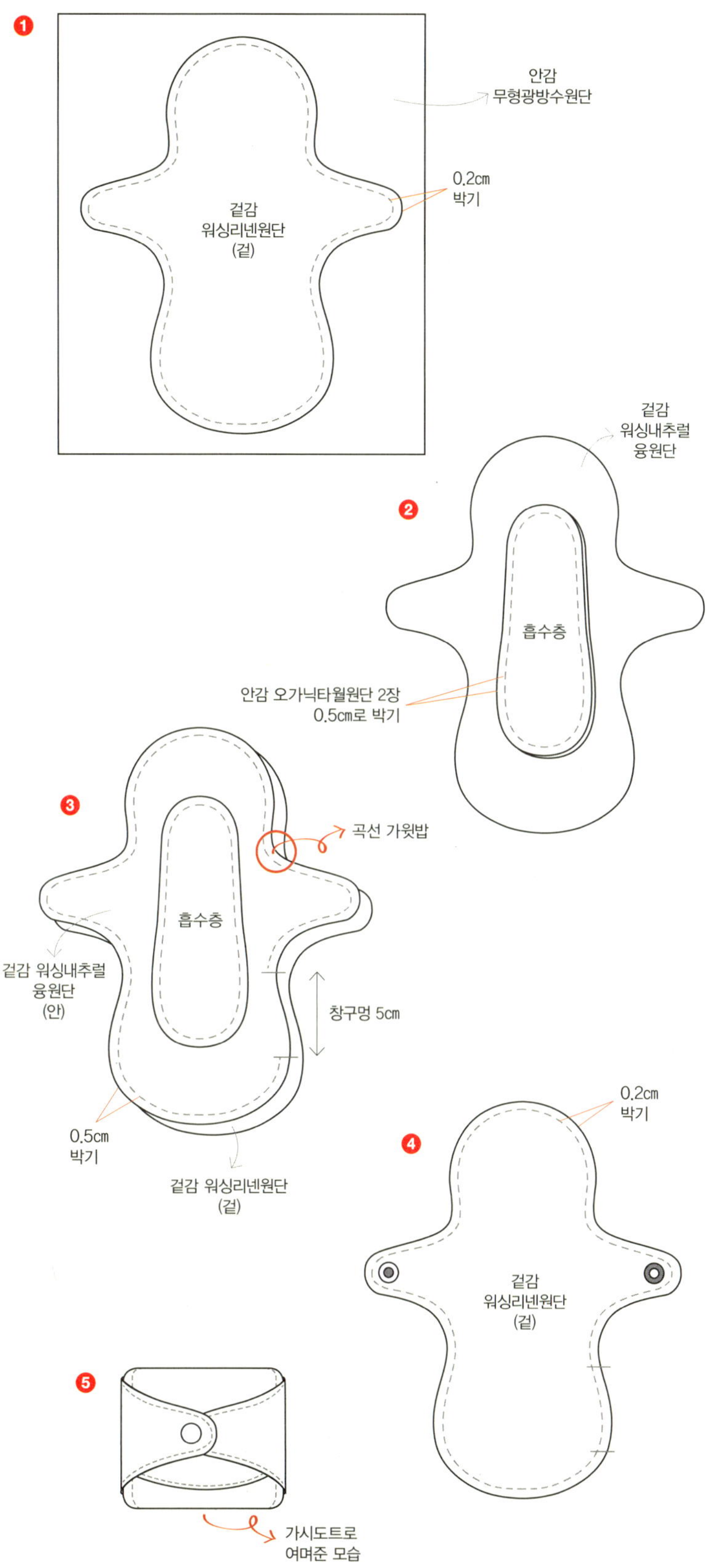

1 안감 무형광방수원단 / 0.2cm 박기 / 겉감 워싱리넨원단 (겉)

2 겉감 워싱내추럴융원단 / 흡수층 / 안감 오가닉타월원단 2장 0.5cm로 박기

3 곡선 가윗밥 / 흡수층 / 겉감 워싱내추럴융원단 (안) / 창구멍 5cm / 0.5cm 박기 / 겉감 워싱리넨원단 (겉)

4 0.2cm 박기 / 겉감 워싱리넨원단 (겉)

5 가시도트로 여며준 모습

여성의 그날에도
걱정 없는
트렁크 위생팬티
UNDERWEAR

154p

Package

- **완성 크기**
  여자 90~95사이즈(free사이즈)

- **재료**
  면원단, 무형광방수원단, 고무줄 1개(3cm×60cm, 본인 허리에 맞춰 60~65cm), 라벨

- **재단 사이즈**
  겉감 면원단 앞판 2장, 뒤판 1장(실물도안 참고)
  안감 무형광방수원단 뒤판 1장(실물도안 참고)

겉감 뒤판, 안감 뒤판
1장

겉감 앞판
2장

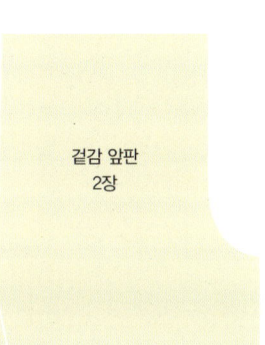

양 많은 그날 편하게 잠 못 드는 여자를 위해 만들었어요. 트렁크 팬티에 무형광방수원단을 빼고 만들게 되면, 집에서 편하게 입을수 있는 3부 바지가 됩니다.

초경을 한 자녀에게 기념 선물로 추천하는 아이템입니다.

①~② 겉감 면원단 뒤판 아래에 안감 무형광 방수원단 뒤판을 대고 맞춰서 전체 0.3cm로 박음질하고, 앞판 2장을 겉끼리 맞대고 밑위를 0.5cm로 박음질한다.

③~④ 겉으로 돌려 0.7cm로 눌러박기한 후, 앞판과 뒤판을 펼쳐 눌러박은 부분이 바닥으로 가도록 놓은 다음, 0.2cm 통솔박기한다.

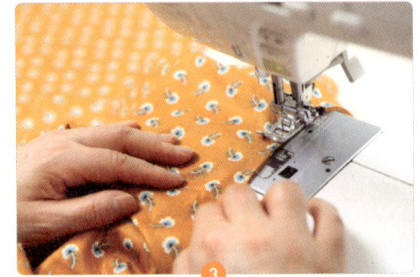
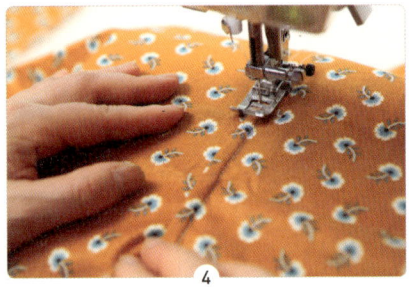

🎈 **TIP**

무형광방수원단에서는 부드러운 부분이 피부에 닿는 앞판이다.

02 앞판과 뒤판 하단의 옆선 4군데에 트임할 부분을 표시한다. 표시한 상단부터 사선으로 0.8cm로 두 번 접어 0.2cm 끝박음질한다.

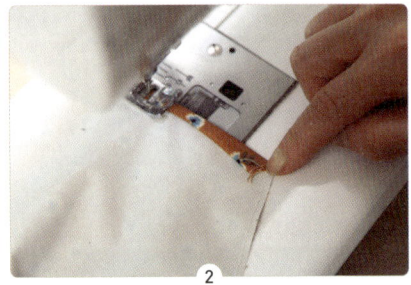

03 옆선 통솔하기

①~② 겉감 면원단 앞판과 대준 뒤판을 겉끼리 맞댄 후, 트임한 옆선까지 0.5cm로 박음질한다. 겉으로 돌려 0.7cm로 트임까지 눌러박기한다.

③~④ 앞판과 뒤판을 펼쳐 시접을 뒤판 쪽으로 보낸 다음, 0.2cm로 통솔박기한다. 트임 부분까지 박은 후 꺾어서 튼튼하게 되돌아박기한다.

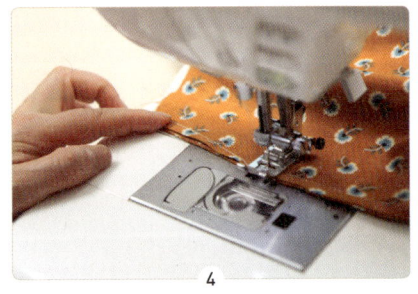

04 하단 밑 통솔하기

1 앞판과 뒤판을 겉끼리 맞대고 하단 중심선을
표시한 후, 중심선을 잘 맞춰 0.5cm로 통솔박기
한다.

2 ~ **4** 겉으로 돌려 0.7cm로 눌러박기한다.
시접을 뒤판 쪽으로 보낸 뒤, 0.2cm 통솔박기로
마무리한다.

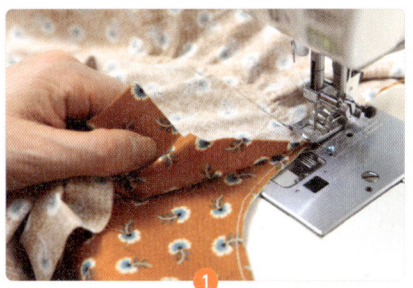

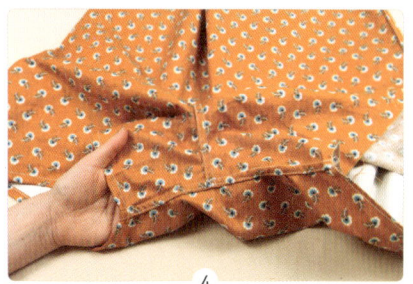

05 하단을 1cm씩 두 번 접어 0.2cm로
끝박음질한다. 상단을 1cm로 다리고, 뒤판
중심선 왼편에 면라벨을 박음질한다.

🎈 **TIP**

라벨을 달아주면 입을 때 앞뒤가 구분되어
편리하다.

06 고무줄을 박아 마무리한다.

1 ~ **2** 고무줄을 2cm 겹치게 하여 두 줄로 튼
튼하게 박아준 후, 4등분 표시한다. 다려준 허리
부분의 시접 안쪽에 고무줄을 넣고, 4등분한 표
시선까지 잡아당기며 처음 박음선을 따라 박음질
한다.

3 ~ **4** 고무줄 폭에 맞춰 시접을 안으로 접고,
박음선을 따라 박음질하여 마무리한다.

NO.4

오래오래 함께 할
데일리 백

매일 들기 좋은
심플 미니
토트백
TOTE BAG

160p

• 완성 크기
약 가로 30cm×세로 15cm

• 재료
리넨모먼트솔리드원단, 30수 면원단, 3온스 솜, 가죽핸들 1세트,
5호 지퍼 2개(21cm, 47cm), 5호 슬라이드 2개

• 재단 사이즈
겉감 리넨모먼트솔리드원단 1장(45cm×50cm)
양옆고리감 리넨모먼트솔리드원단 2장(4cm×6cm)
안감 30수 면원단 1장(45cm×50cm)
안감 주머니 30수 면원단 1장(21cm×24cm)
지퍼감 30수 면원단 1장(5cm×21cm)
3온스 솜 1장(47cm×52cm)
※ 전체 시접 포함

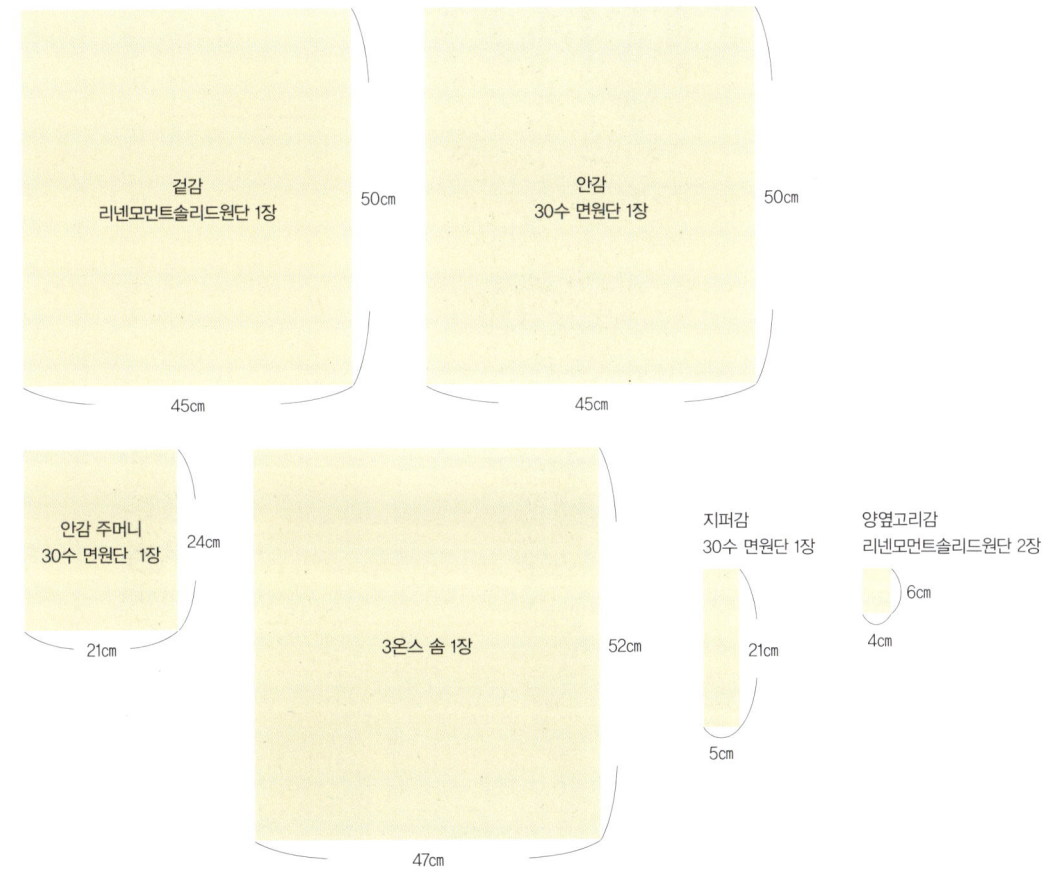

아담한 사이즈의 미니 토트백을 만들어보세요.

외출할 때 간편하게 들고 다닐 수 있고, 청바지와 셔츠에 잘 어울리는 토트백이에요.

만드는 과정이 쉽지는 않아도 정성 들여 만들어 엣지 있게 들고 다녀보세요.

01 겉감 리넨모먼트솔리드원단에 3온스 솜을 대고 가장자리를 돌아가며 끝박음질한다. 남은 솜은 원단에 맞춰 잘라낸다.

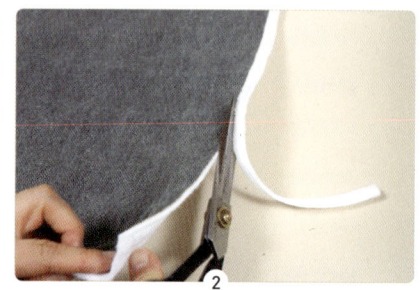

02 지퍼노루발로 교체한 후, 겉감 가로선 상단과 5호 지퍼(47cm)를 겉끼리 맞대고 0.7cm로 박음질한다.

2 가로선 하단에도 지퍼 반대편을 대고 박음질한다.

03 지퍼 안쪽에 안감 30수 면원단 겉을 맞대고 시침핀으로 고정한 후, 안감과 지퍼를 같이 박음질한다.

3 반대편에도 안감과 지퍼를 대고 시침핀으로 고정한 후 박음질한다.

04 지퍼를 중심으로 하여 겉감은 겉감끼리, 안감은 안감끼리 잘 정리한다. 안감의 중심을 반으로 잘라준 후, 주머니 안감 위치를 표시하고 박음질한다.

❷ 안감 상단에서 6cm 지점에 사각형(1×18cm)을 그려 주머니 안감 위치를 표시한다.(원래는 안감 겉에 그려주어야 함)

❸ ~ **❹** 지퍼감(21×5cm) 중심에 1×18cm 사각형을 그린 다음, 방금 표시한 안감 겉에 올려놓고, 평노루발로 교체하여 박음질한다.

🎀 **TIP**

이때 땀수는 2땀으로 박음질한다.

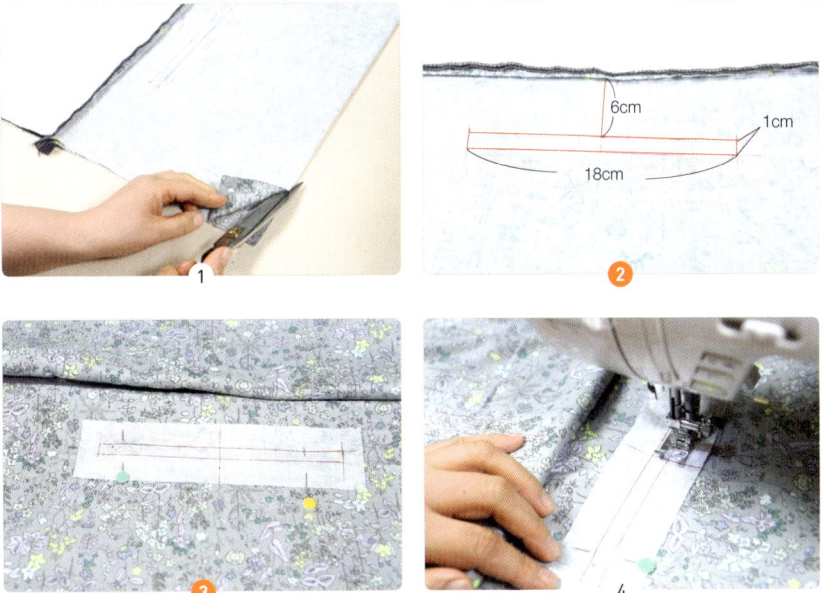

04 중심에 선을 긋고 양쪽을 Y모양으로 그린다. 양쪽 Y모양을 중심부터 바느질선이 다치지 않을 정도까지 바짝 자른 후, 뒤집어서 다려준다.

사각형(1×18cm)으로 구멍을 뚫은 모습

06 지퍼(21cm)에 슬라이드를 끼운 후, 안쪽으로 잘 맞춰 시침핀으로 고정한다. 외노루발로 교체한 후, 사방을 돌려가며 박음질한다.

TIP

이때 지퍼 슬라이드 방향은 열기 편한 쪽으로 하면 된다.

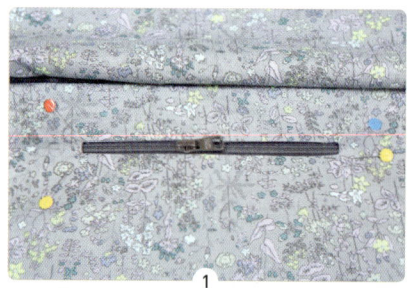

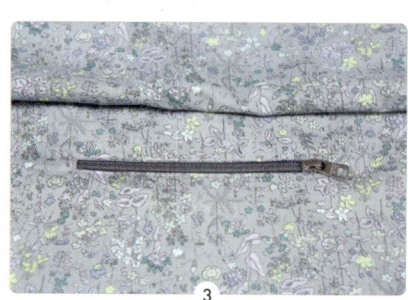

07 지퍼와 안감 주머니를 박음질하여 안 주머니 달기를 마무리한다.

1 ~ **2** 뒤집어서 안쪽이 보이게 놓은 후, 지퍼 상단에 안감 주머니를 대고 박음질한다.

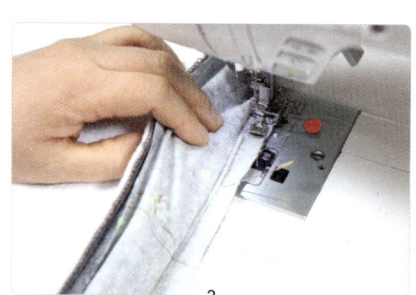

3 ~ **5** 지퍼 하단도 안감 주머니의 반대편과 맞대고 박아준다.

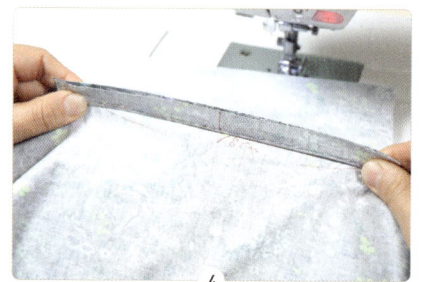

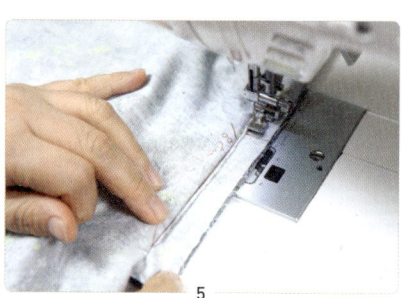

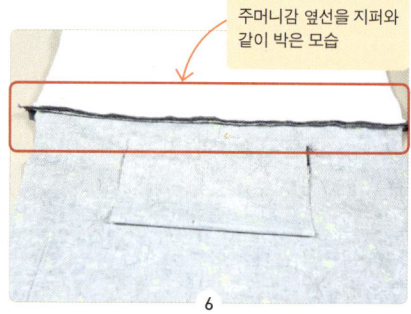

주머니감 옆선을 지퍼와 같이 박은 모습

7 ~ **9** 주머니 옆선 시접 1.5cm 남은 것을 확인하며 시접선을 그린 다음, 선을 따라 양옆을 박음질한다.

7

8

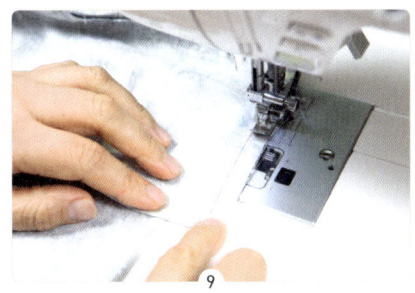

9

10

겉에서 본 완성된
안주머니 모습

08 잘라놓은 안감에 창구멍을 표시한 후, 창구멍만 남기고 시접 1cm로 박음질한다.

🌸 **TIP**

안감 크기가 겉감 크기보다 작아야 완성했을 때 가방 속지가 딱 맞게 된다.

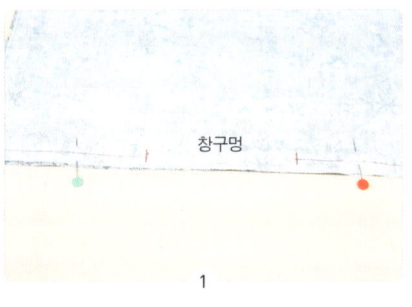

창구멍

1

안감은 겉감보다
1cm 작게

2

09 가방 양옆고리를 만들어 겉감 지퍼 끝에 달아준다.

1 ~ **2** 양옆고리감 원단(4×6cm) 2장을 반으로 접어 4×3cm 크기로 만들고 시침핀으로 고정한다. 양옆 0.7cm 시접선을 그려준 후, 선을 따라 박음질한다.

3 ~ **5** 시접 하단을 사선으로 바짝 자른후, 겸자를 이용하여 뒤집어준다.

📍 **TIP**

원단이 두꺼워서 자른 뒤에 뒤집으면 깔끔해진다.

6 ~ **9** 겉감 지퍼를 원단에 맞춰 잘라낸 후, 겉감 지퍼 양끝에 고리를 넣고 끝박음질해준다.

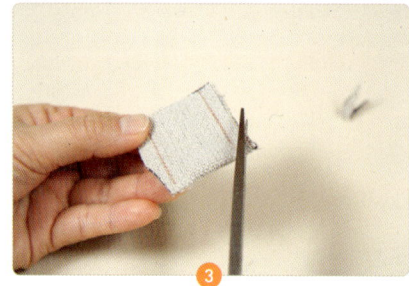
1

2

3

4

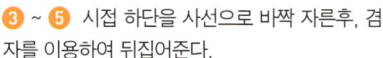
5

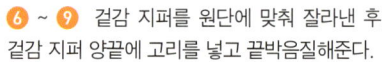
6

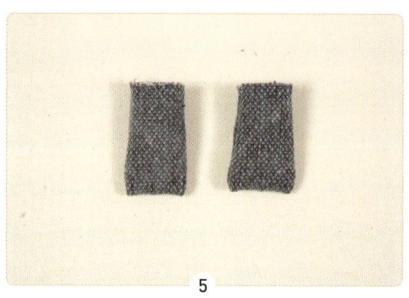
7

8

9

10 지퍼를 중심으로 해서 반 접어 겉감 원단 중심을 표시한 후에 맞댄다. 안감 원단 중심 부분도 맞대어놓는다. 겉감과 안감 중심 부분 모두 지퍼를 중심으로 해서 4cm 정도를 시접 1cm로 박음질한다.

11 겉감은 겉감대로 안감은 안감대로 먼저 박음질한 지퍼 쪽 4cm 지점을 제외하고, 겉감 4군데와 안감 4군데를 따로따로 박음질한다.

❶ 겉감 쪽 8면, 안감 쪽 8면에 모두 사각형(7× 7cm)을 그려준다.

🎈 **TIP**

사각형을 그릴 때, 시접 제외하고 박음선부터 7× 7cm로 그려주어야 한다.

❹ ~ ❺ 사각형을 그린 겉감 부분을 반 접어 삼각형으로 만들고, 삼각형의 일직선 표시를 따라 네 군데 모두 박음질한다.
❻ ~ ❼ 사각형을 그린 안감 부분도 같은 방법으로 만들어준다.

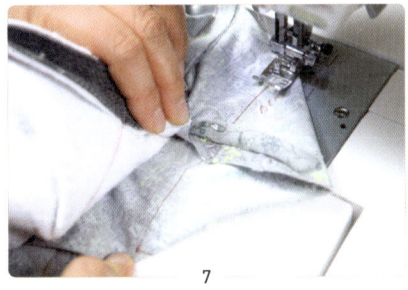

⑧ ~ ⑨ 겉감과 안감의 삼각형 모두 시접 0.7cm
만 남기고 잘라낸다.
⑩ ~ ⑪ 안감 창구멍으로 뒤집고, 창구멍을 박
음질한다.

12 가죽핸들 달기

중심에서 폭 20cm 가죽핸들 위치를 시침핀
으로 고정하고, 손바느질로 핸들을 달아준
다. 앞뒤로 같은 위치에 달아준다.

핸들을 달기 위한
매듭 위치

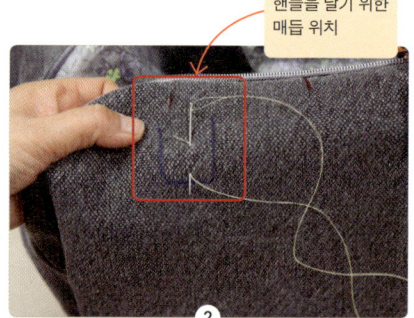

13 포인트로 3개 정도 컬러단추를 달아
준다.

SEWING STORY

스타일링을 완성하는
내추럴
왕골가방
RATTAN BAG

170p

Package

• **완성 크기**
가로 55cm×세로 32cm

• **재료**
왕골원단, 30수 면원단, 선염체크원단, 모티브, 가죽핸들 2개(2cm×40cm),
가방 바닥, 리벳, 3호 슬라이드, 3호 지퍼

• **재단 사이즈**
겉감 왕골원단 1장(55cm×80cm)
안감 30수 면원단 1장(55cm×80cm)
안주머니감 30수 면원단 1장(40cm×30cm)
가방 바닥감 30수 면원단 1장(39cm×36cm)
바이어스감 선염체크원단 1장(폭 3.5cm×길이 110cm)
모티브 1개(40cm×11cm)
플라스틱 가방 바닥 1개(37cm×16cm)
※ 전체 시접 포함

겉감 왕골원단 1장　80cm　55cm

안감 30수 면원단 1장　80cm　55cm

안주머니감
30수 면원단 1장　30cm　40cm

가방 바닥 1개　16cm　37cm

모티브 1개　11cm　40cm

가방 바닥감
30수 면원단 1장　36cm　39cm

바이어스감 선염체크원단 1장　110cm　3.5cm

부드러운 소재로 여름용 데일리 백을 만들어 보세요.

의외로 활용도도 높고 스타일링에 마무리 포인트로 연출할 수 있는 좋은 아이템입니다.

리넨 원피스에 왕골가방을 들고 더운 여름 시원하게 보내세요.

① 겉감 왕골원단(55×80cm) 1장을 재단한 후, 가방 앞쪽 위에서 7cm 지점에 모티브(40× 11cm)를 사방으로 돌려가며 박음질한다.

② ~ ③ 모티브가 박음질된 왕골원단을 반으로 접고 양쪽에 1cm 시접선을 표시한 후, 선을 따라 박음질한다.

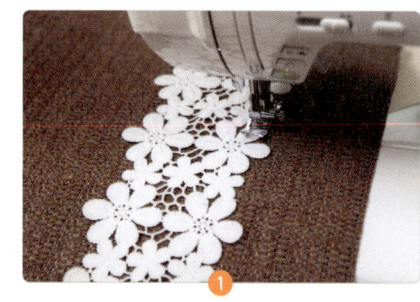

④ 왕골원단 바닥 네 모서리에 시접선을 뺀 부분부터 사각형(8×8cm)을 그려준다.

⑤ ~ ⑧ 양쪽 모서리를 맞춰 삼각형으로 접고, 표시된 선을 따라 직선 부분을 박음질한다. 시접 1cm 남기고 잘라낸 다음 뒤집어준다.

02 안주머니감 30수 면원단(40×30cm) 1장을 반으로 접어 40×15cm로 만든 후, 창구멍을 남기고 박음질한다.

② 창구멍으로 뒤집어서 반듯하게 다리면 안주머니가 완성된다.

03 안감에 안주머니를 달아 모양을 완성하고, 왕골 겉감에 안감을 넣어 박음질해 준다.

1 안감 30수 면원단(55×80cm) 1장을 재단한 후, 만들어놓은 안주머니를 상단에서 9cm 정도 위치에 두고 3등분 표시를 한다.

2 상단 제외한 가장자리를 끝박음질하고, 3등분 표시한 부분을 박음질해서 주머니를 3개로 만든다.

3 ~ **4** 안감을 반으로 접고, 양끝에 1cm 시접선을 그린 후 박음질한다.

5 ~ **7** 안감에도 네 모서리 모두 사각형(8×8cm)을 그려준다. 양쪽 모서리를 맞춰 삼각형이 되도록 접은 후, 삼각형의 직선 부분을 박음질한다. 시접 1cm 남기고 잘라낸 다음 뒤집어준다.

8 ~ **9** 만들어놓은 겉감에 안감을 넣는다. 가방 상단을 돌려가며 박음질하여 고정한다.

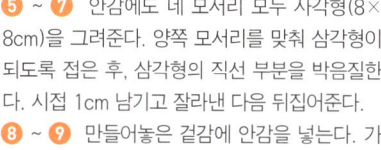

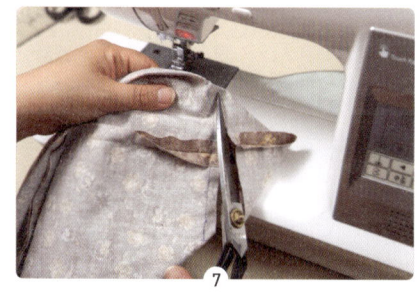

04 재단해놓은 바이어스감 선염체크원단을 안쪽부터 0.7cm 폭으로 박음질한다. 바이어스감을 두 번 접어 겉으로 말아놓고 끝 박음질해준다.

05 가방 바닥 부분 만들기

1 ~ **3** 가방바닥감 30수 면원단(39×36cm) 1장을 반 접은 후, 그 위에 가방 바닥(37×16cm)을 대고 선을 그려준다. 그린 선을 창구멍만 남기고 박음질한 후, 뒤집어준다.
4 ~ **5** 창구멍으로 가방 바닥을 넣고, 창구멍을 공그르기로 손바느질하여 막아준다.

06 가죽핸들 달기

❶ ~ ❷ 구멍 뚫는 도구를 사용하여 가죽핸들 양끝에 구멍 2개를 뚫고, 리벳을 끼운다.
❸ 왕골가방 바이어스감 바로 밑에 구멍을 뚫고, 가죽핸들과 함께 리벳뚜껑을 끼워 망치로 두들겨 완성한다.

1

2

3

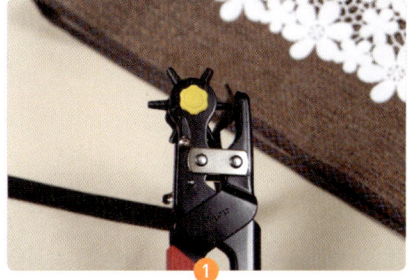

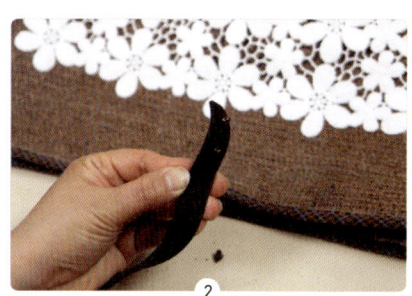

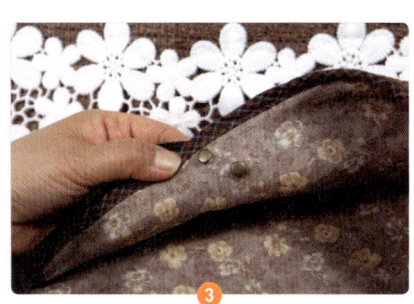

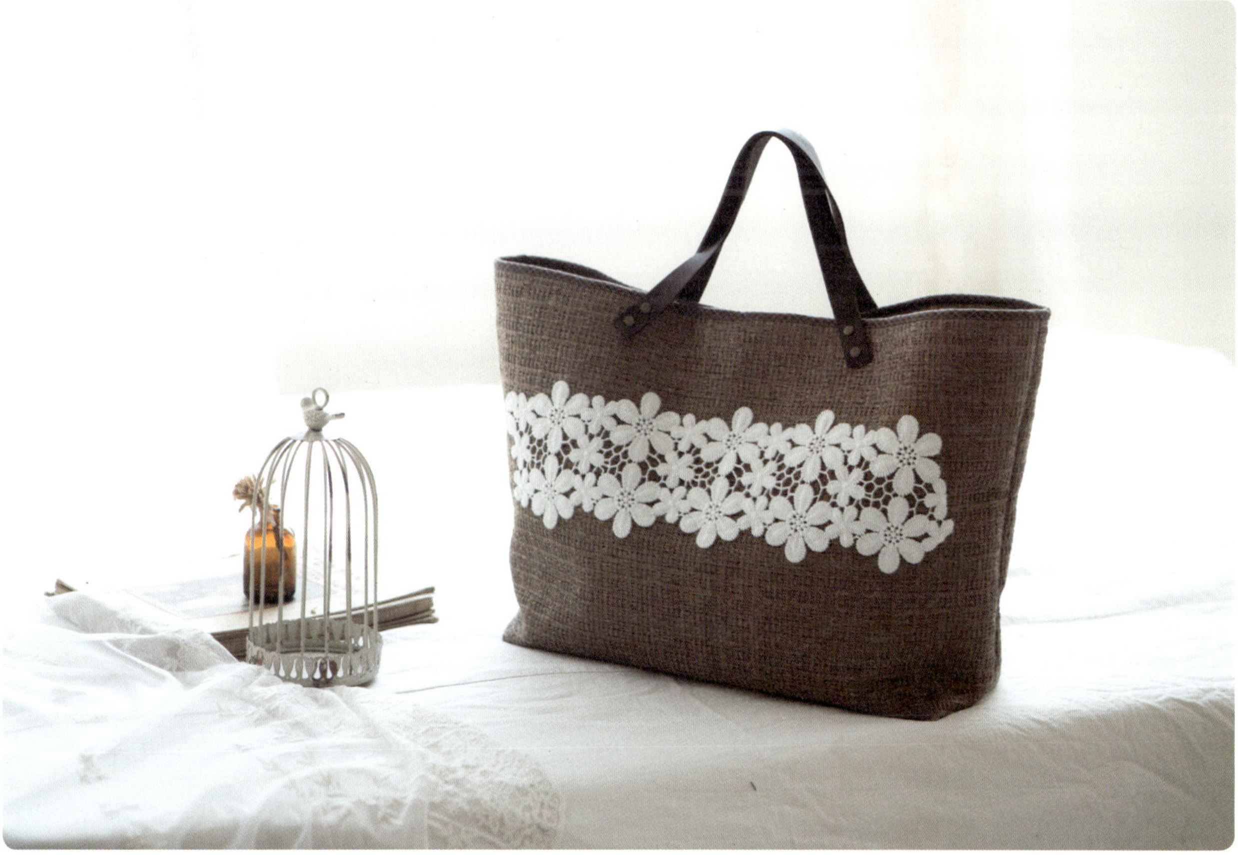

SEWING STORY

나만의 명품백

클래식 패턴
숄더백

SHOULDER BAG

176p

- **완성 크기**
  가로 32cm×세로 20cm

- **재료**
  무지캔버스원단, 면자카드원단, 리넨원단, 5호 지퍼 2개(23cm, 42cm),
  슬라이드, 가죽끈(토트용, 크로스용 각 1개씩) 다리 달린 쇠라벨,
  연결고리(2세트), 리벳(4세트)

- **재단 사이즈**
  겉감 면자카드원단 3장(47cm×48cm 1장, 47cm×6cm 2장)
  지퍼 양끝 마감고리감 면자카드원단 2장(4cm×10cm)
  안감 무지캔버스원단 2장(47cm×28cm)
  속주머니감 무지캔버스원단 1장(23cm×26cm)
  주머니 지퍼덧단감 무지캔버스원단 1장(23cm×5cm)
  ※ 전체 시접 포함

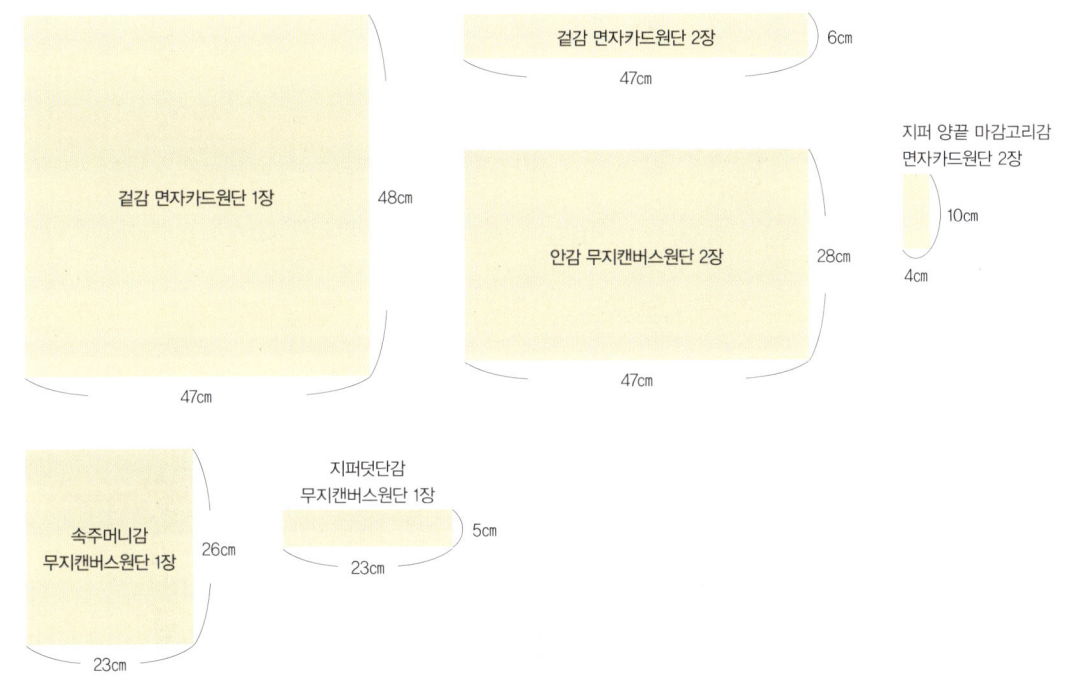

겉감 면자카드원단 2장
47cm
6cm

겉감 면자카드원단 1장
47cm
48cm

안감 무지캔버스원단 2장
47cm
28cm

지퍼 양끝 마감고리감
면자카드원단 2장
10cm
4cm

속주머니감
무지캔버스원단 1장
23cm
26cm

지퍼덧단감
무지캔버스원단 1장
23cm
5cm

명품보다 더 명품 같은 나만의 가방, 멋스러움을 한층 업시켜주는
크로스 겸용 숄더백이에요.
클래식한 디자인으로 어느 옷차림, 어느 장소에서나 매치하기 좋은 가방입니다.

01 재단한 겉감 면자카드원단(47×48cm)에 중심을 맞춰 가죽끈(토트용) 위치를 잡고 박음질한다. 뾰족하게 나온 가죽끈은 잘라 낸다.

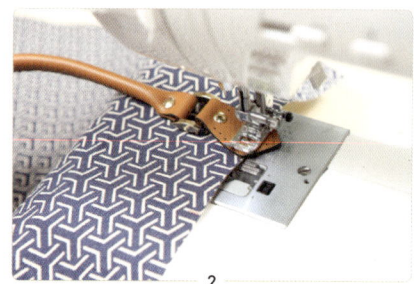

끈 사이는 20cm 정도 띄우기

02 47×6cm 크기로 재단한 겉감 원단 1장을 끈 박은 위로 포개어 덮은 후, 1cm 시접으로 박음질한다. 시접은 외솔로 정리하고 겉에서 상침한다.

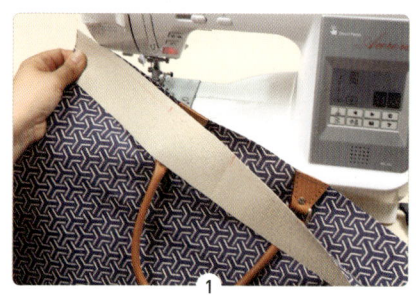

 TIP

외솔은 시접을 모아 한쪽 방향으로 놓는 것이라면, 가름솔은 양쪽으로 벌려서 펴주는 것이다.

5 ~ 6 겉감 뒤판도 47×6cm 크기로 재단한 나머지 원단 1장을 대고, 시접 1cm로 박음질한다. 시접은 외솔로 정리하고 겉에서 상침해준다.

❶ ~ ❹ 끈 박은 곳에서 5cm 내려온 지점에 23×1cm 크기의 사각형을 그려준다. 그 위에 지퍼덧단감(23×5cm)을 올려놓고 다시 23×1cm 사각형을 그린 후, 땀수 2번으로 박음질한다. 사각형 양쪽에 Y모양으로 그린 후, 중간부터 길게 자른다. 단 양끝은 Y모양으로 자른다.

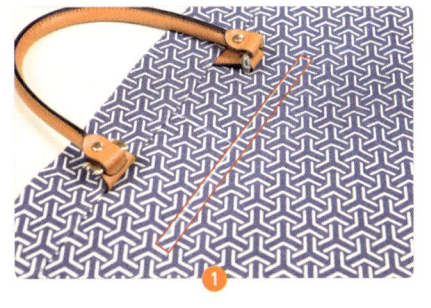
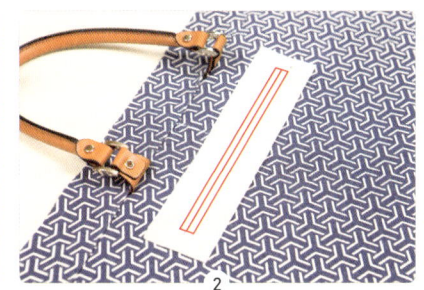

❺ ~ ❼ 겉으로 뒤집어서 사각형 구멍을 잘 펴지도록 다림질한 후, 뚫린 사각형에 5호 지퍼(23cm)를 안쪽에 대고 고정한다. 지퍼노루발로 교체하여 지퍼를 사방으로 박음질한다.

❽ ~ ❿ 뒤집어서 안쪽이 보이게 놓은 후, 지퍼 상단에 속주머니감을 대고 박음질한다. 지퍼 하단도 속주머니감 반대편과 맞대고 박아준다.

⑪ ~ ⑬ 속주머니감을 아래쪽으로 당겨 양옆을 정리한 후, 박음질하여 마무리한다.

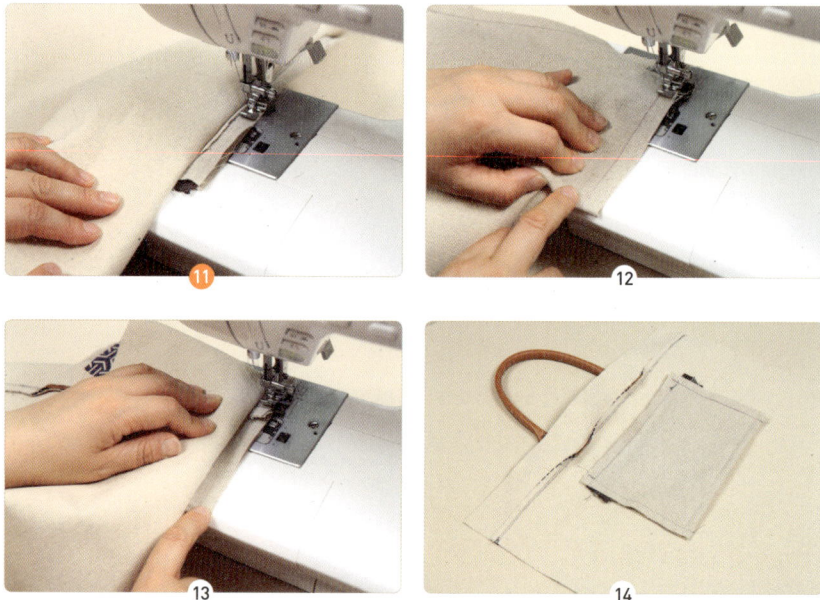

04 겉감과 안감에 지퍼 달기

① ~ ② 끈달린 겉감 상단에 지퍼(42cm)를 대고 지퍼노루발로 0.7cm 시접으로 박음질한다.

💡 **TIP**

이때 지퍼 양끝은 겉감보다 2cm씩 짧아야 한다.

③ ~ ④ 끈 없는 반대편 겉감 상단에도 지퍼 반대편을 박음질한다.

⑤ ~ ⑨ 안감 무지캔버스원단(47×28cm) 2장 중 1장을 겉감에 박은 지퍼 안쪽에 대고 뒤집은 후, 겉감에 박음질된 시접선을 따라 박아준다. 남은 안감 1장도 반대편 지퍼에 대고 뒤집은 후, 박음선을 따라 박음질한다.

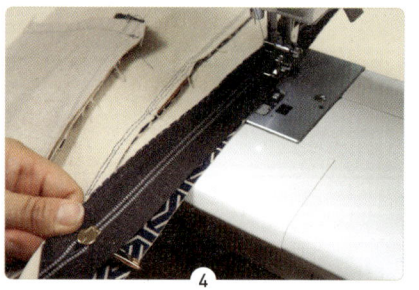

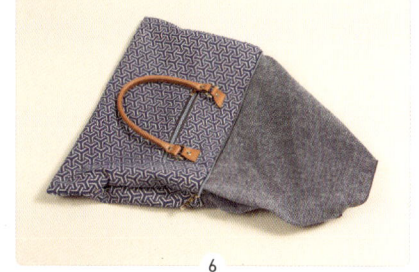

05 지퍼에 박음질한 겉감 양옆을 1cm 시접으로 박음질한다. 안감도 하단에 창구멍을 내고 박음질한 후, 창구멍으로 뒤집어준다.

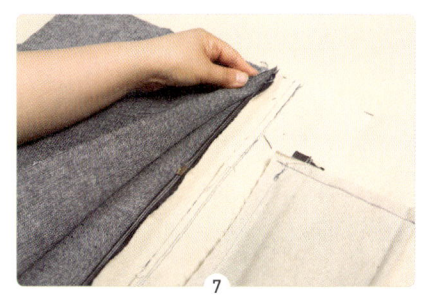

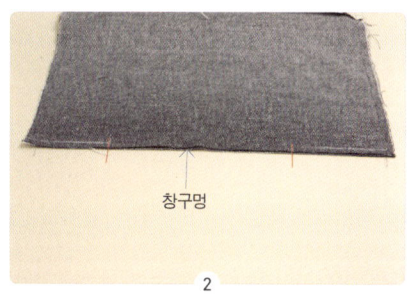

창구멍

3 ~ 5 안감 하단 양끝에 5×5cm 정사각형을 그린 후, 꼭짓점을 맞대어 삼각형을 만들고 일직선으로 박음질한다.

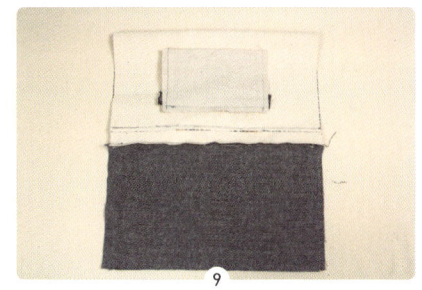

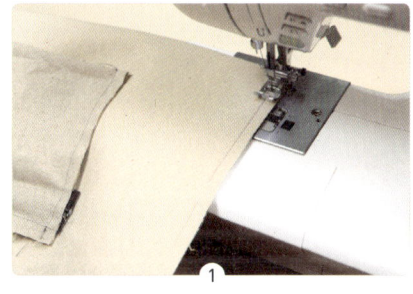

06 지퍼 양끝 마감고리감을 만들어 지퍼를 감싸 달아준다.

① ~ ③ 지퍼 양끝 마감고리감(4×10cm) 2장을 반 접고, 상단도 1cm씩 접어 4cm 길이로 만든다. 마감고리감(4×4cm) 양옆을 0.5cm씩 박음질한 후, 겸자를 이용하여 뒤집어준다. 같은 방법으로 하나 더 만든다.
④ 겉감의 지퍼 양끝을 고리 안쪽으로 넣고 박음질한다.

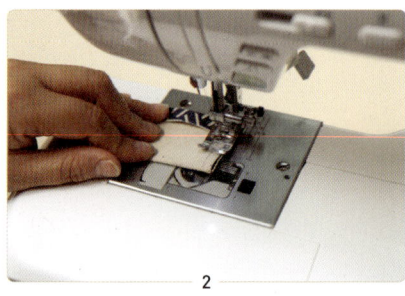

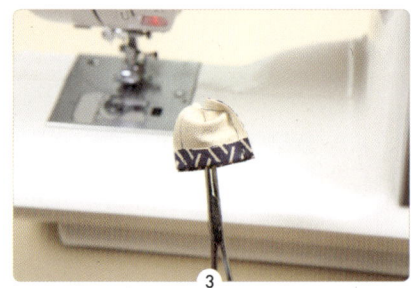

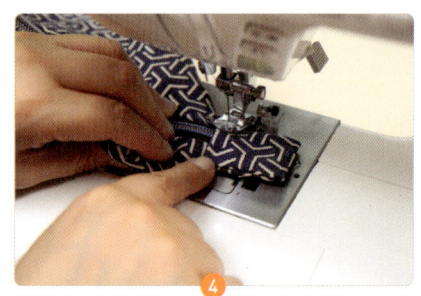

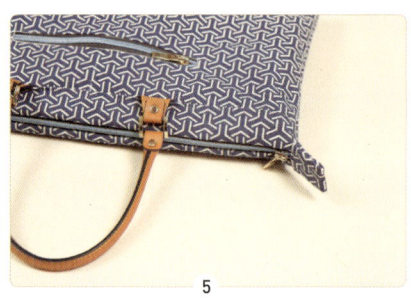

07 펀칭기구로 가죽 연결고리와 지퍼를 박은 고리에 구멍을 뚫는다. 가방 바닥 쪽에도 삼각형으로 모양을 잡아서 구멍을 뚫어준다. 양쪽 모두 구멍 뚫린 곳마다 리벳으로 박아서 지퍼 고리와 가방 바닥을 연결한다.

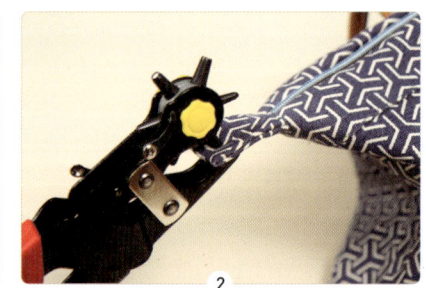

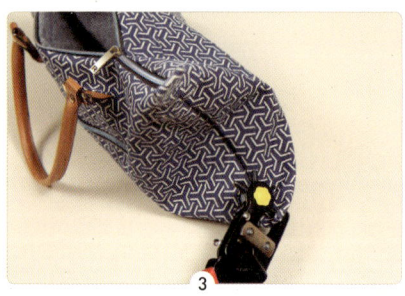

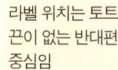 08 다리가 달린 쇠라벨 달아줄 위치를 표시하고, 리퍼로 라벨 다리가 들어가도록 구멍을 뚫어준 다음 라벨을 달아준다.

라벨 위치는 토트 끈이 없는 반대편 중심임

1

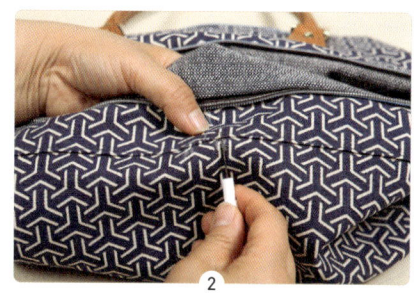

2

09 안감의 창구멍 시접을 정리하고, 창구멍을 박음질하여 마무리한다.

1

3

크로스끈은 토트 끈 고리에 같이 끼우기

SEWING STORY

두 손이 자유로운
슬링백

SLING BACK

184p

- **완성 크기**
  가로 18cm×세로 41cm

- **재료**
  청원단, 면자카드원단, 소가죽, 3호 지퍼 2개(11cm, 21cm), 3온스 솜,
  슬라이드 2개, 똑딱단추, 웨이빙끈 2개(12cm, 100cm), 잠금버클세트

- **재단 사이즈**
  앞판, 뒤판 청원단 1장씩(실물도안 참고, 시접 포함)
  뚜껑 달린 주머니 청원단 1장(13cm×34cm)
  주머니 안감 청원단 1장(29cm×21cm)
  지퍼덧단감 청원단 1장(5cm×21cm)
  주머니뚜껑 소가죽(실물도안 참고, 시접 포함)
  지퍼 주머니감 면자카드원단 1장(11cm×26cm)
  3온스 솜 2장(앞판, 뒤판 실물도안보다 약간 크게)
  웨이빙끈 연결고리감 1장(8cm×8cm)

앞판, 뒤판
청원단 1장씩

주머니
면자카드원단 1장
26cm
11cm

뚜껑 달린
주머니 청원단 1장
34cm
13cm

주머니뚜껑
소가죽 1장

3온스솜 2장

주머니 안감 청원단 1장
21cm
29cm

웨이빙끈
연결고리 1장
8cm
8cm

지퍼덧단 1장
5cm
21cm

평상시에는 물론, 레저와 활동적인 스포츠를 즐기거나 여행할 때 유용한 가방이에요.
끈 조절이 쉽고 포켓이 많아 이어폰, 열쇠 등 부피가 작은 귀중품을 보관하기 편한 작지만 실용적인
슬링백을 만들어보세요.

182p

슬링백

만드는 방법

1 실물도안을 이용하여 앞판, 뒤판, 주머니 뚜껑 모두 1장씩 재단한다.

2 주머니 청원단(13×34cm) 네 모서리를 둥글게 굴려 재단한다. 네 모서리 모두 45각으로 4cm 선을 그린 다음, 0.7cm 다트선을 그려준다.

3 네 모서리 모두 0.7cm 선을 포개어 박음질한다.

4 주머니를 반으로 접어 17cm로 만들고, 다트 시접을 가름솔로 맞댄다. 0.7cm 시접으로 창구멍을 제외한 나머지를 박음질한 다음, 창구멍으로 뒤집어준다.

1

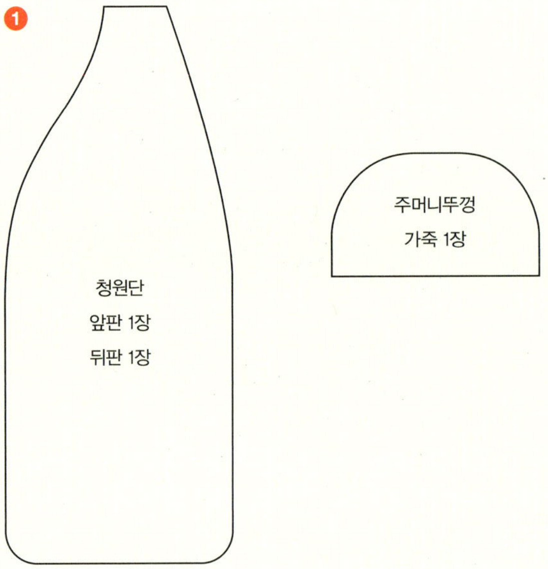

청원단
앞판 1장
뒤판 1장

주머니뚜껑
가죽 1장

2

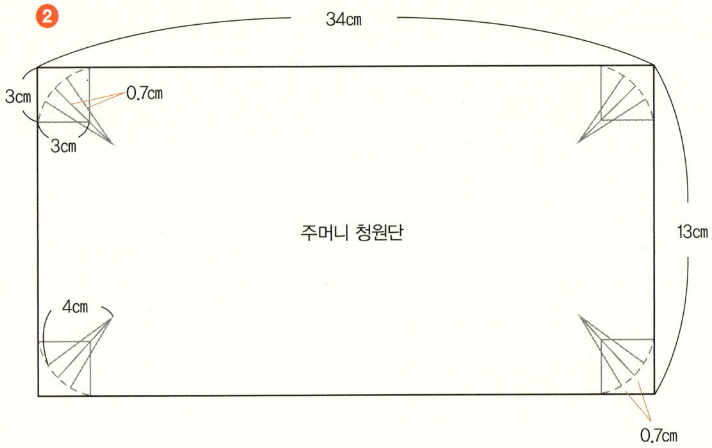

34cm

3cm
0.7cm
3cm

13cm

주머니 청원단

4cm

0.7cm

3

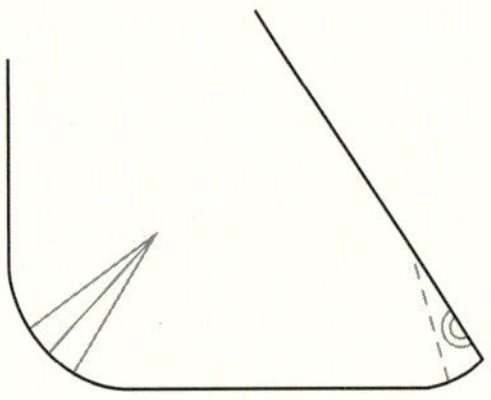

4

창구멍

17cm

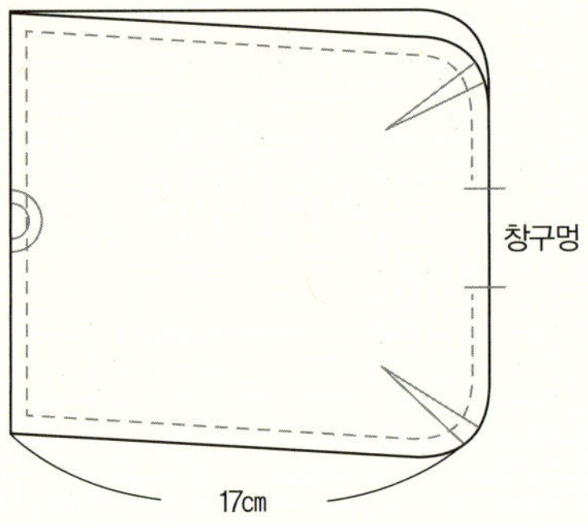

⑤ 앞판 청원단

⑥ 1.5cm
18cm
1cm

2.5cm

창구멍 박음질하기

2.5cm

⑦ 땀수 2번으로 박음질하기

⑧

⑤ 앞판 원단에 주머니 위치를 정한 후, 상단을 제외하고 U모양으로 끝박음질한다.

📌 TIP

이때 창구멍도 박음질되기 때문에, 손바느질로 창구멍을 공그르기할 필요가 없다.

⑥ 주머니 옆 1.5cm 띄운 지점에 직사각형(1×18cm)을 그린다.

⑦ 지퍼덧단감 청원단(5×21cm) 1장 안쪽 중심에 사각형(1×18cm)을 그린 다음, 앞판에 그려진 사각형에 겉끼리 맞대고 박음질한다.

⑧ 직사각형의 양끝은 Y모양으로 바느질땀이 다치지 않게 끝까지 자른다. 지퍼덧단을 뒤집어서 1×18cm 크기의 구멍이 생기도록 다림질한다.

– 3호 지퍼(21cm)에 슬라이드를 끼우고, 구멍에 지퍼가 보이도록 잘 맞춰 상침하여 박음질한다.

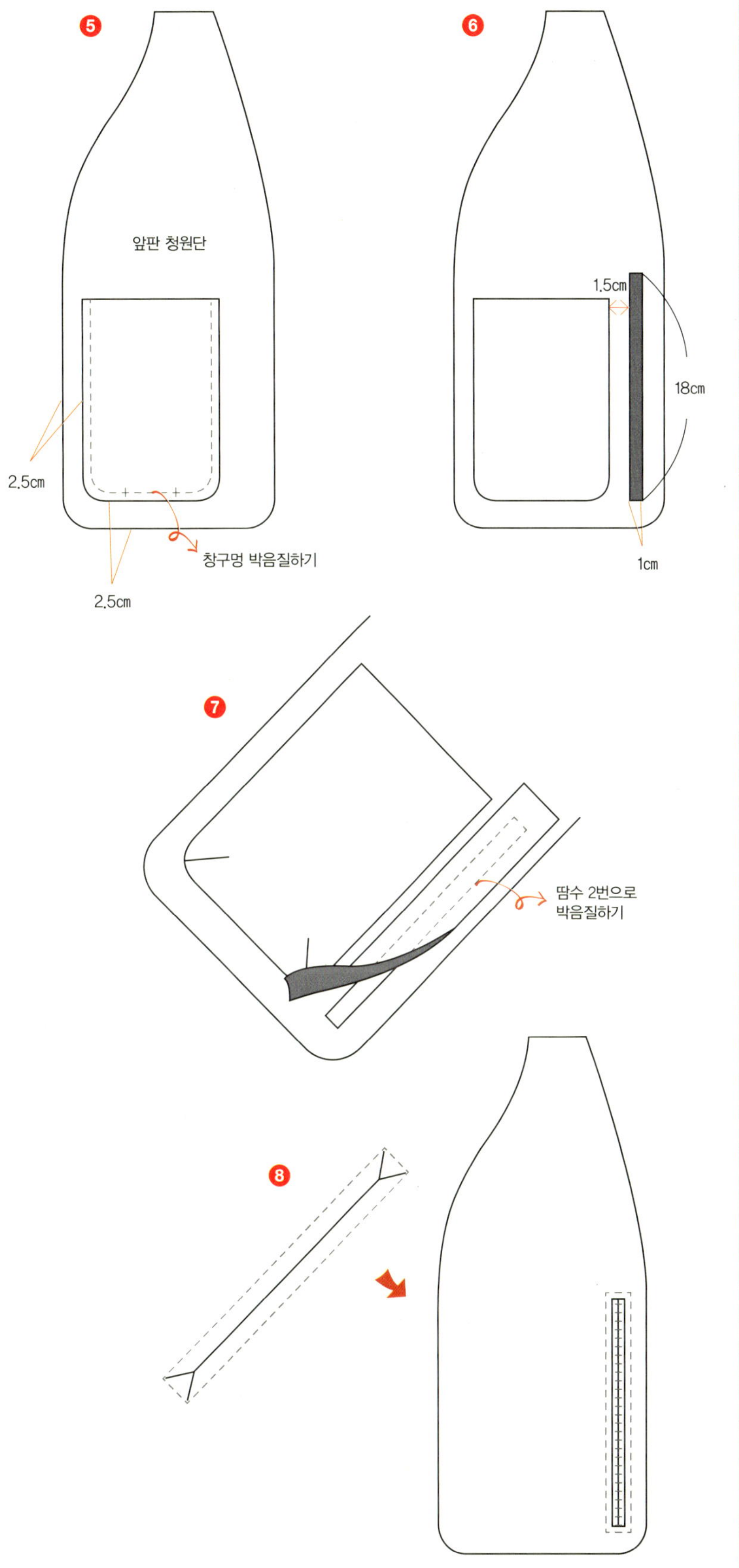

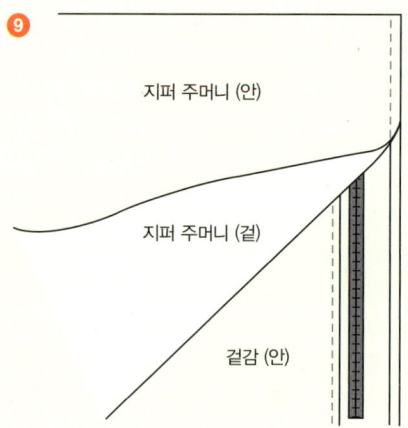

만드는 방법

9 지퍼 주머니감 면자카드원단(29×21cm)을 지퍼 상단, 하단에 대고 박음질한 다음, 양 옆을 박아 주머니를 완성한다.

10 앞판과 뒤판에 3온스 솜을 대고 끝박음질 한 다음, 남은 솜을 앞판 크기에 맞게 잘라 낸다.

11 앞판 주머니 상단에 재단한 가죽뚜껑을 올 려놓고, 뚜껑의 직선 부분을 박음질한다.

12 재단된 주머니감 면자카드원단(11×26cm) 상단에 지퍼를 박음질한 다음, 하단에도 반대편 지퍼를 박음질한다.

– 지퍼 위로 3cm 정도 주머니감을 올려 접어서 옆선을 박음질한 다음 뒤집는다.

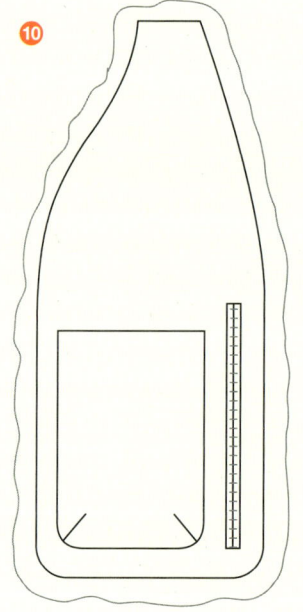

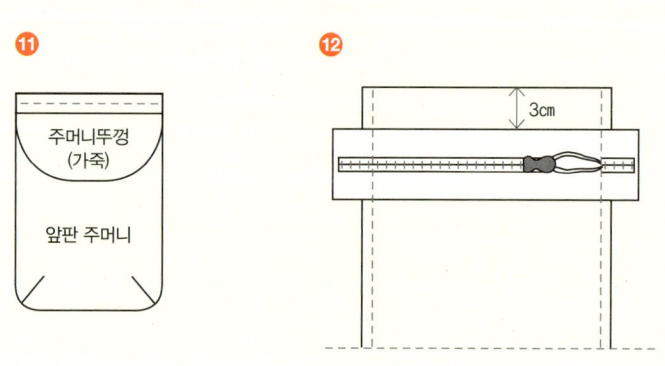

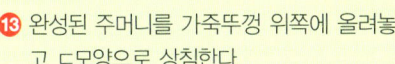

⑬ 완성된 주머니를 가죽뚜껑 위쪽에 올려놓고 ㄷ모양으로 상침한다.

⑭ 웨이빙끈 연결고리감을 8×8cm로 재단하고 두 번 접어 작은 삼각형으로 만든다. 버클에 웨이빙끈을 걸어서 만들어놓은 후, 작은 삼각형에 끼워 박음질한다.

⑮ 앞판 지퍼 옆 가장자리에 대고 박음질하여 고정한다. 나머지 한쪽 버클에 웨이빙끈 (100cm)을 끼우고 앞판 상단에 대고 박음질한다.

⑯ 끈을 앞판 쪽에 가지런히 놓은 후 뒤판과 겉끼리 맞댄다. 창구멍을 하단에 남기고 0.7cm 시접으로 돌려가며 박음질한다.

⑰ 창구멍으로 뒤집은 다음 전체 상침한다. 이때 창구멍도 같이 박음질되므로 따로 공그르기하지 않아도 된다.

⑱ 웨이빙끈 끝을 두 번 접어 박은 후, 가죽뚜껑에 똑딱단추를 달아 마무리한다.

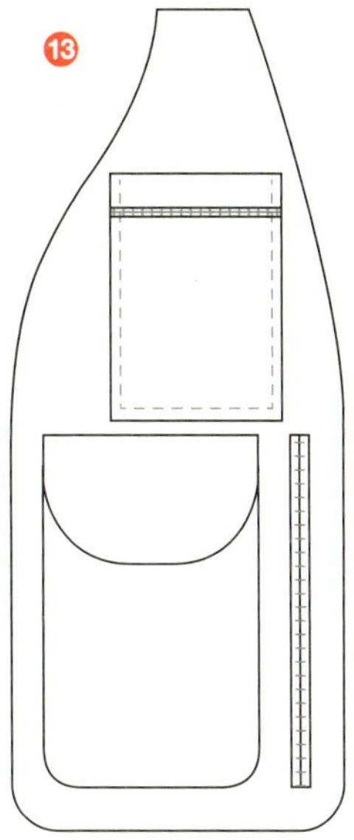

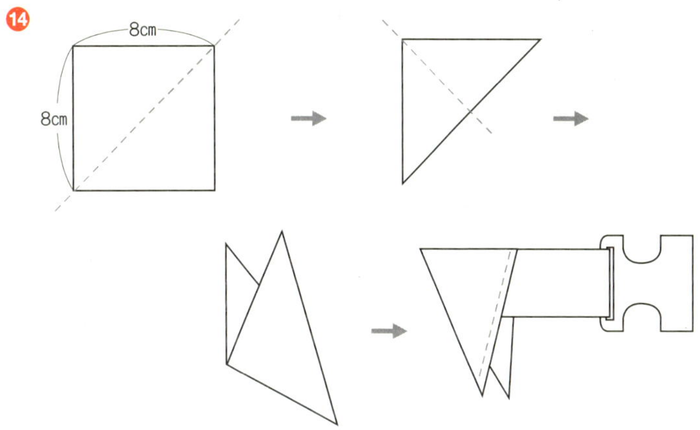

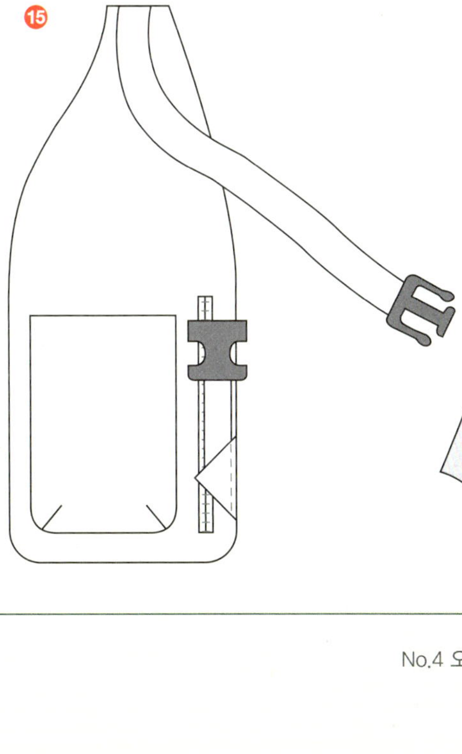

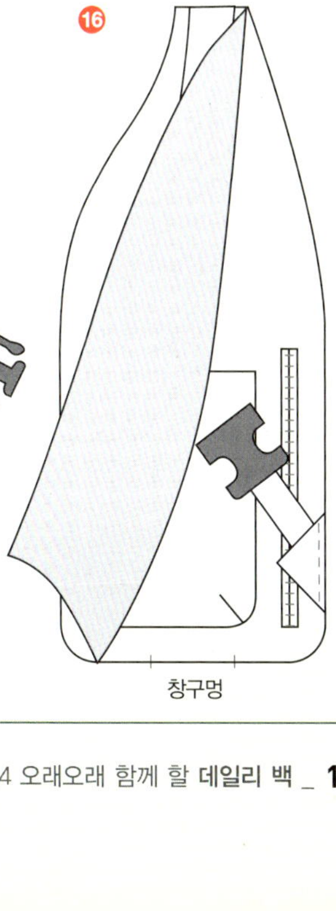

창구멍

SEWING STORY

자꾸 손이 가는
데일리
복조리백
BUCKET BAG

190p

- **완성 크기**
  가로 28cm×세로 28cm

- **재료**
  리넨무늬원단, 크랙원단, 30수 면원단, 3온스 솜, 3온스 하드심지, D링,
  가죽 끈(크로스끈), 내경 12cm 아일렛, 60합 파이핑줄, 다리자석단추

- **재단 사이즈**
  겉감 상단 리넨무늬원단 2장(41cm×22cm)
  겉감 하단 크랙원단 2장(41cm×10cm)
  겉감 3온스 솜 1장(겉감 상, 하단 보다 조금 크게 재단)
  안감 상단 크랙원단 2장(41cm×10cm)
  안감 하단 30수 면원단 2장(41cm×22cm)
  바닥 겉감 크랙원단 1장(실물도안 참고)
  바닥 안감 30수 면원단 1장(실물도안 참고)
  바닥 하드심지 1장(바닥 겉감, 안감 보다 조금 크게 재단)
  조리개끈감 1장(약 폭 3cm×길이 100cm)
  안감 속주머니감 30수 면원단 1장(25cm×30cm)
  D고리감 크랙원단 2장(6.5cm×5cm)
  조리개끈 고정감 리넨무늬원단 2장(8.5cm×5.5cm)
  파이핑감 크랙원단 1장(폭 3.5cm×길이 85cm)
  ※ 전체 시접 포함

바닥이 넓어 물건을 편하게 넣을 수 있고, 입구는 가볍게 조여 사용하는 버킷백입니다.
길이 조절이 가능한 끈으로 숄더백과 크로스백 두 가지 스타일링이 가능합니다.

01 D링고리, 조리개끈, 파이핑을 만든다.

1 ~ **2** D고리감 크랙원단(6.5×5cm) 2장을 대문접기하여 박음질한 후, D링을 끼워 고정한다.
3 조리개끈감(3×100cm)을 대문접기하여 박음질한다. 양끝을 모두 접어서 깔끔하게 박음질한다.

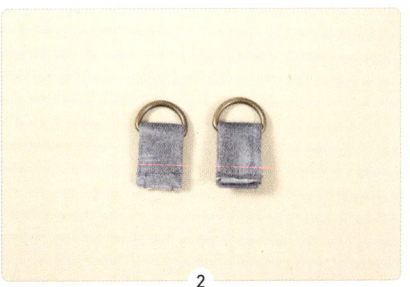

4 ~ **5** 파이핑감(3.5×85cm)에 파이핑을 넣고 박음질한다.

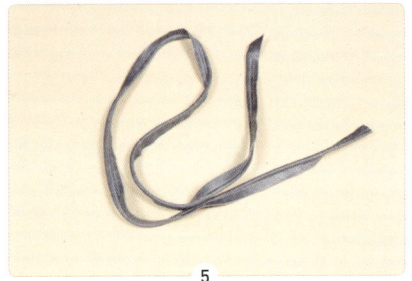

02 실물도안으로 재단한 바닥 겉감 크랙 원단에 하드심지를 대고 끝박음질한다. 원단 사이즈에 맞춰 남은 솜을 잘라낸다.

📍 **TIP**

겉감은 파이핑줄을 대지만, 안감은 파이핑줄을 대지 않기 때문에 안감은 겉감보다 9.5cm 작게 재단한다.

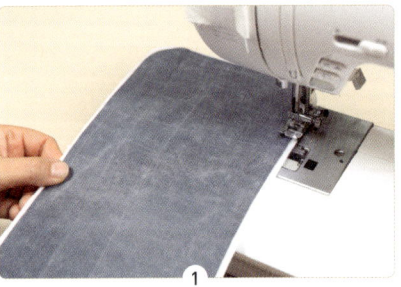

03 겉감 하단과 안감 상단 부분에 각각 크랙 원단을 대고 박음질한다. 시접은 가름솔로 다림질해준다.

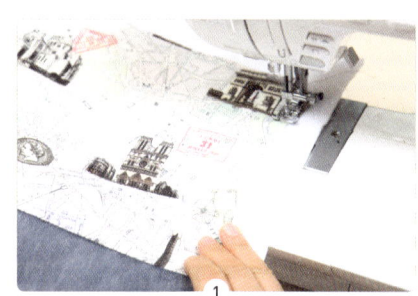

04 겉감 2장 모두 3온스 솜에 대고 끝박음질하고, 남은 솜은 원단에 맞춰 잘라낸다.

05 외노루발로 교체한 후, 겉감 바닥 크랙 원단에 만들어놓은 파이핑을 전체 돌려 박음질한다.

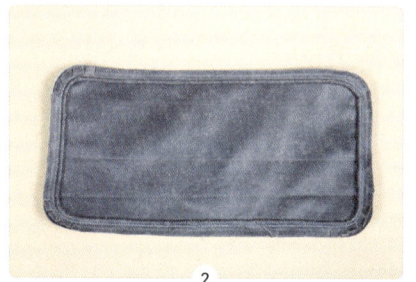

① ~ ② 바닥의 중심과 겉감의 중심을 맞춰 박음질한다.

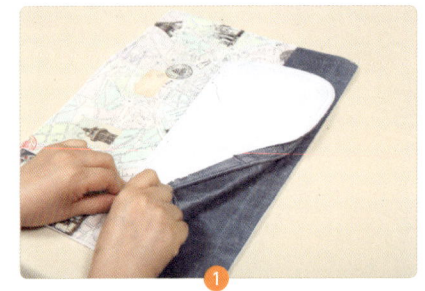

④ ~ ⑤ 나머지 겉감도 중심을 맞춰 박음질한다.
⑥ 옆쪽부분에 남은 시접을 맞대어 양쪽으로 박음질한다.

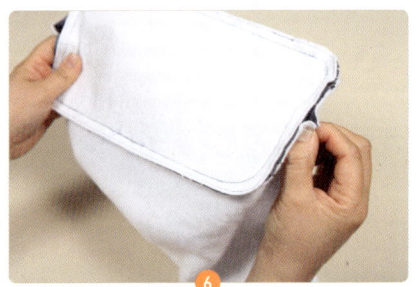

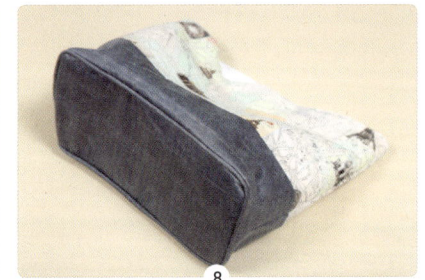

07 만들어놓은 D링고리를 겉감 상단 양옆에 고정한 후 박음질한다.

08 입체 속주머니 만들어 안감에 박음질
하기

1 ~ 4 안감 속주머니감 30수 면원단(25×
30cm) 1장을 안쪽으로 반 접은 후(25×15cm),
시접 0.7cm로 창구멍을 남기고 박음질한다. 창
구멍으로 뒤집어주고 잘 펴지도록 다림질한다.

5 ~ 6 중심과 양옆에 2cm씩 표시하고 선을
따라 접은 후, 각이 잡히게 박음질한다.

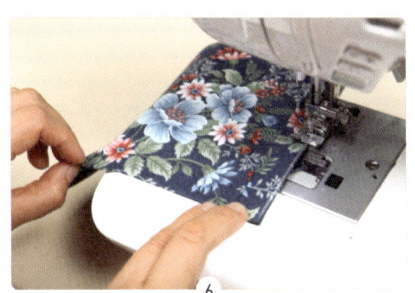

7 ~ 9 만들어놓은 가방 안감 한쪽에 속주머
니 위치를 잡고, 박음질한다.

09 안감과 겉감 합치기

1 가방 안감도 겉감과 같은 방법으로 바닥과 중심을 맞추어 양쪽으로 박음질한다.

🎀 **TIP**

안감은 한쪽 옆면에 창구멍을 남긴다.

2 겉감 속에 안감을 넣은 후, 겉감과 안감을 겉 끼리 대고 시침핀으로 고정한다. 1cm 시접으로 돌려가며 박음질한다.

5 안감의 창구멍으로 뒤집어준다.

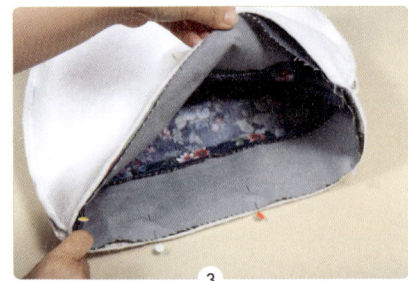

10 입구를 다림질하고 창구멍으로 가방 입구 중심에 다리자석단추를 달아준 후, 창 구멍을 박음질한다.

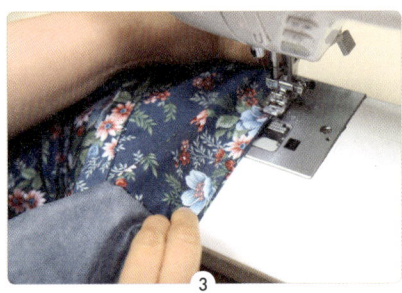

11 가방 상단에 아일렛 기구를 이용하여 구멍을 12개 뚫은 후, **01**에서 만들어놓은 조리개끈을 끼워준다.

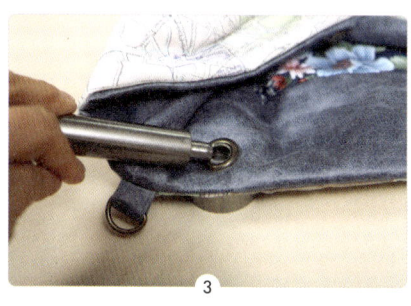

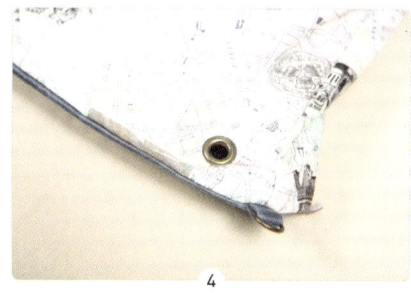

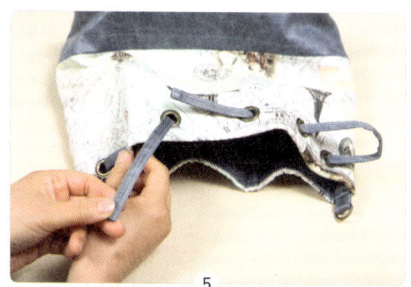

6 ~ **7** 조리개끈 고정감 리넨무늬원단(8.5× 5.5cm) 2장을 위쪽으로 0.7cm씩 접어 겉끼리 맞대고, 양옆을 0.5cm로 박음질한다.

8 ~ **9** 겸자로 뒤집어서 접은 쪽에 접지 않은 쪽을 집어넣고, 중심 부분을 겉에서 박음질하여 고정한다.

10 ~ **11** 터널에 양쪽 끈을 넣어준 다음, 가죽 크로스끈을 D고리에 걸어준다.

📍 **TIP**

끈을 넣어야 하기 때문에 양쪽 터널 사이즈가 같아야 한다.

198p

- **완성 크기**
  가로 40cm×세로 40cm

- **재료**
  격자가죽원단, 크랙원단, 방수원단, 5호 지퍼 2개(50cm, 36cm), 5호 가죽 슬라이더 2개, 블랙웨이빙 4개(2.5cm×40cm 2개, 2.5cm×5cm 2개), 크로스웨이빙끈(폭 4cm), D링, 파이핑(105cm), 가죽라벨, 면라벨

- **재단 사이즈**
  - 격자가죽원단
    앞판 1장(40cm×40cm)
    앞주머니 1장(40cm×30cm)
    속지퍼 2장(40cm×7cm)
    속주머니 1장(20cm×18cm)
    손잡이웨이빙덧댐 4장
    (3cm×8cm)

  - 크랙원단
    뒤판 1장(40cm×40cm)
    파이핑감 1장(105cm×3.5cm)
    앞주머니 양옆바이어스 2장
    (3.5cm×3.5cm)
    속지퍼뒷덧댐 1장(5cm×8cm)

  - 방수원단
    안감 2장(40cm×40cm)
    앞주머니 1장(40cm×30cm)

앞판
격자가죽원단 1장
40cm
40cm

앞주머니
격자가죽원단 1장
30cm
40cm

속주머니
격자가죽원단 1장
18cm
20cm

손잡이웨이빙덧댐
격자가죽원단4장
8cm
3cm

속지퍼
격자가죽원단 2장
7cm
40cm

속지퍼뒷덧댐
크랙원단 1장
8cm
5cm

뒤판
크랙원단 1장
40cm
40cm

3.5cm
105cm
파이핑감 크랙원단 1장

안감
방수원단 2장
40cm
40cm

앞주머니
방수원단 1장
30cm
40cm

앞주머니 양옆
바이어스 2장
3.5cm

오래도록 질리지 않는 빈티지한 가죽 느낌 원단으로 대학생이나 새내기 직장인에게 선물할 수 있는 숄더 겸용 크로스 빅백이에요.
군더더기 없는 심플함과 수납하기도 좋은 실용적인 가방입니다.

❶ 5호 지퍼(50cm, 36cm)에 가죽슬라이더를 끼운다.

❷ ~ ❸ 바이어스감 크랙원단으로 36cm 지퍼 양옆을 뒤쪽부터 0.7cm 박음질한다. 바이어스감을 겉으로 두 번 접은 후, 송곳으로 눌러가며 양옆 모두 0.2cm로 박음질한다.

❹ 격자가죽원단 겉에 바이어스를 감싸준 지퍼 겉을 대고 핀으로 고정한다.

❺ ~ ❼ 지퍼노루발로 교체후 지퍼노루발 끝에 지퍼 끝을 맞춰 박음질한다. 주머니 겉과 안감 주머니 방수원단 겉을 대고, ⑤의 박음선을 따라 박아준다. 안감을 겉감 안쪽으로 넘겨 앞주머니와 잘 맞춘 후, 평발로 교체하고 격자가죽원단을 0.5cm로 눌러박기한다.

❽ 주머니 안감 방수원단과 잘 맞춰 0.5cm로 옆→하단→옆 순으로 박음질한다.

❾ ~ ⑪ 속지퍼뒷덧댐 크랙원단 8cm를 반으로 접은 후, 상단을 1cm로 다린다. 양옆을 0.7cm로 박음질하고, 손가락을 넣어 뒤집어준다.

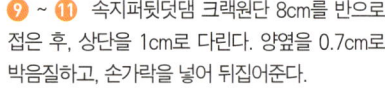

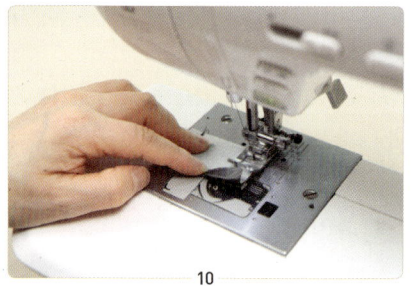

⑫ ~ ⑭ 50cm 지퍼에 슬라이더 끼운 뒷부분 1cm 표시를 한다. 표시한 선에 속 지퍼뒷덧댐원단을 끼워 맞춘 후, 송곳으로 눌러가며 0.3cm로 박음질한다.

02 지퍼를 달아둔 앞주머니 상단에서 4cm 지점을 표시하고 중심에 가죽라벨을 놓은 후, 가죽라벨 가장자리를 0.2cm로 박음질한다.

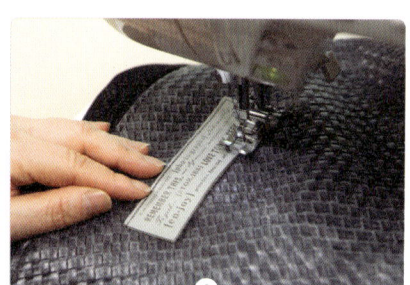

03 손잡이 만들기

❶ 5cm 웨이빙끈(2장)을 반으로 접어 D링에 끼워놓은 후, 0.5cm로 박음질한다.

❷ ~ ❹ 40cm 웨이빙끈(2장) 끝에서 1.5cm로 표시한다. 손잡이웨이빙덧댐 격자가죽원단 4장을 표시한 선에 맞춰 웨이빙끈을 넣은 후, 핀을 꽂고 0.3cm로 끝박음질한다.

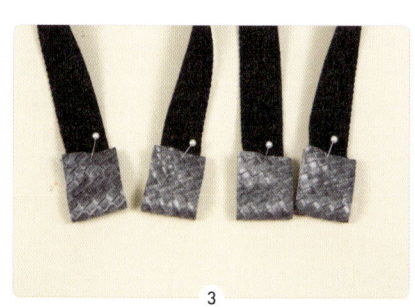

⑤ ~ ⑥ 웨이빙끈 중심 10cm 지점에 표시를 하고, 표시한 선을 반으로 접어 0.3cm로 끝박음질한다.

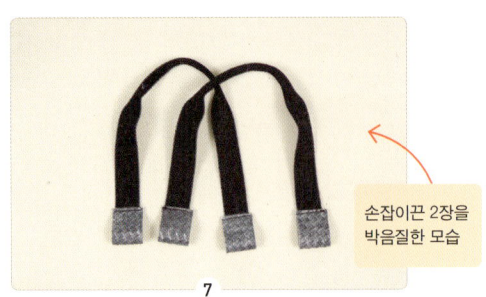

손잡이끈 2장을 박음질한 모습

04 안감에 속주머니, 앞판에 앞주머니 달기

① ~ ② 속주머니 격자가죽원단 뒷면 상단에 바이어스 겉을 대고 0.7cm로 박음질한 후, 바이어스를 겉으로 두 번 접어 0.2cm로 박음질한다.

③ ~ ⑤ 안감 방수원단(1장) 상단에서 10cm 지점에 주머니 위치를 표시한 후, 표시한 선에 중심을 맞춰 속주머니를 놓고 핀으로 고정한다. 바이어스로 감싼 상단을 제외한 3면을 0.3cm로 박아준다.

⑥ 볼펜꽂이가 될 위치에 5cm 표시를 하고, 선을 따라 박음질한다.

⑦ 안감 방수원단 2장을 겉끼리 대고, 상단을 제외한 3면을 1cm로 박음질한다.

10cm

8 ~ 11 격자가죽원단에 앞주머니 위치를 표시한 후, 표시한 선에 앞주머니가 위로 가도록 잘 맞추고 지퍼에 핀을 꽂아준다. 지퍼노루발로 교체하여 지퍼 중심을 박음질한 후, 다시 평발로 교체하여 지퍼 끝을 박음질한다.

12 ~ 13 앞주머니를 하단으로 내려 앞판과 잘 맞추어놓는다. 앞주머니 옆 → 하단 → 옆 순서로 0.5cm로 박아준다.

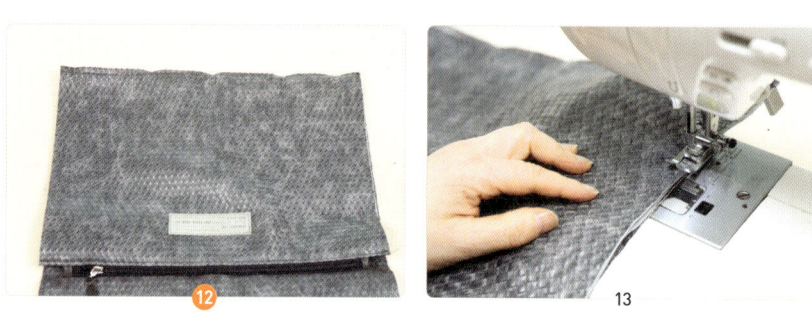

05 속지퍼 만들기

1 ~ 3 속지퍼뒷덧댐 원단 양옆에 3cm 표시를 한 후, 지퍼노루발로 교체하여 50cm 지퍼를 갈라 표시한 선에 격자가죽원단과 지퍼를 겉끼리 댄다. 지퍼 끝은 삼각형으로 안으로 접고, 송곳으로 눌러가며 지퍼 가운데를 박음질한다.

④ 지퍼의 박음질 끝 4cm 지점에서 바늘을 꽂아놓고 지퍼를 바깥으로 젓힌 후, 0.5cm 더 박음질한다. 지퍼가 꼬이지 않도록 조심하면서 반대편 지퍼도 같은 방법으로 박음질한다.

④

⑤ ~ ⑦ 지퍼를 박아준 속지퍼 2장을 겉끼리 대고 양옆을 1cm로 박음질하고, 지퍼를 안으로 젓혀 격자가죽원단 겉을 0.3cm로 눌러박는다. 옆 시접을 지나갈 때는 가름솔로 가르며 박음질한다.

⑤

6

7

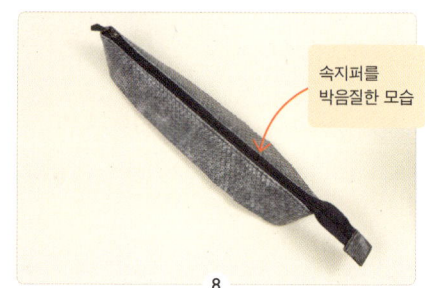

속지퍼를 박음질한 모습

8

06 파이핑 만들어 앞판 3면에 박음질하기

① ~ ② 파이핑노루발로 교체한 후, 파이핑감을 반으로 접어 파이핑을 넣고 박음질한다.

①

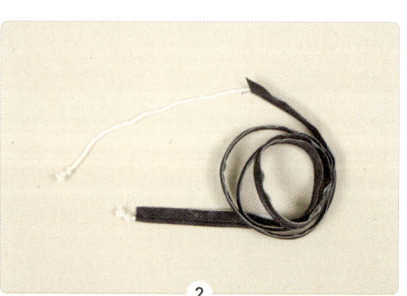

2

③ ~ ④ 앞판 옆선 상단에 파이핑 박을 선을 표시한다. 표시한 선에 파이핑을 사선으로 놓고 튼튼하게 되돌아박기한다.

7cm

③

4

5 ~ 8 파이핑 끝을 앞판 끝에 맞추어 박다가, 모서리는 가윗밥을 5개 정도 주어 둥글게 박음질한다. 파이핑이 끝날 때도 시작할 때와 마찬가지로, 표시한 선에 사선으로 맞춰놓고 박음질한다.

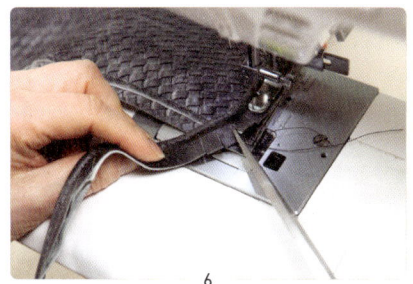

9 ~ 10 둥글게 박은 모서리는 파이핑선을 따라 자른 후, 앞판 왼편 지퍼 위치에 있는 파이핑에 라벨을 안쪽으로 넣어 박음질한다.

앞판에 파이핑 박아준 모습

07 앞판, 뒤판 상단에 손잡이끈 박기

1 ~ 2 앞판과 뒤판 상단 중심에 11cm로 손잡이 위치를 표시하고, **03**에서 만든 손잡이끈을 표시한 선에 맞춰 핀으로 고정한다. 4면을 튼튼하게 0.2cm로 박음질한다.

3 ~ 4 뒤판도 같은 방법으로 손잡이끈을 박음질한다.

08 앞판과 뒤판을 파이핑선 따라 박음질하고, 겉감 안에 안감 안을 빅아준다.

① ~ **②** 앞판과 뒤판을 겉끼리 대고, 파이핑노루발로 교체하여 파이핑선을 따라 박음질한다.

③ ~ **⑤** 만들어놓은 안감 시접 옆부분에서 9cm 내려간 지점을 표시하고, 앞판과 뒤판 파이핑을 박음질한 것 위에 올려놓는다. 표시한 선부터 옆 →하단 →옆의 순으로 시접을 박아준다.

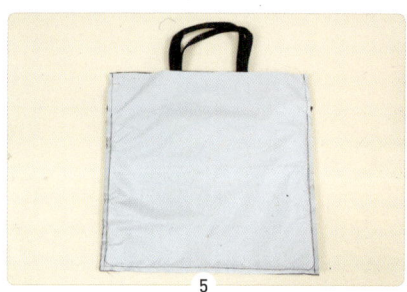

09 안감으로 뒤집은 후, 안감과 겉감 상단을 잘 맞추고 0.5cm로 박음질한다.

10 D링을 끼워 박아놓은 웨이빙끈을 앞판과 뒤판의 상단 옆선에서 왼쪽 3cm 지점에 핀으로 고정한다. 여기에 속지퍼 겉을 맞대어 핀으로 고정한 후, 상단 둘레를 1cm로 박음질한다.

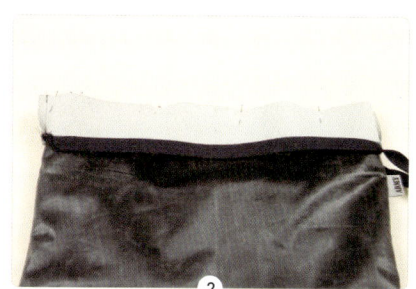

11 속지퍼뒷덧댐을 안감 쪽으로 넣고 감싸준 1cm 부분을 핀으로 고정한 후, 감싸준 안쪽 끝을 0.2cm로 박음질한다. 박음선 옆 0.3cm를 2줄이 되도록 또 한 줄 박고 마무리한다.

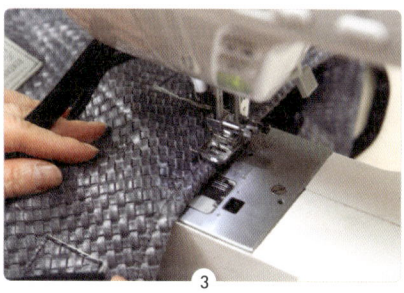

12 만들어놓은 가방 D링에 웨이빙끈을 끼우면, 멋진 숄더 겸용 크로스 가방이 완성된다.

NO.5

여행을 부탁해!
완벽한 여행 소품

SEWING STORY

오래도록 질리지 않는
빈티지
여권지갑
PASSPORT WALLET

210p

Package

- **완성 크기**
  가로 12cm×세로 18.5cm

- **재료**
  가죽원단, 크랙원단, 메쉬원단, 가죽베루, 가죽라벨,
  3호 지퍼 2개(11cm, 19cm), 동색 슬라이더 2개

- **재단 사이즈**
  겉감 가죽원단 2장(실물도안 참고)
  안감 가죽원단 1장(24cm×18.5cm)
  카드꽂이 크랙원단 1장(10.5cm×50cm),
  카드 뒤판 크랙원단 1장(15cm×10.5cm)
  바이어스감 크랙원단 1장(3.5cm×160cm)
  주머니 메쉬원단 2장(10.5cm×18.5cm)

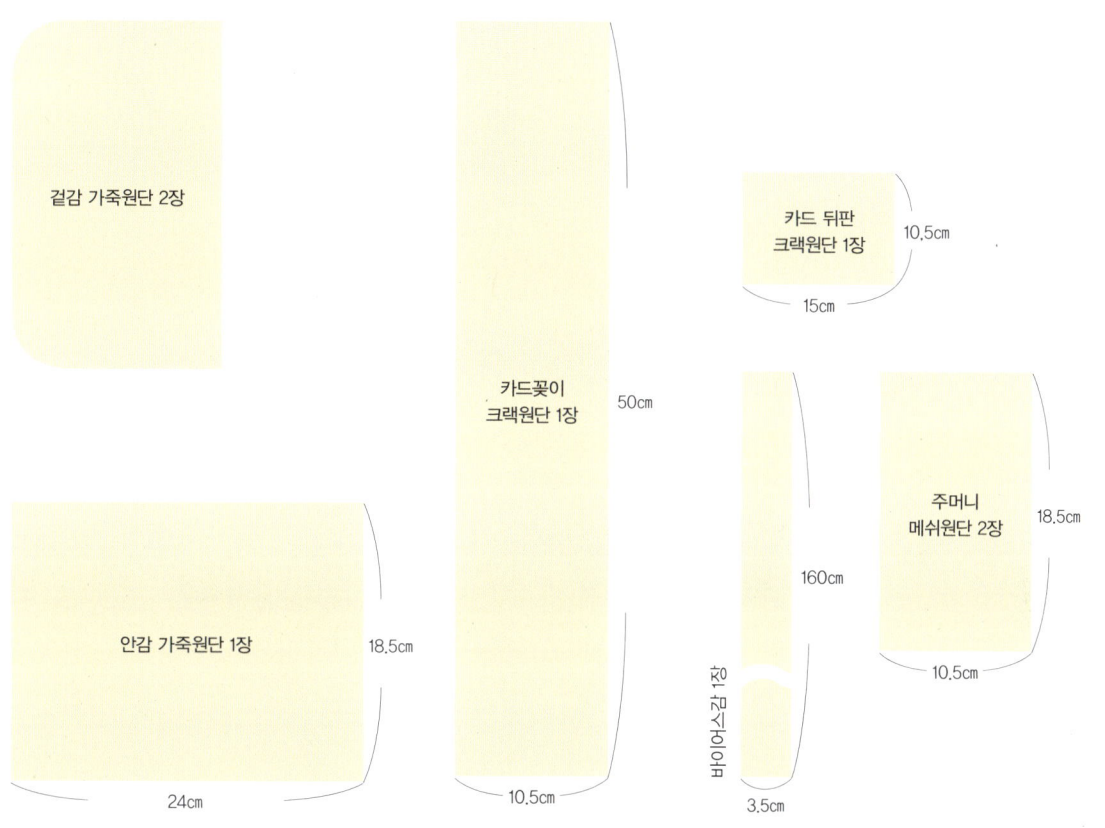

겉감 가죽원단 2장

카드꽂이
크랙원단 1장

50cm

카드 뒤판
크랙원단 1장

10.5cm

15cm

안감 가죽원단 1장

18.5cm

24cm

10.5cm

바이어스감 1장

160cm

3.5cm

주머니
메쉬원단 2장

18.5cm

10.5cm

남녀 누구나 질리지 않게 사용할 수 있는 빈티지 가죽 느낌 원단으로 만든
적당한 사이즈의 여권 케이스 겸용 지갑입니다.

공항으로 가기 전 꼭 확인해야 하는 여권을 안전하게 보관해줄 다용도 지갑이에요.

01 겉감 가죽원단(2장) 안과 바이어스감 겉을 맞대고 핀으로 꽂은 후, 0./cm로 박음질한다.

02 바이어스감을 겉으로 돌려서 그 아래에 19cm 지퍼를 대놓고 핀으로 고정한 후, 0.3cm로 박아준다.

19cm 지퍼

03 바이어스를 두 번 접어 감싸면서, 지퍼이빨에 노루발 끝을 맞추고 0.2cm로 박음질한다. 반대편도 같은 방법으로 박음질한 후, 슬라이더를 끼운다.

04 카드꽂이 부분 만들기

❶ ~ ❹ 카드꽂이 크랙원단에 위부터 6.3cm → 4.8cm → 5.8cm → 4.8cm → 5.8cm → 4.8cm → 5.8cm → 4.8cm → 7.1cm 순으로 표시하고, 계단식으로 접어준다. 천을 대고 낮은 온도로 다린 후, 양옆을 0.3cm로 박음질한다.

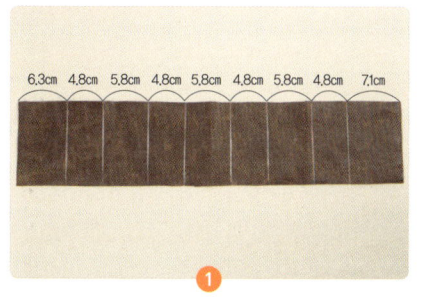

❺ ~ ❾ 카드꽂이 오른편 겉에 카드 뒤판 크랙원단 겉을 대고 0.7cm로 박아준다. 카드 뒤판을 안쪽으로 넘겨서 카드꽂이 왼편에 맞추고, 두 번 접어 바이어스 안쪽을 0.2cm로 박음질한다.

① ~ **③** 메쉬원단 1장 하단에 2.5cm 표시하고, 완성한 카드꽂이를 표시선에 맞춰 놓는다. 하단 바이어스 안쪽을 송곳으로 눌러가며 0.2cm로 박음질한다.

📍 **TIP**

카드 꽂는 부분이 오른쪽으로 가게 놓아야 한다.

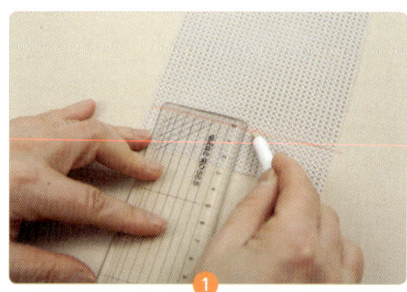

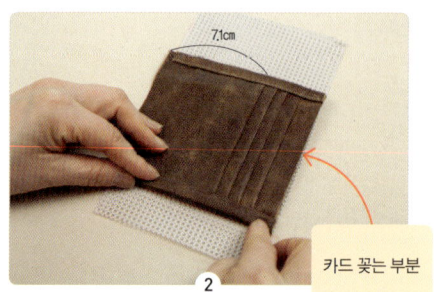

카드 꽂는 부분

④ ~ **⑤** 11cm 지퍼를 카드꽂이 뒷면에 끼워놓고, 메쉬원단을 아래로 젖힌 후 바이어스 상단을 박음질한다.

⑥ 지퍼 아래에 바이어스 겉을 댄 후, 지퍼노루발로 교체하여 0.7cm로 박음질한다.

⑦ ~ **⑩** 바이어스를 겉으로 돌려서 아래로 젖힌 메쉬원단을 위로 하고 함께 핀으로 고정한 후, 지퍼 박음선 사이를 박아준다. 바이어스를 두 번 접어 0.2cm로 끝박음질한 후, 슬라이더를 끼워 마무리한다.

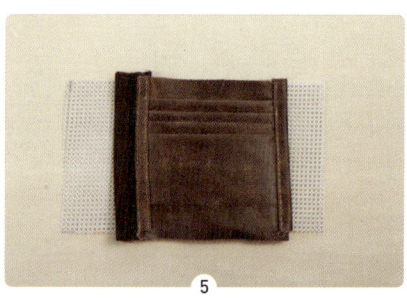

06 남은 메쉬원단(18.5cm) 1장에 바이어스 겉을 대고 0.7cm로 박고, 바이어스를 겉으로 돌려 두 번 접어 끝박음질한다.

3 메쉬원단에 카드꽂이를 만들어둔 18.5cm 부분에도 바이어스를 같은 방법으로 싸준다.

안감 메쉬원단에 카드꽂이와 바이어스를 싸준 모습

07 안감 만들기

1 ~ 2 가죽원단 바이어스 안감 겉 중심을 0.5cm 간격으로 세 줄 표시하고, 선을 따라 박음질한다.

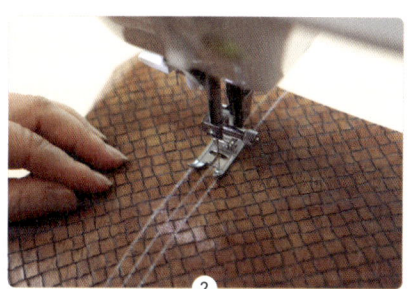

3 ~ 5 가운데를 중심으로 양쪽으로 메쉬원단과 카드꽂이 부분을 맞춰 핀으로 고정한다. 먼저 메쉬원단 쪽을 바이어스 제외하고 ㄱ 자로 0.3cm 박음질한다. 카드꽂이 쪽은 바이어스 제외하고 ㄷ자로 0.3cm 박아준다.

08 뒷면에 카드꽂이를 만들어둔 튀어나 온 부분을 잘라내고, 만들어놓은 겉감 지퍼 중심과 안감 중심을 안끼리 맞춰 댄 후, 가운 데 2.5cm만 0.3cm로 위아래 박음질한다.

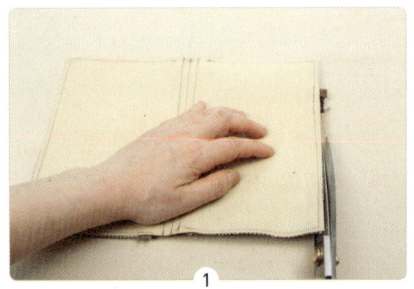

④ 튀어나온 부분을 정리한다.

09 가죽베루와 가죽라벨 달기

① ~ **②** 겉감 뒷면에는 2.5cm선을, 앞면에는 1.5cm선을 표시한다.
③ ~ **⑤** 뒷면 표시선에 가죽베루를 맞추고 가 죽바늘을 이용해 실을 4겹으로 해서 세발뜨기한 다.
⑥ ~ **⑦** 가죽베루 짝꿍도 앞면 표시선에 맞춰 손바느질한다.
⑧ 카드꽂이 하단에서 5cm 지점에 버튼홀스티 치로 가죽라벨을 손바느질한다.

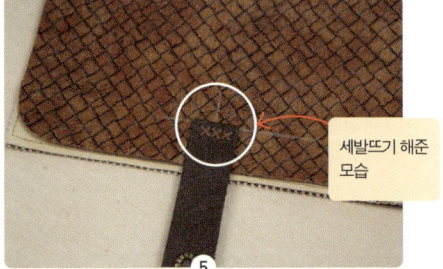

세발뜨기 해준 모습

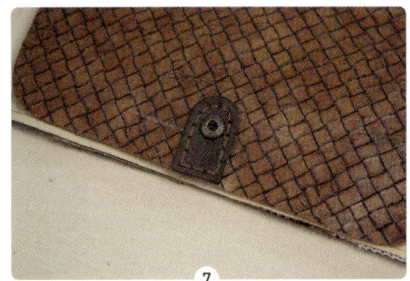

10 겉감과 안감을 안끼리 맞대어 0.3cm
로 박음질하고, 모서리 둥근 부분에 튀어나
온 곳을 잘라낸다.

③ ~ ④ 모서리는 둥글게 잘라내고 안감 안에
바이어스 겉을 댄 후, 시작 4cm 남겨두고 0.7cm
로 박음질한다. 모서리도 둥글게 맞춰 접히지 않
도록 끝 5cm를 남기고 박음질한다.

11 바이어스로 감싸기

① ~ ③ 남겨놓은 바이어스 시작과 끝을 사선
으로 맞춰서 접고, 사선을 초크로 그려준다. 겉끼
리 맞대고 초크선을 따라 박아준 후, 시접 0.7cm
남기고 잘라준다.

④ 남겨놓은 바이어스를 박아준다.

⑦ 여권지갑을 반 접어 가죽베루로 여미면 완성
된다.

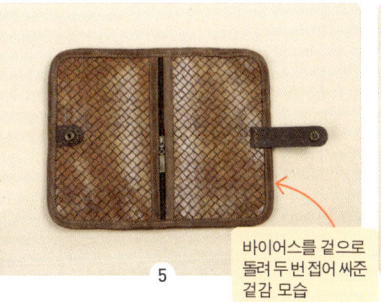

바이어스를 겉으로
돌려 두번접어 싸준
겉감 모습

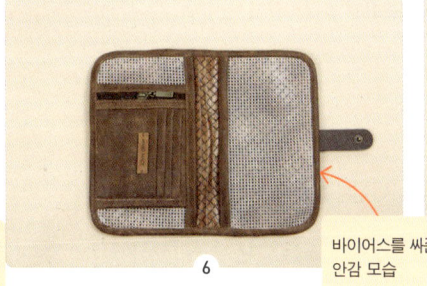

바이어스를 싸준
안감 모습

안전하고 소중하게
시크릿 파우치

SECRET POUCH

218p

Package

- **완성 크기**
  가로 18cm×세로 16cm

- **재료**
  리넨무지원단, 리넨무늬원단, 선염무지원단, 접착싱, 3호 지퍼(40cm),
  슬라이더 2개, 고무줄(14cm), 엔틱 단추, 면라벨

- **재단 사이즈**
  몸판 겉감 리넨무늬원단 1장(20cm×32cm)
  주머니 겉감 리넨무늬원단 2장(실물도안 참고, 도안A, B 각 1장씩)
  주머니 겉감 리넨무지원단(실물도안 참고, 도안C 1장)
  겉감 바이어스 리넨무지원단 1장(100cm×3.5cm)
  몸판 안감 선염무지원단 1장(22cm×34cm)
  주머니 안감 선염무지원단 3장(실물도안 참고, 도안A, B, C 각 1장씩)
  안감 바이어스 무지원단 1장(80cm×3.5cm)
  몸판감 접착싱 1장(22cm×34cm)
  접착싱 3장(22cm×15cm−A짝꿍, 22cm×12cm−B짝꿍,
  22cm×29cm−C짝꿍)

안감 바이어스 무지원단 1장
3.5cm
80cm

겉감 바이어스 리넨무지원단 1장
3.5cm
100cm

몸판 겉감
리넨무늬원단 1장
32cm
20cm

몸판 안감
선염무지원단 1장
34cm
22cm

몸판감 접착싱 1장
34cm
22cm

접착싱
(A짝꿍)
15cm
22cm

접착싱
(B짝꿍)
12cm
22cm

접착싱
(C짝꿍)
29cm
22cm

주머니 겉감, 안감 A
각 1장씩

주머니 겉감, 안감 B
각 1장씩

주머니 겉감, 안감 C
각 1장씩

여성용품을 담기 딱 좋은 전용 파우치입니다.
휴지는 마지막까지 깔끔하게 사용할 수 있고, 생리대도 간편하게 수납할 수 있어요.
한번 만들어 놓으면 자꾸 손이 가는 파우치예요.

`01` 겉감 리넨무늬, 리넨무지원단 4장(몸판감, A, B, C감)에 접착싱을 대고 전체 0.2cm 박음질한다. 남은 접착싱은 겉감 사이즈에 맞추어 잘라낸다.

`02` 겉감 접착싱 아래에 안감을 대고 0.2cm 박음선을 따라 박는다. 접착싱에 잘 붙도록 다린 후 오버로크한다.

🎈 **TIP**

오버로크가 안 될 경우에는 지그재그로 박아준다.

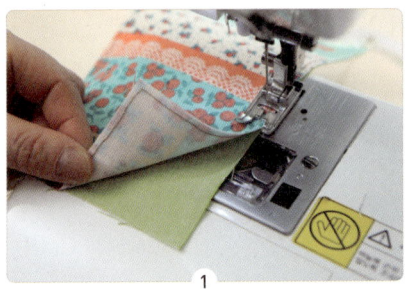

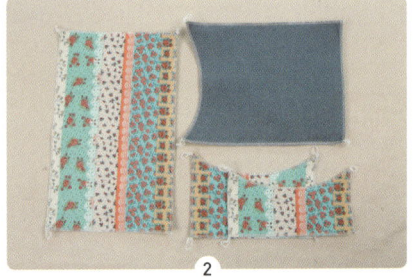

 `03` 도안A로 재단한 겉감에 바이어스를 위아래 싸준다. 도안B와 C로 재단한 겉감은 상단 곡선 부분만 바이어스를 뒷면부터 싸준다.

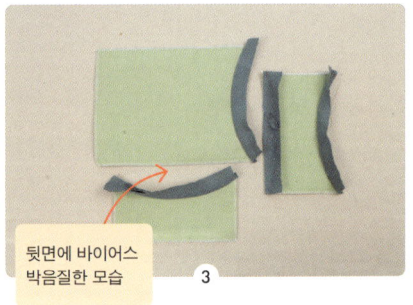

뒷면에 바이어스 박음질한 모습

`04` 도안A 직선 부분만 남기고, 곡선 부분 B, C만 겉으로 두 번 접어 바이어스를 감싸준다.

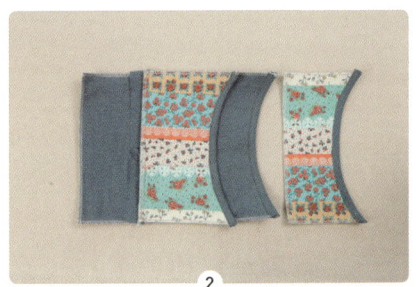

05 도안C 재단한 겉감 리넨무지원단에 도안A 주머니를 박음질하여 연결한다. 몸판 겉감 한쪽 가로선 중심에 고무줄을 반 접어 0.5cm로 되돌아박기한다.

1 ~ **3** 도안C로 재단한 리넨무지원단 하단에 2cm 표시하고, 표시한 선에 도안A 하단에 올려놓고 바이어스가 겉으로 오게 핀을 꽂아준다. 밀리지 않도록 송곳으로 눌러가며 0.5cm로 박음질한 후, 바이어스를 두 번 접어 감싸준다.

5 ~ **6** 주머니 양옆도 0.5cm로 박음질하고, 도안C 곡선 부분의 상단 중심에서 2cm 지점에 면라벨을 박음질한다.

7 몸판 겉감 리넨무늬원단 중심에 고무줄을 반 접어 아래로 보낸 후, 0.5cm로 박음질한다.

06 도안C 곡선 부분 옆선에서 5cm 지점을 표시한다. 표시한 선에 도안B를 겹치게 올려놓고 핀으로 고정한 후, 양옆을 0.5cm 박음질한다.

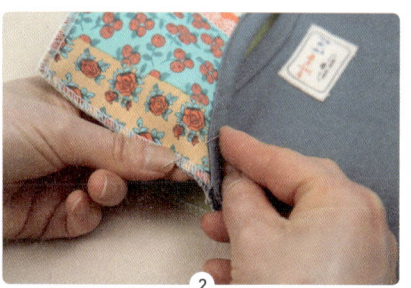

주머니 겉감에 지퍼 달기

지퍼를 갈라서 겉감과 지퍼 겉을 놓고 0.7cm
로 박음질한다. 남은 지퍼 부분은 깔끔하게
잘라서 정리한다. 지퍼 시접을 뒤로 넘기고
겉에서 0.3cm로 눌러박기한 후, 슬라이더를
끼운다.

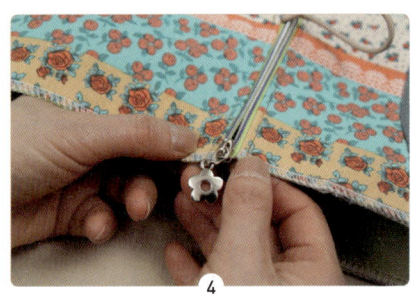

08 옆선을 이용하여 뒤집어서 양옆을
0.5cm로 박음질하고, 바이어스를 두 번 접
어 감싸며 박음질한다.

❸ 양옆 시작할 때와 끝날 때 2cm를 남기고 바
이어스를 박음질한다.

❹ ~ ❼ 겉으로 두 번 접어 바이어스를 감쌀 때
5cm 전 지점에 바늘을 꽂고, 남겨놓은 2cm 부
분을 안으로 접어준 후 바이어스를 두 번 접어 박
음질한다.

09 겉으로 뒤집은 후, 중심에 선을 그리고 선을 따라 박음질한다. 앞쪽 2.5cm 중심에 엔틱단추를 손바느질로 달아주어 마무리한다.

1

2

3

4

5

6

파우치 반 접어 여며준 모습

7

Package

- **완성 크기**
  가로 28cm×세로 23cm×폭 8cm

- **재료**
  메쉬원단, 방수원단, 바이어스감, 3호 지퍼 1개(96cm), 슬라이드, 랍바(8mm)

- **재단 사이즈**
  방수원단 1장, 메쉬원단 1장(실물도안 참고, 시접 포함)
  방수원단 2장(10cm×96cm, 12cm×11cm)
  바이어스감 1장(3.2cm×약 360cm)

방수원단 1장   11cm

12cm

방수원단
1장   96cm

약 360cm

바이어스감 1장

3.2cm

10cm

방수원단 1장

메쉬원단 1장

메쉬 파우치는 속이 보이기 때문에, 여행지에서 캐리어 정리할 때 매번 열지 않고도
쉽게 물건을 찾을 수 있어요. 많은 양의 짐도 넉넉하게 들어가 요긴하게 사용할 수 있지요.
통기성과 물 빠짐이 좋고, 가볍고 견고한 메쉬원단으로 여행용 파우치를 만들어보세요.

01 실물도안으로 재단한 메쉬원단에 중심 10cm 부분을 표시한다. 지퍼를 안쪽으로 1cm 들어가게 하고 10cm 표시한 부분부터 박음질한 후, 반대편 10cm 표시한 부분에서 멈춘다. 이때 지퍼는 10cm 안쪽으로 1cm 길게 자른다.

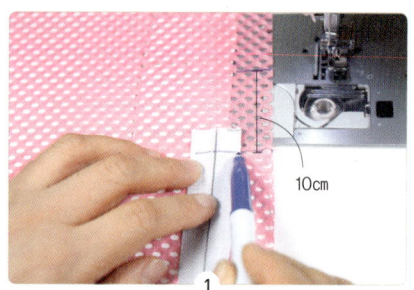

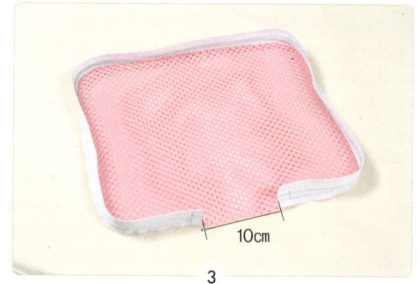

02 방수원단(10×96cm)을 지퍼 반대편으로 돌려가며 박음질한다.

03 지퍼와 방수원단의 박음질된 쪽에 랍바를 이용하여 바이어스를 감싸며 박음질한다.

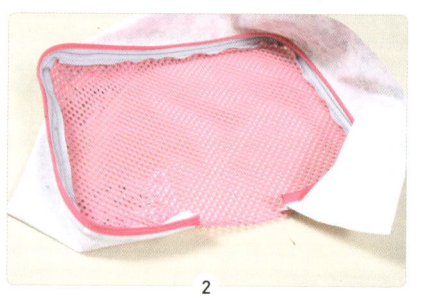

❸ 지퍼 양끝에 슬라이드를 끼운다.

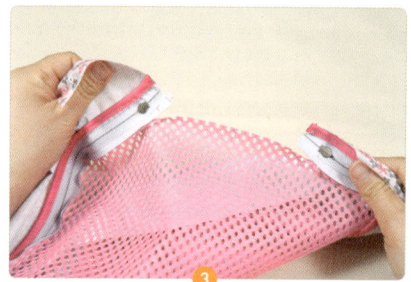

04 방수원단(12×11cm)을 지퍼 박은 양끝에 대고, 시침핀으로 고정한 후 박음질한다. 랍바를 이용하여 바이어스를 감싸며 박음질한다.

05 실물도안으로 재단한 방수원단의 바닥 쪽을 돌려가며 시침하여 박음질한다.

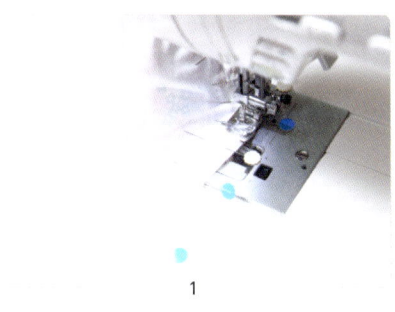

06 랍바를 이용하여 메쉬원단과 지퍼를 박은 시접 쪽에 바이어스를 감싸며 박음질한다. 방수원단 박은 바닥 쪽도 바이어스를 감싸 박으며 마무리한다.

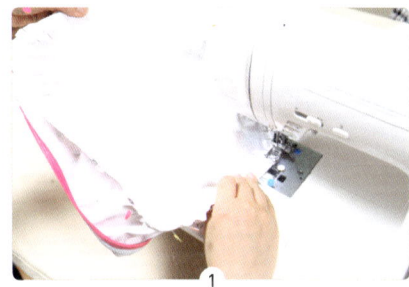 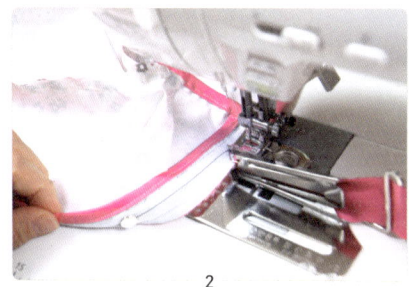

07 랍바를 이용하여 바이어스 마무리를 할 때는, 바이어스를 길게 박아 여유 있게 잘라낸 다음 뒤로 접어 박음질한다.

 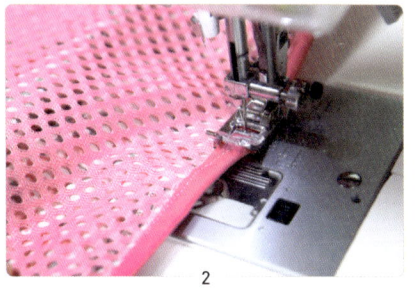 

SEWING STORY

여행을
업그레이드하는
캐리어
보호커버

CARRIER COVER

228p

- **완성 크기**
  기내용(18인치)

- **재료**
  방수원단, 5호 지퍼 3개(22cm 1개, 25cm 2개),
  가죽 슬라이더 3개, 검은색 고무줄(폭 2cm×길이 50cm)

- **재단 사이즈**
  앞판, 뒤판 각 1장씩(38cm×50cm, 상단의 꼭짓점은 둥글게 잘라주는
  부분 표시)
  옆판, 위판, 옆판(둘레 해당하는 부분) 1장(130cm×26cm)

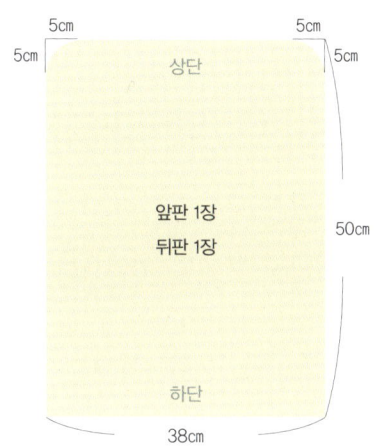

5cm   5cm
5cm   5cm

상단

앞판 1장
뒤판 1장   50cm

하단

38cm

옆판, 위판, 옆판(둘레 해당하는 부분) 1장

옆판   위판   옆판   26cm

130cm

생활 방수는 물론 스크래치 등으로부터 캐리어를 보호하고, 수화물 찾을 때도 편한 캐리어 커버예요.
캐리어 위, 양옆 손잡이를 잡을 수 있도록 고려한 디자인으로, 만들기 방법을 참고해서
중간 사이즈와 큰 사이즈도 만들어 편리하게 사용하세요.

캐리어 보호커버

만드는 방법

❶ 캐리어 손잡이 부분의 사이즈를 잰 다음,
상단 두 군데에 입술지퍼를 그린다. 손잡이
옆부분도 입술지퍼를 그린 후 잘라준다.
– 입술지퍼의 가운데 선을 잘라주고, ⟩⟨
모양의 양옆도 잘라준다.
– 잘라준 시접을 안쪽으로 넘겨 손가락으
로 꾹꾹 눌러준다.

❷ 지퍼 양끝을 1.5cm 표시하여 그리고 양옆
중심도 표시해서 그린 다음, 가죽 슬라이
더를 지퍼 3개에 끼운다.
– 25cm 지퍼(1개) : 1.5cm → 22cm →
1.5cm → 22cm 그리기
– 22cm 지퍼(2개) : 1.5cm → 19cm →
1.5cm → 19cm 그리기

❶

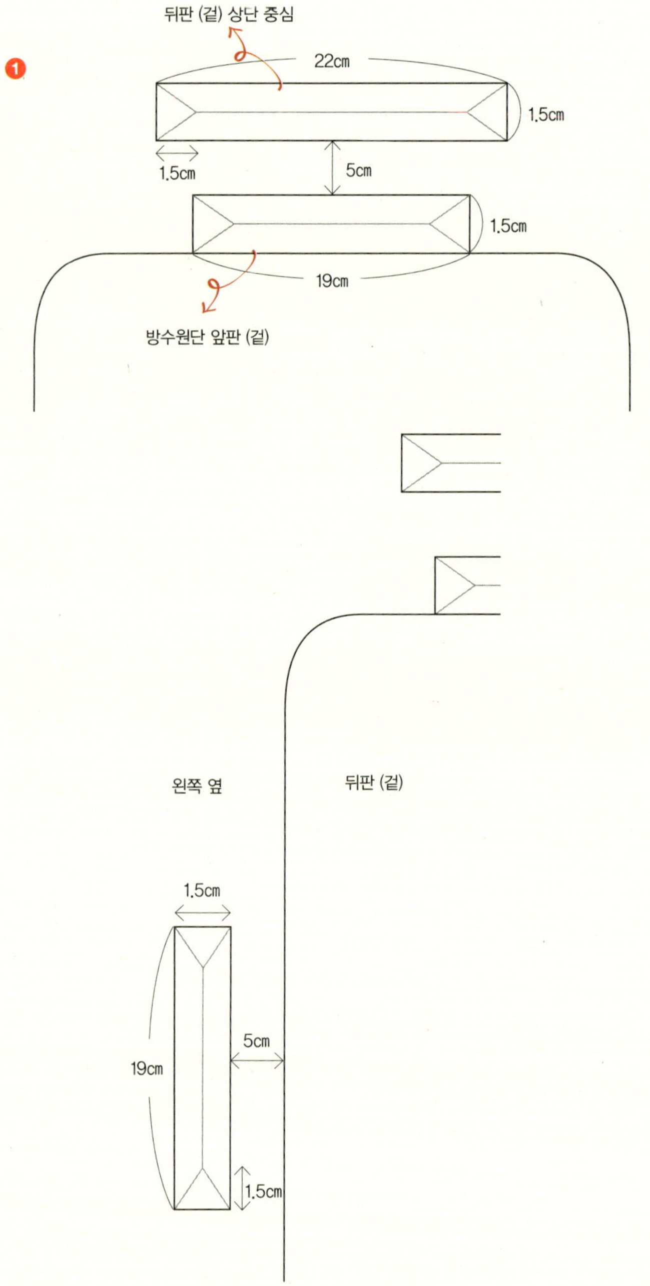

뒤판 (겉) 상단 중심

22cm

1.5cm

1.5cm

5cm

1.5cm

19cm

방수원단 앞판 (겉)

왼쪽 옆

뒤판 (겉)

1.5cm

19cm

5cm

1.5cm

❷

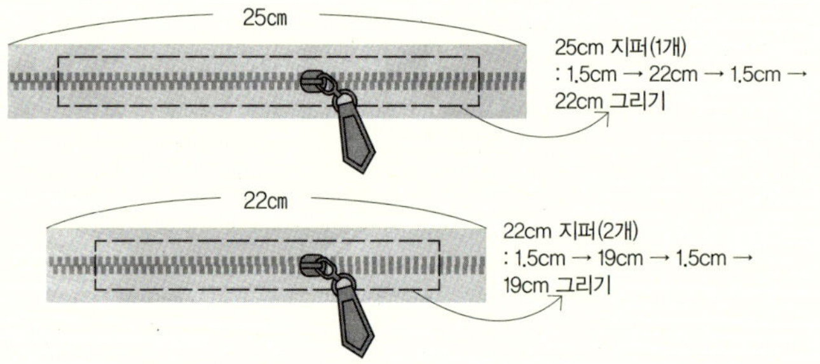

25cm

25cm 지퍼(1개)
: 1.5cm → 22cm → 1.5cm →
22cm 그리기

22cm

22cm 지퍼(2개)
: 1.5cm → 19cm → 1.5cm →
19cm 그리기

228

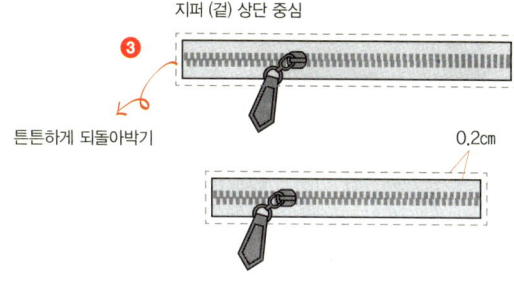

지퍼 (겉) 상단 중심

③

튼튼하게 되돌아박기

0.2cm

③ 그려준 지퍼를 입술지퍼 안으로 놓고 표시해둔 선에 맞춰 핀을 꽂은 다음, 선을 따라 0.2cm로 박음질한다. 옆선은 튼튼하게 되돌아박기한다.

④ 뒤판 겉 오른편 하단 14cm 지점에 끼움라벨을 박아준다.

⑤ 앞판과 뒤판 상단 중심과 둘레 원단(옆, 위, 옆판) 중심을 겉끼리 맞춰놓고, 1cm로 박음질한다.

⑥ 검은색 고무줄(폭 2cm)을 반으로 접어 약한 온도로 다린다. 방수원단 하단에 고무줄을 끼워 잡아당기며 박음질하고, 뒤집어주면 완성된다.

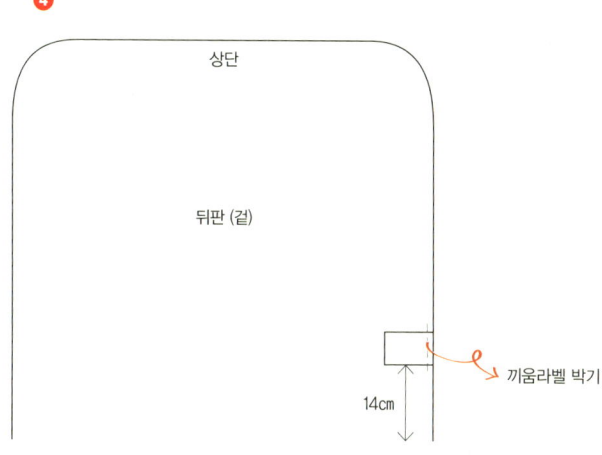

④

상단

뒤판 (겉)

14cm

끼움라벨 박기

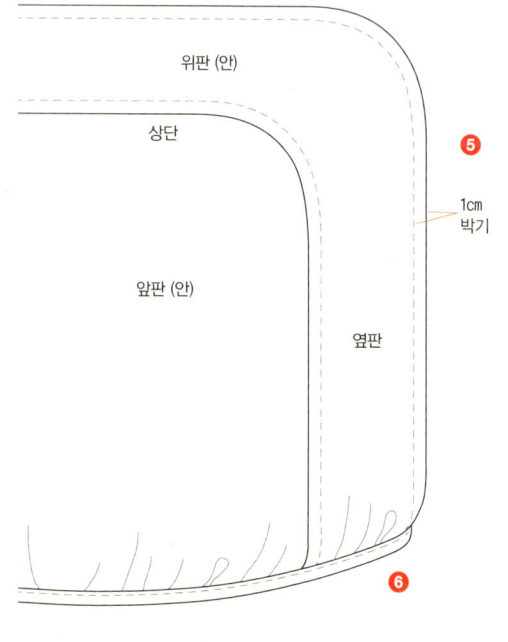

위판 (안)

상단

앞판 (안)

옆판

⑤

1cm
박기

⑥

SEWING STORY

활동성 좋은
더블지퍼
크로스백
DOUBLE ZIP CROSS BAG

232p

- **완성 크기**
  가로 25cm×세로 21cm

- **재료**
  무늬원단, 청원단, 접착심지, 3호 지퍼 3개(25cm 2개, 23cm 1개),
  슬라이드, D링, 가죽끈

- **재단 사이즈**
  겉감 청원단 2장(27cm×23cm)
  겉감 무늬원단 2장(27cm×23cm)
  안감 청원단 4장(27cm×23cm)
  접착심지 4장(겉감보다 약간 크게 재단)
  포인트주머니뚜껑 무늬원단 2장(실물도안 참고, 시접 0.7cm 별도)
  접착심지 1장(포인트주머니뚜껑 무늬원단보다 약간 크게 재단)
  지퍼덧단감 1장(23cm×5cm)
  속주머니감 1장(23cm×34cm)
  지퍼마감 바이어스감 4장(2.5cm×3.5cm)
  D링고리감 2장(6.5cm×5cm)
  ※ 전체 시접 포함

겉감 청원단 2장	겉감 무늬원단 2장	안감 청원단 4장	접착심지 4장 (겉감보다 약간 크게)
23cm	23cm	23cm	
27cm	27cm	27cm	

지퍼덧단감 1장 5cm
23cm

주머니뚜껑 무늬원단 2장

접착심지 1장

속주머니감 1장 34cm
23cm

① 지퍼마감 바이어스감 4장
   (2.5cm×3.5cm)
② D링고리감 2장
   (6.5cm×5cm)

①   ②

가방 두 개를 붙여놓은 것 같은 모양의 디자인과 기분 좋아지는 컬러감이
돋보이는 크로스백입니다.
주머니가 많아 소지품을 여러 곳으로 나눠 보관하기 편리해서 여행 서브백, 페스티벌 등 야외 활동에
적합한 디자인이에요.

01 포인트주머니뚜껑 무늬원단 1장, 겉감 무늬원단 2장, 겉감 청원단 1장에 각각 접착심지를 대고 다림질한다. 남은 접착심지는 원단 사이즈에 맞춰 잘라낸다.

실물도안을 이용하여 시접 0.7cm를 준다.

02 D링고리감을 대문접기하여 끝박음질한다. D링고리 2개와 지퍼(길이 25cm) 양끝에 바이어스를 감싸서 준비해둔다.

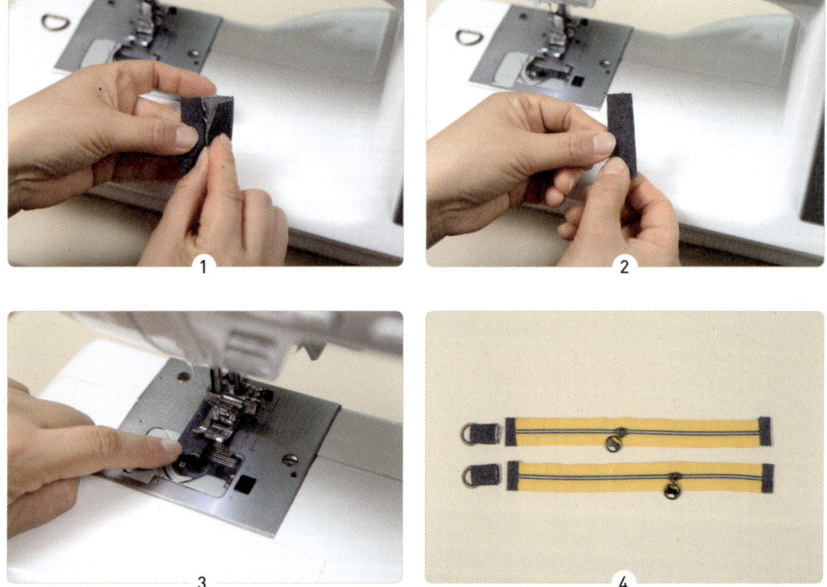

1 접착심지를 대지 않은 겉감 청원단 상단에서 8cm 지점에 포인트주머니 지퍼 박을 곳을 표시한다.

2 ~ **4** 지퍼덧단감(23×5cm)에도 중심에 19×1cm 지퍼의 위치를 표시하고, 겉감 청원단 표시한 곳에 올려 시침핀으로 고정한다. 선을 따라 2땀으로 박음질한다.

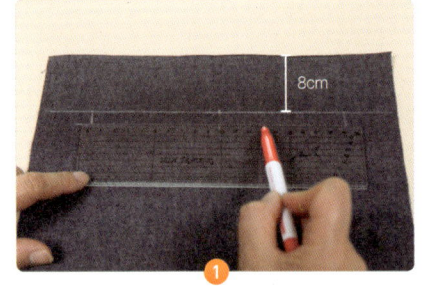

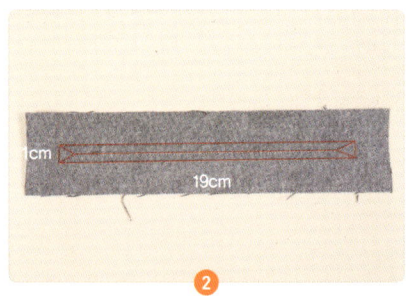

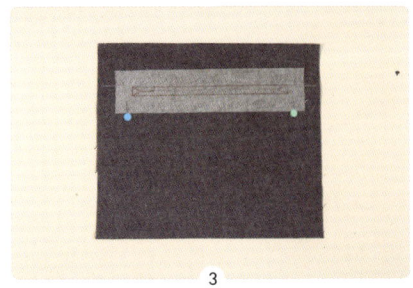

5 ~ **9** 중심부터 자르고 양끝은 Y모양으로 잘라준 다음, 뒤집어서 다림질한다. 뚫린 사각 모양 안쪽에 지퍼(길이 24cm)를 대고 고정한 후, 지퍼노루발로 교체하여 지퍼를 사방으로 박음질한다.

10 ~ **12** 안쪽으로 뒤집어서 속주머니감을 지퍼덧단 한쪽에 맞춘다. 반대편에도 맞추어 주머니감을 박음질한다.

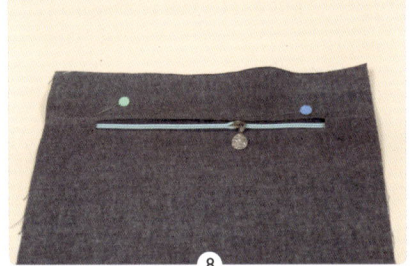

⑬ ~ ⑮ 주머니감을 아래쪽으로 당겨 정리한 후,
양끝을 박음질하여 속주머니를 마무리한다.

⑯ ~ ⑰ 접착심지를 붙인다. 남은 심지는 겉감
사이즈에 맞춰 잘라준다.

04 접착심지 붙여둔 포인트주머니뚜껑
무늬원단과 붙이지 않은 뚜껑 원단을 겉끼
리 맞대고, 시접 0.7cm 선을 따라 곡선 부분
만 박음질한다. 박음질한 곡선 부분에 가윗
밥을 주고 뒤집는다.

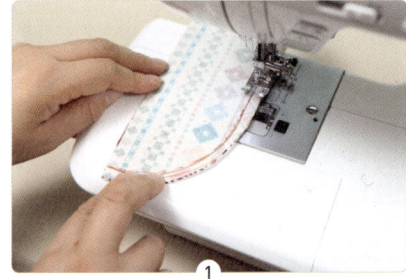

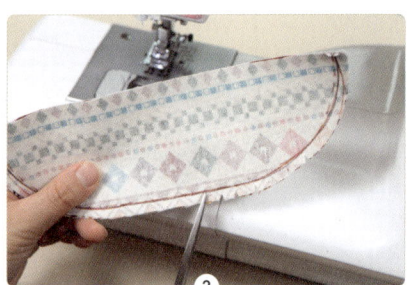

❹ 박지 않은 직선 부분을 끝박음질한다.

05 저퍼 박은 겉감 위쪽에 뚜껑 곡선 부
분을 올려놓고 직선 부분을 끝박음질한다.

❷ 뚜껑을 내리고 먼저 박음질한 바늘땀이 보이
지 않게 상침한다.

🎀 **TIP**

상침이란 겉에서 바느질 땀이 보이도록 박음
질하는 것이다.

06 02에서 준비해놓은 25cm 지퍼를 뚜껑 있는 겉감 중심에 맞춰놓고, 지퍼노루발로 교체 후 지퍼 한쪽에 D링고리를 넣어 박음질한다. 남은 겉감 청원단 1장에 반대편 지퍼를 박음질한다.

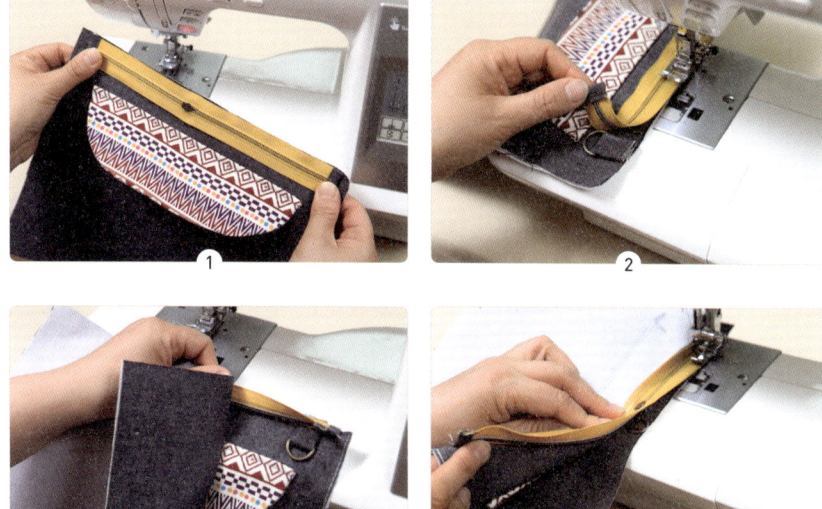

5 ~ **6** 겉감 무늬원단에도 똑같이 D링고리를 넣어 지퍼를 박음질한다.

07 겉감 청원단과 겉감 무늬원단에 안감 청원단을 박은 후, 포개어놓는다.

08 포개어놓은 겉감에 ㄷ모양으로 3cm 시접선을 표시한 다음, 선을 따라 박음질한다.

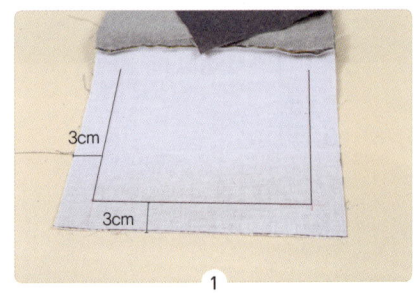

3cm

3cm

박음질 후
뒤집어주기

09 겉감 청원단을 안으로 접어 고정하고 무늬원단끼리 포개어 덮은 다음, 시접 1cm로 양옆을 박음질한다. 하단도 같은 방법으로 박아준다.

박음질하지
않은 쪽으로
뒤집어주기

10 겉감 무늬원단을 안쪽으로 집어넣어 청원단끼리 포개고, 양옆을 시접 1cm로 박음질한다. 하단도 같은 방법으로 박음질한다.

③ ~ ⑤ 박지 않아 뚫려 있는 안감 쪽으로 뒤집는다. 안감은 시접 1cm 안으로 집어넣고 끝박음질한다.

11 안감을 주머니 지퍼 안쪽으로 집어넣고, 잘 펴지도록 다림질한다.

③ 완성된 더블백 D고리에 크로스 가죽핸들을 걸어준다.

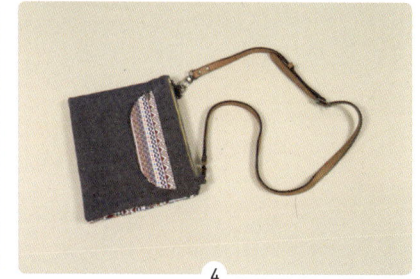

SEWING STORY

커플 여행가방

엄마의
크로스 가방

TRAVEL CROSS BAG

240p

- **완성 크기**
  가로 28cm×세로 23cm

- **재료**
  캠브리지원단, 크랙원단, 옥스퍼드도트원단, 크로스웨이빙끈,
  3호 지퍼(29cm), 끼움가죽라벨 2개, 면라벨, 가죽라벨, 자석 1쌍

- **재단 사이즈**
  몸판 겉감 캠브리지원단 1장(실물도안 참고)
  뒷주머니 겉감 캠브리지원단 2장(17cm×15cm)
  옆판 겉감 캠브리지원단 2장(실물도안 참고)
  몸판 안감 크랙원단 1장(실물도안 참고)
  앞주머니 안감 크랙원단 1장(실물도안 참고, 직선 부분은 1.5cm 짧게 재단)
  옆판 안감 크랙원단 2장(실물도안 참고)
  바이어스감 크랙원단 1장(170cm×3.5cm)
  앞주머니 겉감 옥스퍼드도트원단 1장(실물도안 참고)

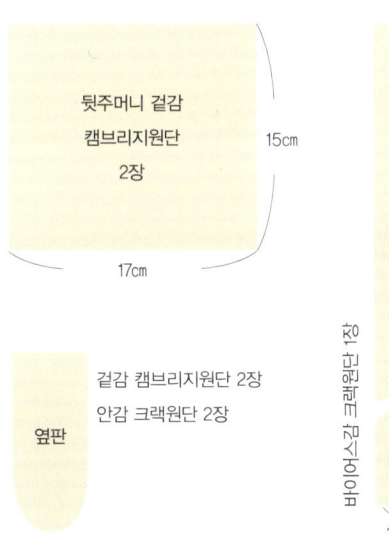

뒷주머니 겉감
캠브리지원단
2장

15cm

17cm

옆판

겉감 캠브리지원단 2장
안감 크랙원단 2장

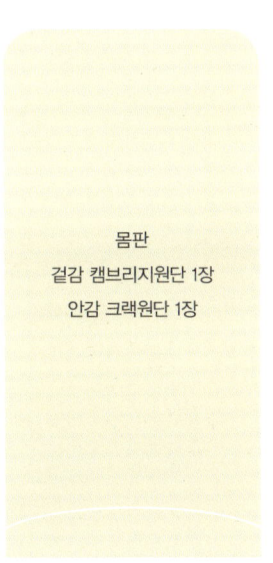

바이어스감 크랙원단 1장

170cm

3.5cm

몸판
겉감 캠브리지원단 1장
안감 크랙원단 1장

앞주머니
겉감 크랙원단 1장
안감 옥스퍼드도트원단 1장

엄마의 여행을 자유롭게 하는 크로스 가방은 아빠의 캐리어 백팩과 세트로 만들었어요.
커플티 대신 커플가방으로 좀 더 설렘 가득한 여행을 즐겨보세요.

01 지퍼노루발로 교체 후 앞주머니 옥스퍼드도트원단 겉에 지퍼 겉을 대고 박음질한다. 앞주머니 안감 크랙원단 겉에 지퍼를 박아준 옥스퍼드도트원단 겉을 대고 박음질한다. 크랙원단을 안쪽으로 넘겨 앞주머니 옥스퍼드도트원단과 잘 맞춘 후, 지퍼 아래를 0.3cm로 눌러박아준다.

02 옥스퍼드원단 속 시접 중심에 맞춰 자석을 박음질하고, 주머니 하단에 남은 부분을 1.5cm로 두 번 접어 박아준다.

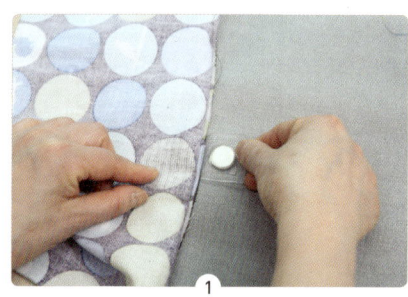

03 지퍼 시접은 앞주머니에 잘 맞춰 0.5cm 안으로 접어 촘촘하게 핀을 꽂은 후, 하단부터 0.2cm로 박음질한다. 지퍼노루발로 교체한 후, 접어 넣은 지퍼 쪽을 0.2cm로 박음질한다.

④ 슬라이더를 끼워 넣는다.

04 앞주머니 양옆을 0.3cm로 박음질
한다.

🎀 **TIP**

지퍼 부분은 튼튼하게 되돌아박기한다.

05 뒷주머니감 캠브리지원단 1장에 창구
멍을 표시한 후, 창구멍을 제외한 전체를
1cm로 박음질한다. 모서리는 사선으로 잘라
준다.

3 창구멍으로 뒤집어서 정리해준 다음 다림질
한다.

06 앞주머니 하단 4cm 부분에 뒷주머니
감 중심을 표시한 후 선에 맞춰 핀을 꽂고,
오른편 윗부분 2.5cm 표시한 선에는 면라벨
을 끼워 넣는다. 주머니 상단을 제외하고 핀
꽂은 부분을 0.3cm로 박음질한다.

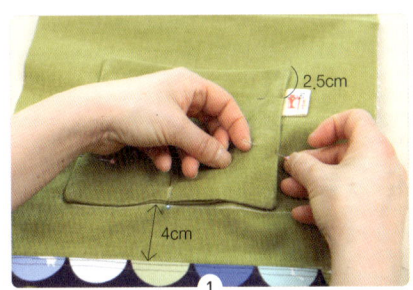 

앞주머니와 뒷주머니를
달아준 모습

07 안감 크랙원단 상단에서 1cm 선에 남은 자석을 핀으로 고정하고, 지퍼노루발로 교체 후 자석 둘레를 박음질한다. 가죽라벨도 자석 달아준 앞판 중심에서 2cm 표시한 위치에 박음질한다.

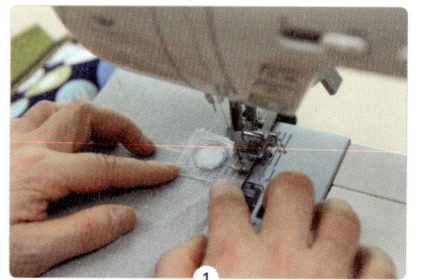

08 옆판 만들어 겉감에 연결하기

① 옆판 겉감 캠브리지원단과 안감 크랙원단을 안끼리 대고 전체 0.3cm로 박음질한다.
② ~ **④** 직선 부분 중심에서 3cm 표시하고, 표시한 부분을 1.5cm씩 맞주름 잡아서 박음선을 따라 박아준다. 옆판 맞주름 잡은 2장을 다림질한다.

⑤ ~ **⑥** 끼움가죽라벨에 D링을 끼워주고 맞주름 중심에 맞추어 박음질한다.
⑦ 만들어놓은 옆판 겉감의 하단 중심을 표시한 후, 앞주머니 원단이 끝나는 안감 쪽에 표시한 옆판 안을 대고 옆판 박음선을 따라 앞쪽만 박음질한다. 이때 옆판 뒷면은 박지 않는다.

옆판 하단 중심

박음질하지 않은
옆판 뒷면

09 바이어스 감싸기

1 ~ **2** 바이어스감으로 앞판 양옆을 겉부터 싸준다. 옆판 쪽에는 15cm까지 박아주고, 앞쪽으로 두 번 접어 바이어스 싸줄 때는 10cm까지만 싸준다.

3 ~ **4** 앞주머니 상단과 옆판 상단을 바이어스로 싸준다.

5 ~ **6** 박음질하지 않은 옆판 뒷면을 촘촘하게 핀 꽂아주고, 0.3cm로 박음질한다.
7 ~ **10** 앞에 10cm까지만 싸고 잘라낸 바이어스를 핀으로 고정한 후, 박음질로 연결한다. 남은 바이어스 시접은 잘라내고 가름솔로 꾹꾹 눌러준다. 10cm 멈춘 부분부터 전체 바이어스로 감싸서 박음질로 마무리한다.

크로스 웨이빙끈을 달아
완성한 앞모습과 뒷모습

SEWING STORY

커플 여행가방
**아빠의
캐리어 백팩**

TRAVEL BACKPACK

246p

• **완성 크기**
  가로 30cm×세로 40cm

• **재료**
  가방용 양면방수원단, 옥스퍼드도트원단, 메쉬원단, 얇은 방수원단,
  5온스 접착솜, 가방접착싱, 3호 지퍼(38cm 1개, 27cm 2개),
  5호 지퍼(112cm), 웨이빙끈(50cm 2개, 14cm 2개, 26cm 1개), 가방판,
  가방고리, 버클, 5호 슬라이더(2개), 3호 슬라이더(3개), 가죽라벨

• **재단 사이즈**
  – 가방용 방수원단
  뒤판 1장(실물도안 참고)
  앞주머니 1장(실물도안 참고)
  둘레 2장(112cm×16cm, 112cm×6cm)
  어깨끈 2장(42cm×10cm)
  옆끈끼움 2장(실물도안 참고)
  바닥 1장(27cm×16cm)
  위끈덧댐 2장(5cm×8cm)
  뒤판끼움 뒷감 1장(33cm×23cm)
  끈바이어스 1장(8cm×3.5cm)

  – 옥스퍼드도트원단
  앞판 1장(실물도안 참고)
  뒤판끼움 앞판감 1장(33cm×19cm)

  – 메쉬원단
  안주머니 2장(27cm×15cm, 27cm×4.5cm)

  – 얇은 방수원단
  앞판, 뒤판 안감 각 1장씩(실물도안 참고)
  앞주머니 안감 1장(실물도안 참고)
  둘레 안감 2장(112cm×12cm, 112cm×6cm)
  바닥 안감 2장(27cm×16cm)
  바이어스 안감 1장(375cm×3.5cm)

  – 5온스 접착솜
  2장(앞판, 뒤판 실물도안보다 1.5cm 작게)
  끈 2장(37cm×4cm)

  – 가방접착싱
  앞판, 뒤판 2장(35cm×42cm)
  둘레 2장(114cm×18cm, 114cm×6.5cm)

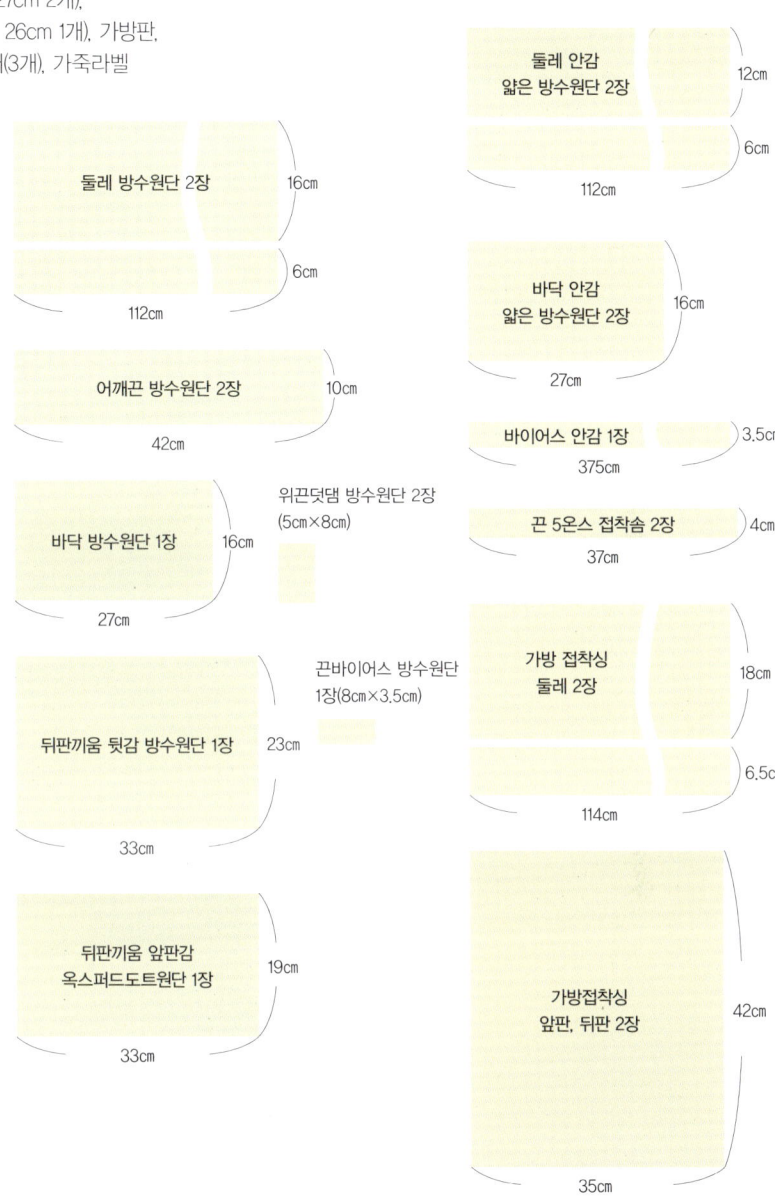

둘레 방수원단 2장 16cm / 112cm / 6cm

어깨끈 방수원단 2장 10cm / 42cm

바닥 방수원단 1장 16cm / 27cm

위끈덧댐 방수원단 2장 (5cm×8cm)

뒤판끼움 뒷감 방수원단 1장 23cm / 33cm

끈바이어스 방수원단 1장(8cm×3.5cm)

뒤판끼움 앞판감 옥스퍼드도트원단 1장 19cm / 33cm

안주머니 메쉬원단 2장 15cm / 4.5cm / 27cm

둘레 안감 얇은 방수원단 2장 12cm / 6cm / 112cm

바닥 안감 얇은 방수원단 2장 16cm / 27cm

바이어스 안감 1장 3.5cm / 375cm

끈 5온스 접착솜 2장 4cm / 37cm

가방 접착싱 둘레 2장 18cm / 6.5cm / 114cm

가방접착싱 앞판, 뒤판 2장 42cm / 35cm

여행 떠날 때 짐이 참 많아요. 그럴 때 캐리어 손잡이 부분에 끼을 수 있는
캐리어 보조 백팩이 있으면 한결 가볍게 여행을 즐길 수 있습니다.
바로 꺼내야 하는 짐은 캐리어와 분리하여 보조 백팩에 넣어주면 따로 들고 다니기에도 편리해요.
그리고 엄마의 크로스 가방과 보기 좋게 커플을 이루는 디자인입니다.

01 접착싱 앞판과 뒤판에 5온스 접착솜을 중심에 맞추어 핀으로 고정하고, 전체 0.5cm로 박음질한다.

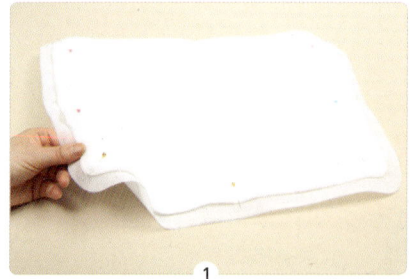

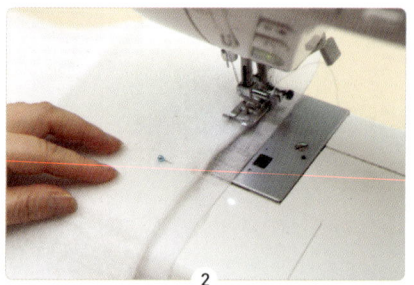

3 ~ **4** 앞판에는 옥스포드도트원단을, 뒤판에는 가방용 방수원단을 각각 올려놓는다. 접착솜이 보이도록 해서 앞판과 뒤판 모두 0.5cm로 박음질한다.

02 앞판 주머니 완성하기

1 ~ **3** 앞주머니 가방용 방수원단 겉 상단에 3호 지퍼(38cm) 겉을 대고 지퍼노루발로 박음질한다. 주머니 겉감에 주머니 안감 겉을 대고 박음질한다. 안감을 뒤로 넘겨 지퍼를 단 상단을 제외하고 겉감 쪽에서 옆과 하단을 0.3cm로 박음질한다.

4 주머니 하단과 옆을 삼면 5cm 표시한 후, 0.5cm 안쪽으로 또 한 줄 표시한다. 표시한 선을 따라 두 줄로 박음질한다.

5 ~ **7** 가죽라벨 달 부분도 표시한 ④번 오른쪽에서 4cm, 하단에서 5.5cm 선을 표시한다. 먼저 ④번 선을 박고 가죽라벨을 표시한 선에 놓고 박음질한다.

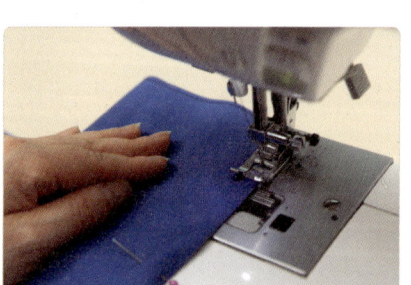

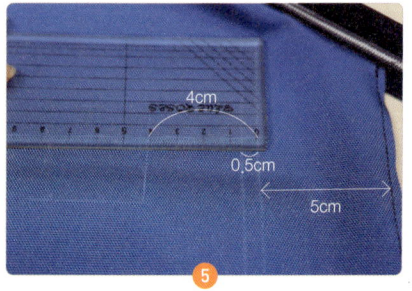

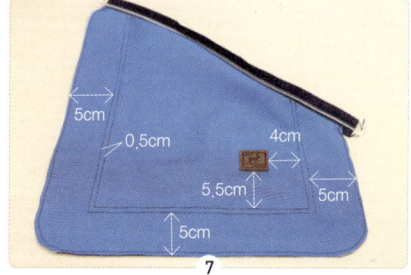

03 앞판 완성하기

① ~ **②** 앞판 옥스퍼드도트원단에 주머니 지퍼를 핀으로 고정한 후, 지퍼노루발로 교체하여 0.7cm로 박음질하고 끝을 또 한 줄 박아준다.

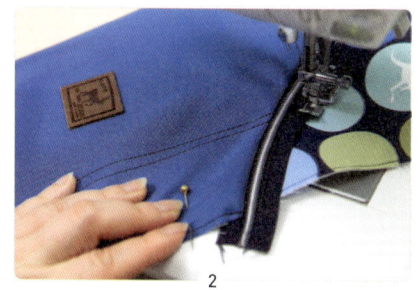

③ ~ **⑤** 지퍼에 슬라이더를 끼우고 주머니 옆과 하단도 앞판에 맞춰 핀을 꽂아준 후, 박음선을 따라 박아준다.

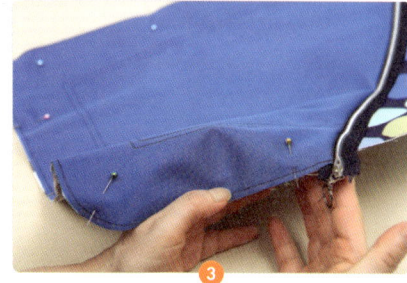

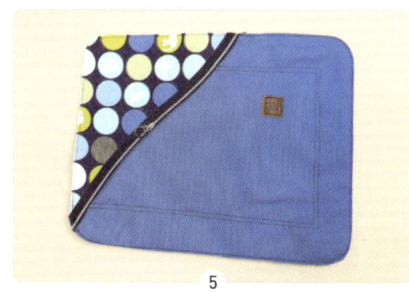

04 안주머니 메쉬원단에 지퍼 겉을 대고, 지퍼노루발로 0.7cm 박음질한다. 지퍼 시접을 안쪽으로 넘기고 0.3cm로 눌러박기 한다.

③ 나머지 주머니 1장도 같은 방법으로 지퍼 겉에 메쉬원단을 대고 박음질한다. 이때 지퍼 하단은 눌러박지 않는다.

05 앞판 얇은 방수원단에 지퍼를 단 메쉬원단을 맞춘 후, 지퍼 위를 핀으로 고정하고 안주머니 전체를 0.3cm로 끝박음질한다.

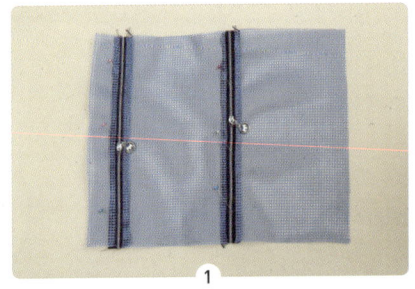

3 안주머니 뒷면에 방수원단 바이어스를 대고 0.7cm로 박음질한 후, 모서리는 둥글게 박아준다. 모서리에 남은 원단은 잘라낸다.

06 뒤쪽에서 싸준 바이어스를 앞면으로 놓은 후, 안주머니 겉에 대고 안감 방수원단에 맞춰 핀으로 고정한다. 안주머니 바이어스 부분부터 0.5cm로 박음질한다.

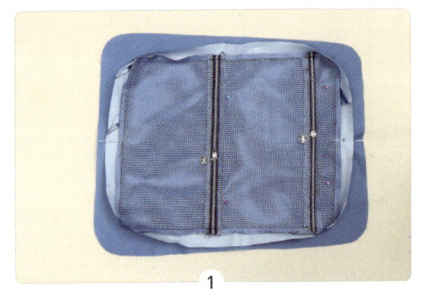

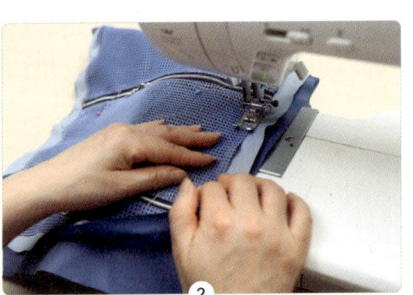

3 ~ 5 핀을 꽂아준 주머니 지퍼 위(04에서 눌러박지 않은 부분)를 박음질하고, 바이어스를 두 번 접어 감싸 박음질한다.

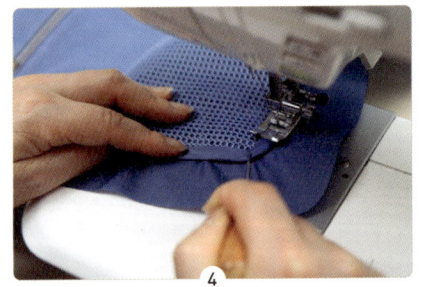

6 앞판 겉감 뒷면에 완성한 안주머니 안을 대고 전체 0.5cm로 박음질한다.

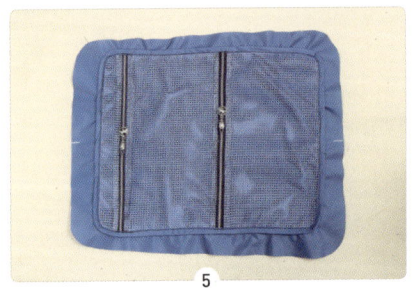

07 뒤판끼움 뒷감(가방용 방수원단)에 뒤판끼움 앞판감(옥스퍼드도트원단)을 올려놓는다. 뒷감 위아래를 2cm씩 남겨 핀을 꽂은 후, 전체 0.5cm로 박음질한다.

❷ 2cm 남긴 부분을 안으로 두 번 접어 0.2cm로 끝박음질한다.

08 뒤판 하단에서 9cm 표시한 지점 위에 완성한 뒤판끼움을 댄 후, 양옆을 0.5cm로 박음질한다.

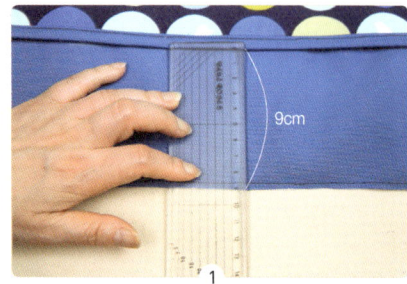

❸ 뒤판 아래에 안감 방수원단 안을 대고 전체 0.5cm로 박음질한다.

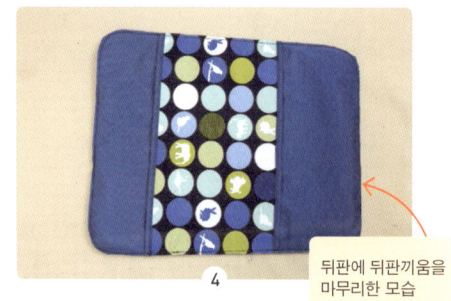

뒤판에 뒤판끼움을 마무리한 모습

09 뒤판 웨이빙끈 만들기

❶ ~ **❸** 옆끈끼움 방수원단을 반 접어 50cm 웨이빙끈을 넣은 후, 0.7cm로 박음질한다. 뒤집어서 삼각형 트인 부분을 0.5cm로 박음질하고, 같은 방법으로 나머지 1개도 만든다. 튀어나온 원단은 잘라준다.

❹ 14cm 웨이빙끈 2개에 가방고리를 끼운 후, 반으로 접어 0.7cm로 박음질한다.

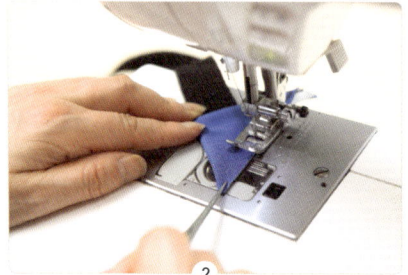

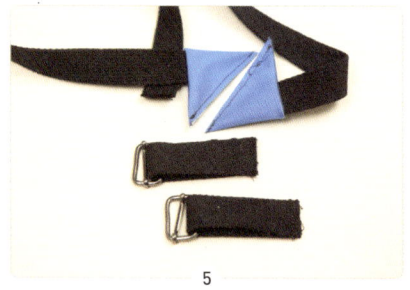

10

어깨끈 만들기

① ~ ② 어깨끈 2장을 반 접어 10cm만 박은 후, 가방고리에 오시도리끈을 끼워서 끝을 묶는다. 10cm까지 박은 속으로 고리를 끼워준다.

🎀 TIP

오시도리끈 대신 파이핑끈을 사용해도 된다.

③ 시접을 가름솔로 하고 1cm로 박음질한다.
④ ~ ⑤ 하단에서 5cm 지점을 표시하고, ▯을 그린 다음, 상단을 제외한 ⊔에 박음질한다.

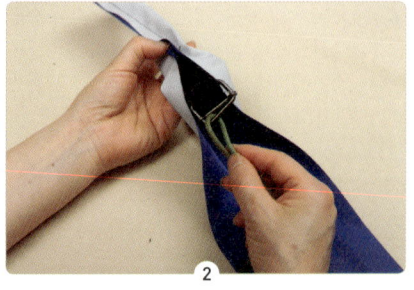

⑥ ~ ⑨ 오시도리끈을 잡아당겨 가방고리를 뒤집은 후, 뒤집은 어깨끈 2장에 시접을 1cm 접는다. 5온스 접착솜 끈 2장을 송곳으로 밀어가며 끼워준 후, 접어 넣은 시접을 핀으로 고정하고 끝을 0.2cm로 박음질한다. 그 옆으로 0.3cm로 또 한 줄 박음질한다.

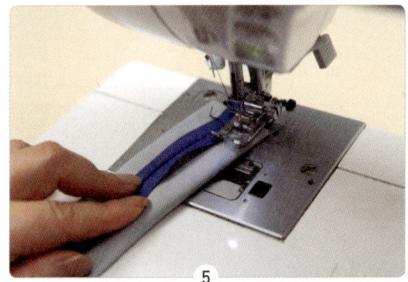

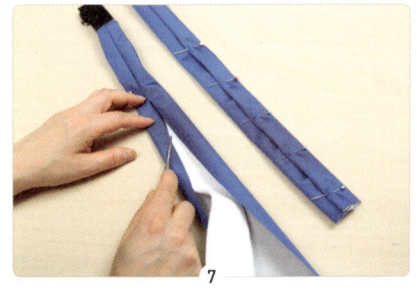

11

뒤판에 어깨끈과 웨이빙끈 달기

① ~ ② 뒤판 상단 중심에서 8cm 지점을 표시한 후, 완성한 어깨끈을 약간 사선으로 핀으로 고정하고 0.5cm 박음질한다.

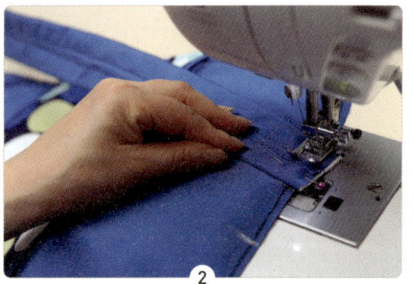

③ 뒤판 하단 양옆에 완성한 옆끈끼움을 대고 박음선을 따라 박아준다.

④ 웨이빙끈 끝을 바이어스로 감싸며 박음질 한다.

 TIP

웨이빙끈이 위로 가도록 놓는다.

③

④

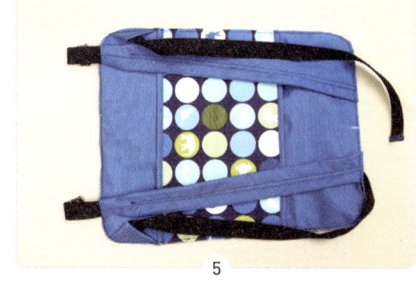
5

6

12 가방 상단 손잡이끈 만들기

① 위끈덧댐 원단 2장을 반으로 접어 옆선을 0.7cm 로 박음질한 후 뒤집는다.

② ~ **③** 26cm 웨이빙끈 양끝에 1.5cm 표시하 고 선에 맞춰 위끈덧댐 원단을 끼운 후, 0.3cm로 끝박음질한다.

④ ~ **⑥** 가운데 10cm를 표시하고, 표시한 선 까지 반으로 접어 0.3cm로 박음질한다.

①

1.5cm
②

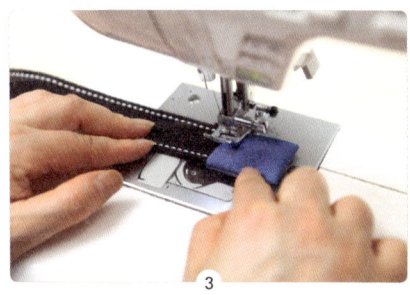
3

10cm
④

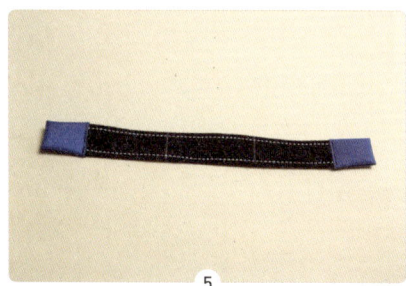
5

6

13 버클에 고무줄을 끼우고, 비스듬하게 겹쳐서 튼튼하게 삼각형으로 박음질한다. 뒤판 안에 버클을 단 고무줄을 양끝에 핀으로 고정하고 0.5cm로 박음질한다.

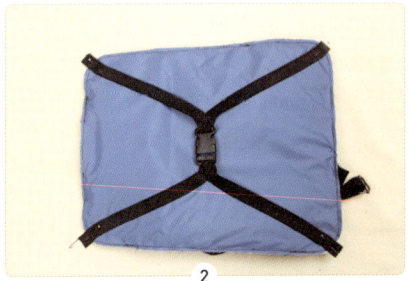

14 안감 바닥 2장을 겹쳐놓고 1.5cm로 표시한 후, 파이핑노루발로 ㄷ자 박음질하고 바늘을 꽂아놓는다. 뚫린 부분으로 가방판을 넣고, 표시한 선을 따라 뚫린 부분을 박음질한다.

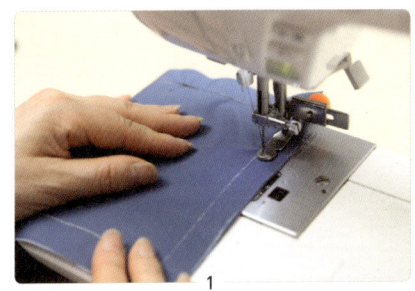

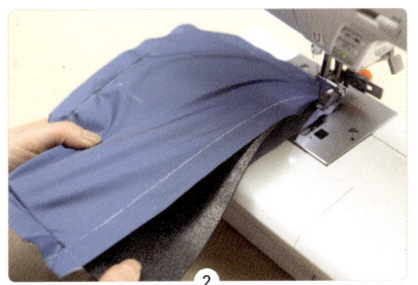

15 겉감 지퍼 만들어 박기

1 ~ 2 겉감 둘레 겉에 5호 지퍼 겉을 대고 지퍼노루발로 박음질한다. 안감 둘레 겉에 지퍼를 단 겉감 겉을 대고 박음선을 따라 박음질한다.

③ ~ ⑤ 지퍼 쪽 겉감만 3cm로 접어 핀으로 고정하고, 2.5cm로 박음질한다. 안쪽 3cm 지점에 한 줄 더 박음질한다.

⑥ ~ ⑦ 겉감과 안감을 맞춰 0.3cm로 박음질하고, 남은 안감을 잘라준다.

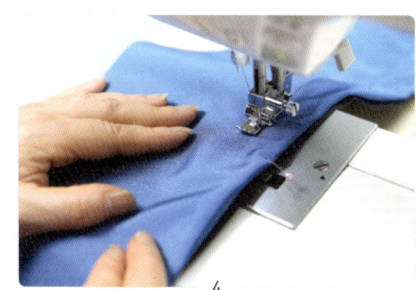

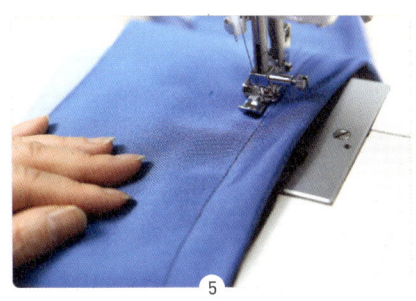

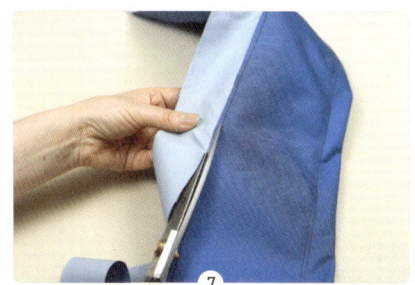

⑧ ~ ⑩ 지퍼 겉에 폭 좁은 둘레감 겉을 대고 핀으로 고정한 후 박음질한다. 둘레감 아래에 폭 좁은 안감 겉을 대고 박음질한다. 겉감 지퍼 쪽에서 0.3cm로 눌러박기한다.

⑪ ~ ⑫ 폭 좁은 둘레감도 전체 0.3cm로 박음질하고, 양끝에 5호 슬라이더를 끼운다.

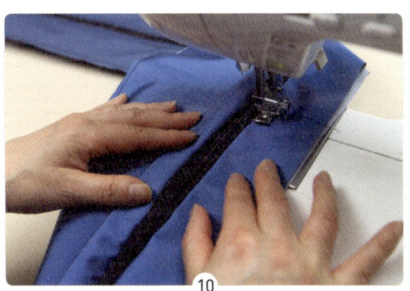

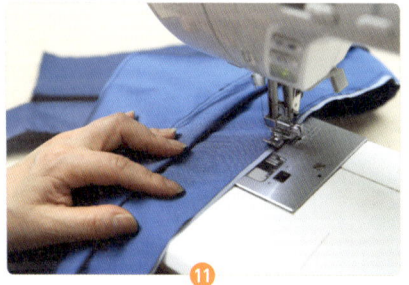

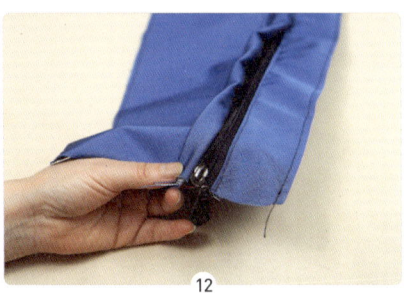

16 둘레감 양끝 겉에 바닥 원단 겉을 대고, 1cm로 박음질한다. 가방판 넣은 안감도 양끝 겉끼리 놓고 1cm로 박음질한다.

17 트인 부분으로 뒤집어주고, 트인 부분을 0.3cm로 박음질한다. 바닥 양끝도 0.5cm로 시접을 눌러박아준다.

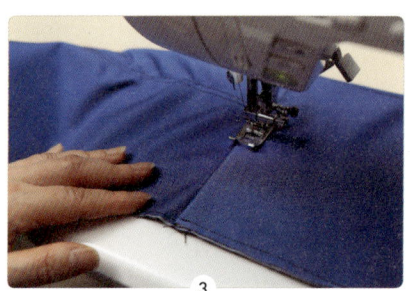

18 둘레감 상단 중심에서 8cm 표시하고, 그 지점에서 14cm 띄운 곳을 다시 표시한다. 표시한 선에 맞춰 **12**에서 만든 위끈을 핀으로 고정한 후, 튼튼하게 0.3cm로 둘레 박기한다.

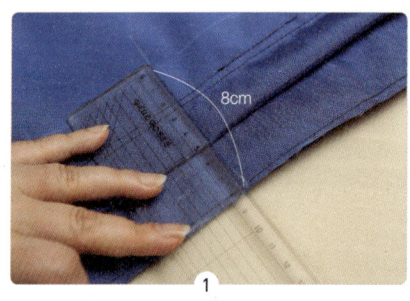
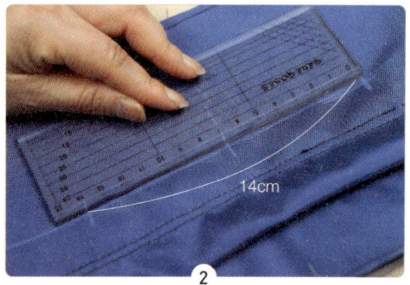

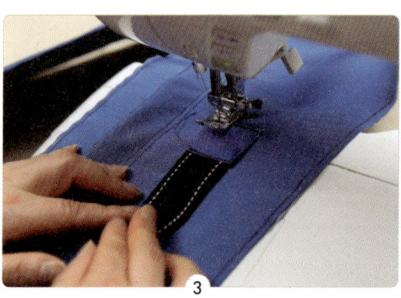
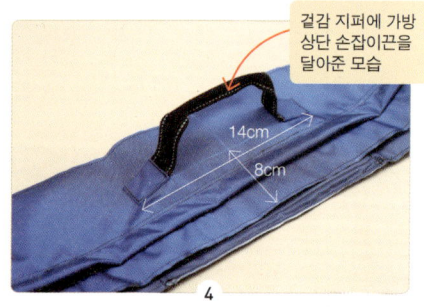

겉감 지퍼에 가방 상단 손잡이끈을 달아준 모습

① ~ **③** 겉감 앞판과 뒤판 겉에 둘레감 겉을 맞춰 전체적으로 핀 꽂은 후, 박음선을 따라 박아준다. 지퍼를 단 둘레감에 바이어스를 시작할 때는 2cm 접어서 0.7cm로 박음질한다. 끝날 때는 2cm 접은 바이어스를 끝까지 박은 후, 겉으로 두 번 접어 앞판과 뒤판 둘레를 바이어스로 감싸준다.

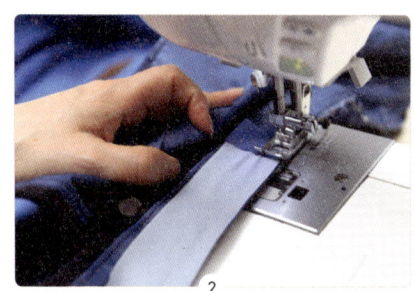

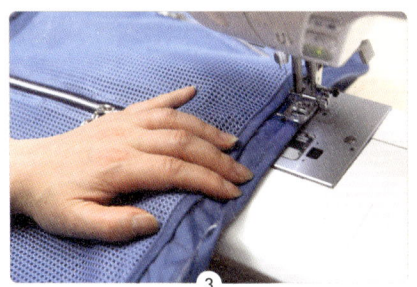

20 어깨끈에 달린 고리에 웨이빙끈을 위로 끼우고, 다시 아래로 끼워 캐리어 보조 백 팩을 완성한다.

- **완성 크기**
  가로 28cm×세로 38cm

- **재료**
  방수원단, 메쉬원단, 웨이빙끈, 3호 슬라이더, 3호 지퍼(40cm), 면라벨

- **재단 사이즈**
  겉감 방수원단 1장(62cm×40cm)
  안감 바이어스 방수원단 1장(65cm×3.5cm)
  안감 메쉬원단 1장(62cm×40cm)
  웨이빙끈 1개(폭 2.5cm×길이 17cm)

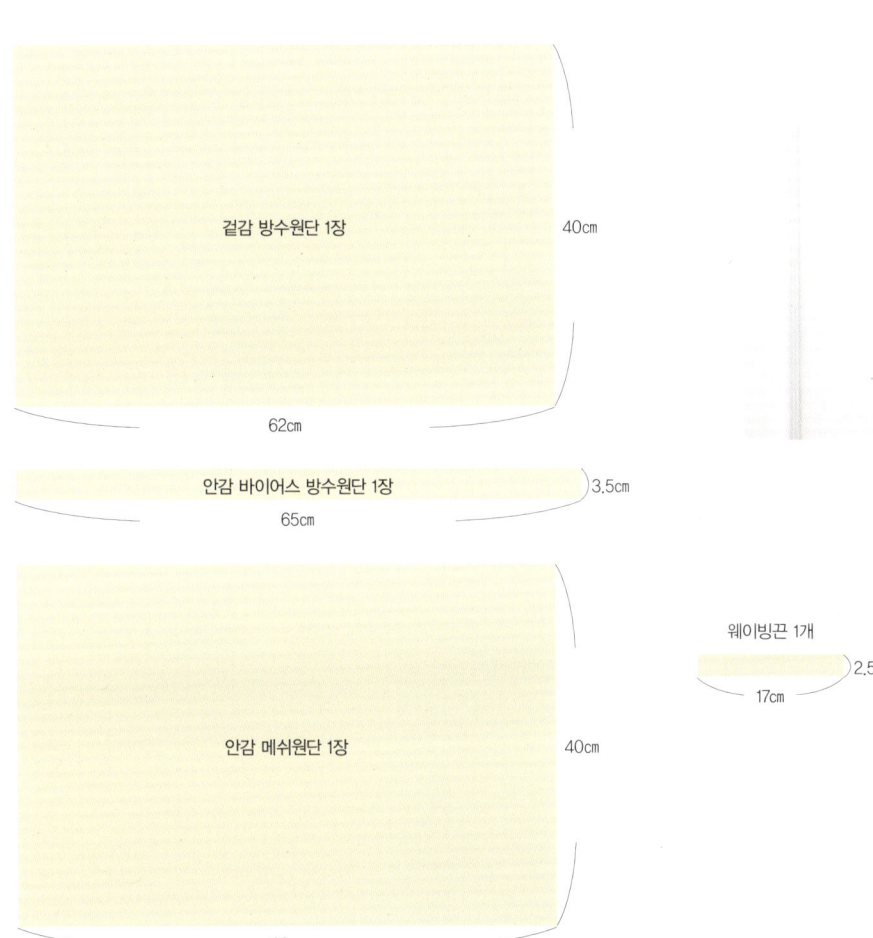

겉감 방수원단 1장   40cm

62cm

안감 바이어스 방수원단 1장   3.5cm

65cm

웨이빙끈 1개   2.5cm

17cm

안감 메쉬원단 1장   40cm

62cm

여행 가서 신을 여유분 신발을 어디에 담을지 고민했다면, 방수 원단으로 신발 주머니를 만들어보세요.

가운데에 지퍼가 있어 신발 종류에 상관없이 편리하게 수납할 수 있는 디자인으로,

흙먼지가 묻은 신발이나 젖은 옷도 신발 파우치 하나 있으면 유용하게 쓸 수 있어요.

안에 탈취제도 함께 넣어주면 더 좋아요.

256p

휴대용 신발 파우치

만드는 방법

❶ 겉감 방수원단 아래에 안감 메쉬원단을 대
고, 잘 맞춰서 전체 0.2cm로 박음질한다.

❷ 겉감 방수원단 40cm 양끝에 지퍼를 갈라
서 겉끼리 놓고, 지퍼노루발로 0.7cm 박음
질한다.

❸ 지퍼 시접을 안쪽으로 보낸 후, 겉에서
0.3cm로 눌러박기한다. 반대편도 같은 방
법으로 박음질한다.

❹ 지퍼 박음질한 것을 중심으로 놓고, 슬라
이더를 끼운다. 오른편에 면라벨 위치를
잡은 후, 뒤판이 같이 박음질되지 않도록
주의하면서 0.2cm로 박아준다.

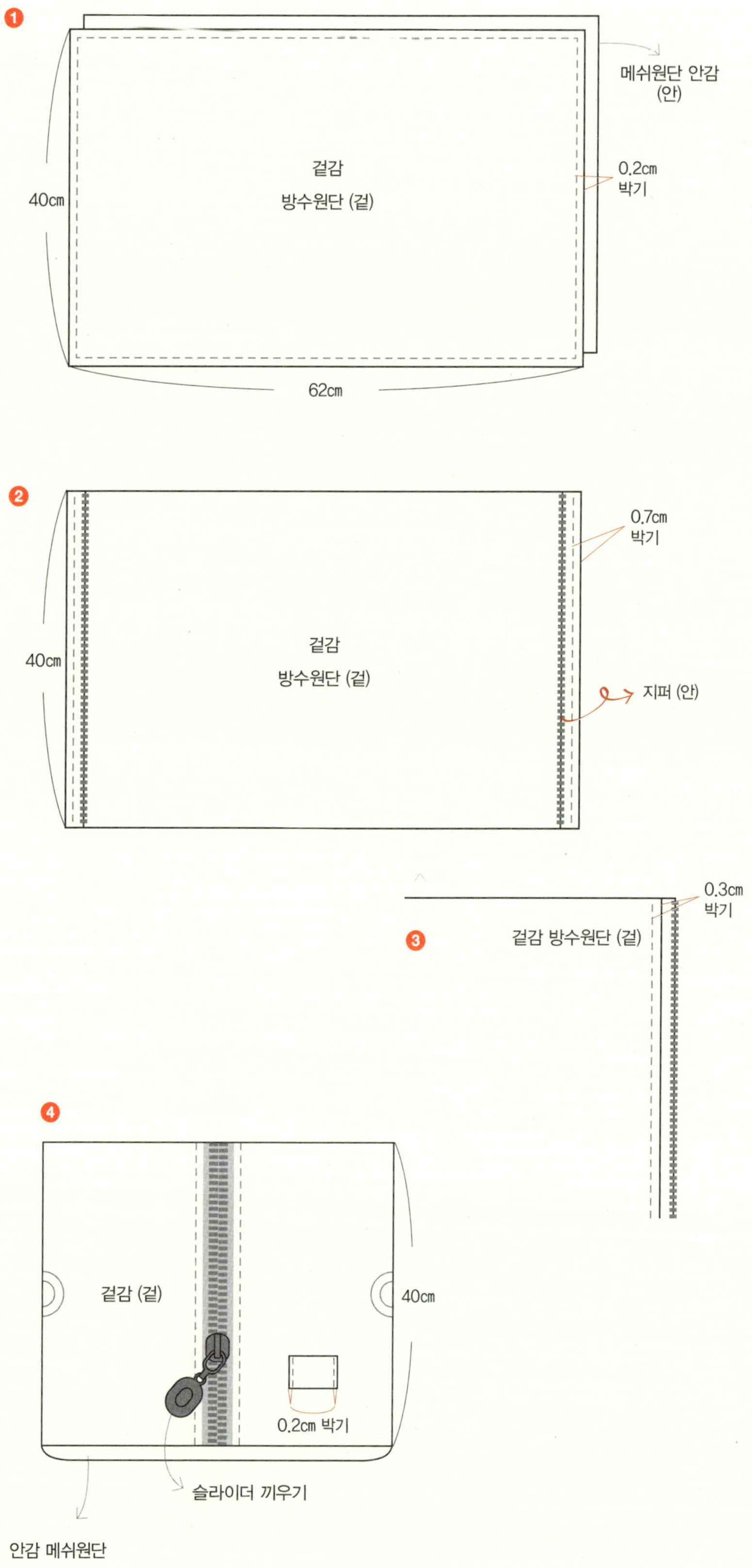

❶

메쉬원단 안감
(안)

0.2cm
박기

40cm

겉감
방수원단 (겉)

62cm

❷

0.7cm
박기

40cm

겉감
방수원단 (겉)

지퍼 (안)

❸

0.3cm
박기

겉감 방수원단 (겉)

❹

겉감 (겉)

40cm

0.2cm 박기

슬라이더 끼우기

안감 메쉬원단

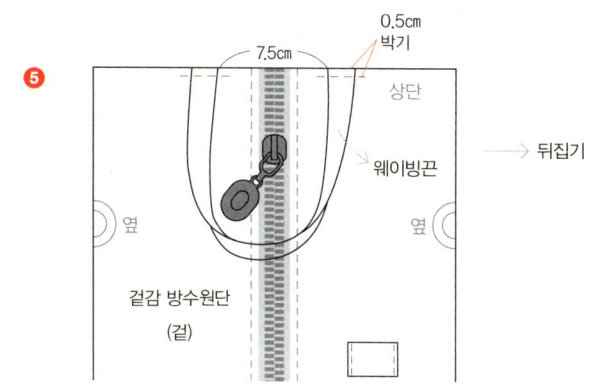

❺

0.5cm
박기

7.5cm

상단

뒤집기

웨이빙끈

옆

옆

걸감 방수원단
(겉)

❺ 상단 위 지퍼를 아래로 내리고 안쪽에
7.5cm 표시한 후, 표시한 곳에 끈을 아래
로 보내고 핀으로 고정한다. 0.5cm로 박음
질하고 슬라이더를 내려 뒤집어준다.

❻ 지퍼가 갈라지지 않도록 핀으로 고정하고,
상단과 하단을 처음 박음선을 따라 박아
준다. 튀어나온 부분은 잘라서 정리해준다.

❼ 상단과 하단에 각각 바이어스를 대고 핀으
로 고정한 다음, 0.7cm 박음질한다. 바이어
스를 안으로 두 번 접어 안감을 감싸며 박
음질한다.
지퍼를 지나갈 때는 튼튼하게 되돌아박기
한다. 튀어나온 바이어스는 잘라내고, 지퍼
를 열어 겉으로 뒤집어 마무리한다.

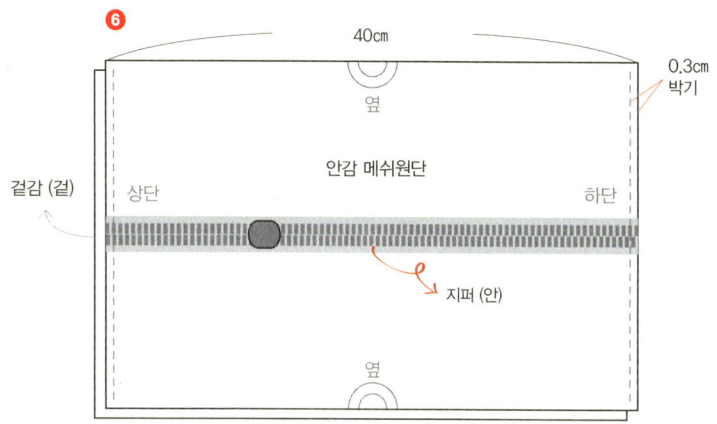

❻

40cm

옆

0.3cm
박기

걸감 (겉)

상단

안감 메쉬원단

하단

지퍼 (안)

옆

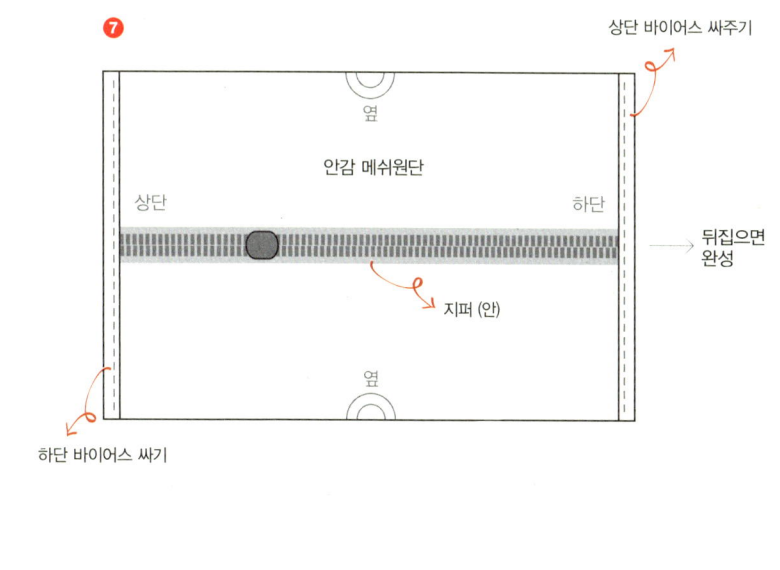

❼

상단 바이어스 싸주기

옆

상단

안감 메쉬원단

하단

뒤집으면
완성

지퍼 (안)

옆

하단 바이어스 싸기

SEWING STORY

무거운 하드 케이스는
그만!
선글라스 케이스
SUNGLASS CASE
262p

Package

- **완성 크기**
  약 가로 22cm×세로 11cm

- **재료**
  플라워원단, 20수 면원단, 5온스 접착솜, 3호 지퍼(45cm), 슬라이더,
  개고리, 바닥판

- **재단 사이즈**
  겉감 플라워원단 2장(실물도안 참고)
  겉감 고리감 플라워원단 1장(5cm×6cm)
  안감 20수 면원단 2장(실물도안 참고)
  속보호싸개 20수 면원단 2장(실물도안 참고)
  바이어스 20수 면원단 1장(110cm×3.5cm)
  5온스 접착솜 1장(35cm×24cm)
  바닥판 2장(실물도안 참고)

겉감 고리감 1장

6cm

5cm

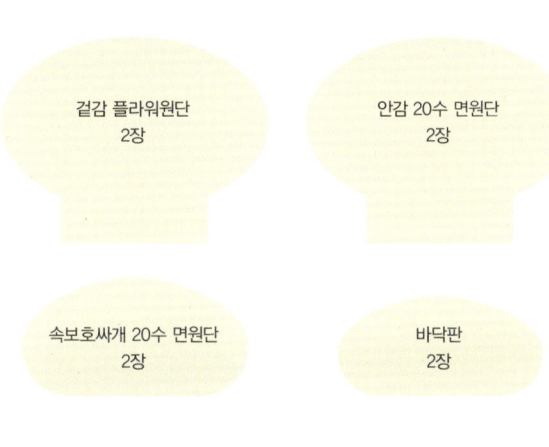

겉감 플라워원단
2장

안감 20수 면원단
2장

속보호싸개 20수 면원단
2장

바닥판
2장

5온스 접착솜
1장

24cm

35cm

바이어스 20수 면원단 1장

3.5cm

110cm

기성품 선글라스 케이스를 쓰다 보니 무겁고 잘 망가지기도 하지요.

특히 세탁할 수 없는 단점이 있어 좋은 순면원단으로 개성만점 선글라스 케이스를 만들어봤어요.

안에 선글라스를 고정할 수 있는 대가 들어 있고, 접착솜과 가방판을 넣어 안경, 선글라스를 안전하게 보호할 수 있어요.

가방이나 벨트 등 다른 곳에 걸 수 있는 고리가 있어 편리하게 사용할 수 있답니다.

260p

선글라스 케이스

만드는 방법

❶ 겉감 플라워원단 2장을 겉끼리 대고 1cm 로 박음질한 후, 시접을 가름솔로 다린다.

❷ 안감 20수 면원단도 겉감과 같은 방법으 로 만들어둔다.

❸ 고리감 플라워원단을 반으로 접어 0.7cm 로 박음질한다. 시접을 가름솔로 다린 후, 뒤집개 가위로 뒤집어 다려준다.

❹ 5온스 접착솜 위에 겉감을 올려놓고 전체 0.2cm로 박음질한다. 남은 접착솜은 잘라 주고 잘 붙도록 다려준다.

❺ 45도 각도로, 2.5cm 간격으로 누빔선을 그려준다.

❻ 그려준 선을 따라 박음질한 후, 박음선 옆 에 0.5cm로 또 한 줄 박아준다.

❼ 개고리에 겉감 고리감을 끼워 둥근 부분 3 분의 1 지점에 놓고, 0.5cm로 박음질한다.

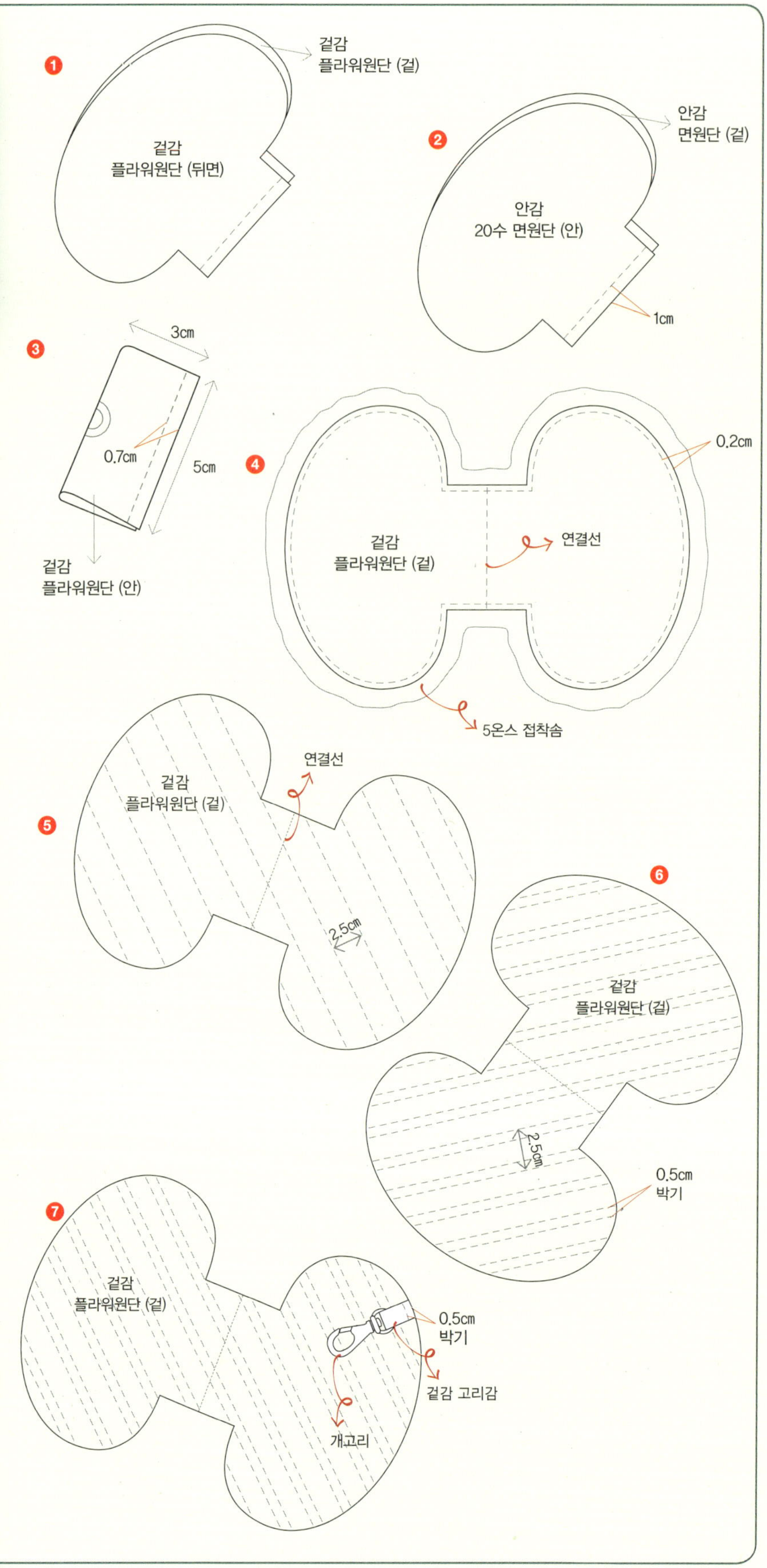

❶ 겉감 플라워원단 (겉)
겉감 플라워원단 (뒤면)

❷ 안감 면원단 (겉)
안감 20수 면원단 (안)
1cm

❸ 3cm
0.7cm
5cm
겉감 플라워원단 (안)

❹ 0.2cm
겉감 플라워원단 (겉)
연결선
5온스 접착솜

❺ 겉감 플라워원단 (겉)
연결선
2.5cm

❻ 겉감 플라워원단 (겉)
2.5cm
0.5cm 박기

❼ 겉감 플라워원단 (겉)
0.5cm 박기
겉감 고리감
개고리

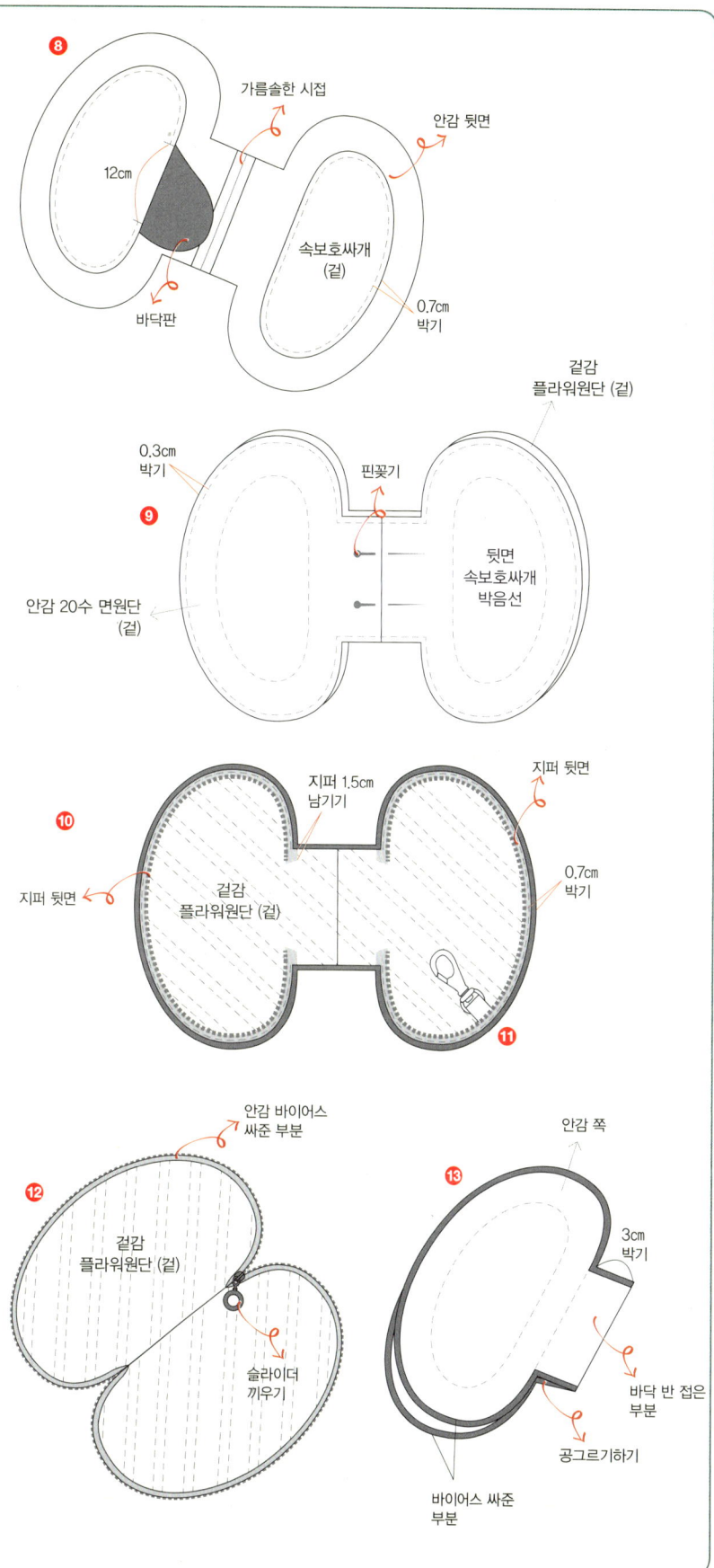

❽ 연결한 안감 뒷면에 속보호싸개 20수 면 원단(2장) 뒷면을 양옆 중심에 올려놓은 후, 창구멍 12cm 남기고 0.7cm로 박음질 한다. 창구멍으로 바닥판을 넣고 지퍼노루발로 교체한 후, 0.7cm로 창구멍을 박음질한다.

❾ 겉감과 안감 뒷면을 틀어지지 않게 맞춘 후, 가운데 시접 연결선에 핀으로 고정하고 전체 0.3cm로 박음질한다.

❿ 지퍼(45cm)를 가른 후, 겉감 둥근 부분 겉에 지퍼 겉을 대고 지퍼노루발로 0.7cm 박음질한다.

⓫ 지퍼가 물리지 않도록 조심하며 전체 바이어스를 감싸준다.

⓬ 겉감 쪽에서 양옆에 달아준 지퍼를 오그려 슬라이더를 끼워준다.

⓭ 겉감끼리 닿도록 둥근 부분을 맞춰 반으로 접은 후, 바닥 부분 3cm를 박음질한다.

⓮ 1.5cm 남겨뒀던 지퍼를 안으로 밀어 넣고 공그르기한 후, 뒤집어주어 마무리한다.

SEWING STORY

여름 시즌 꼭 필요한
러블리
해변모자
CAP

266p

- **완성 크기**
  free사이즈(머리둘레 상관없이 뒤편에 벨크로 조절 가능)

- **재료**
  리넨무지원단, 자수원단, 잔꽃면원단, 접착싱, 블랙실크심지, 핀(폭0.7cm),
  검은색 고무줄(18cm), 블랙벨크로(폭 2.5cm×길이 5cm), 면라벨

- **재단 사이즈**
  모자챙 리넨무지원단 2장(실물도안 참고)
  모자챙 자수원단 1장(실물도안 참고)
  리본감 리넨무지원단 1장(34cm×5.5cm)
  리본여밈감 리넨무지원단 1장(9cm×4.5cm)
  모자띠 잔꽃면원단 2장(실물도안 참고)
  바이어스감 잔꽃면원단 1장(260cm×3.5cm)
  블랙실크심지 2장(60cm×5cm)
  접착싱 1장(55cm×16cm)
  1온스 접착싱 1장(57.5cm×3cm)

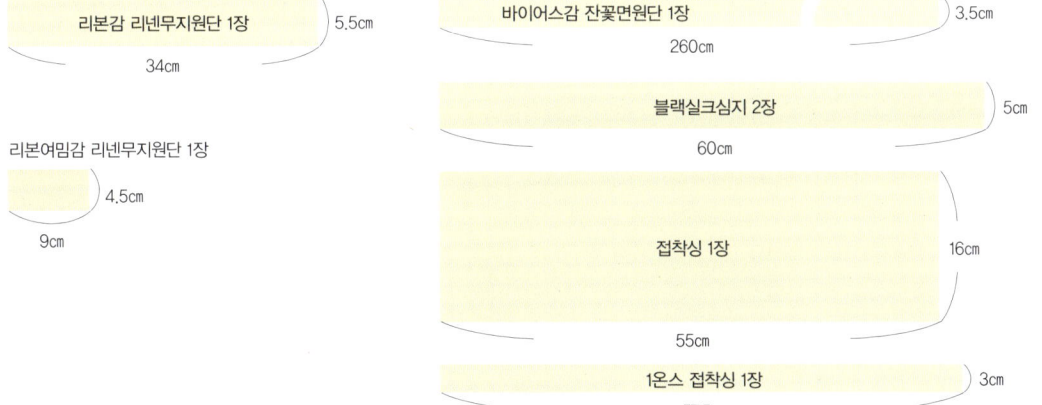

모자띠 잔꽃면원단 2장

모자챙 리넨무지 원단 2장 　　　모자챙 자수원단 1장

리본감 리넨무지원단 1장　　5.5cm
34cm

바이어스감 잔꽃면원단 1장　　3.5cm
260cm

리본여밈감 리넨무지원단 1장
4.5cm
9cm

블랙실크심지 2장　　5cm
60cm

접착싱 1장　　16cm
55cm

1온스 접착싱 1장　　3cm
57.5cm

돌돌 말아 고무줄로 여며 가방에 쏙 넣어 보관하는 휴대가 간편한 챙모자입니다.

바캉스 시즌 물놀이할 때나 간단한 외출을 할 때 챙모자를 꼭 챙기세요.

챙이 넓어 여름철 강한 자외선 차단에 좋아요.

01 모자챙 리넨무지원단 2장, 리본감, 리본여밈감을 오버로크한다.

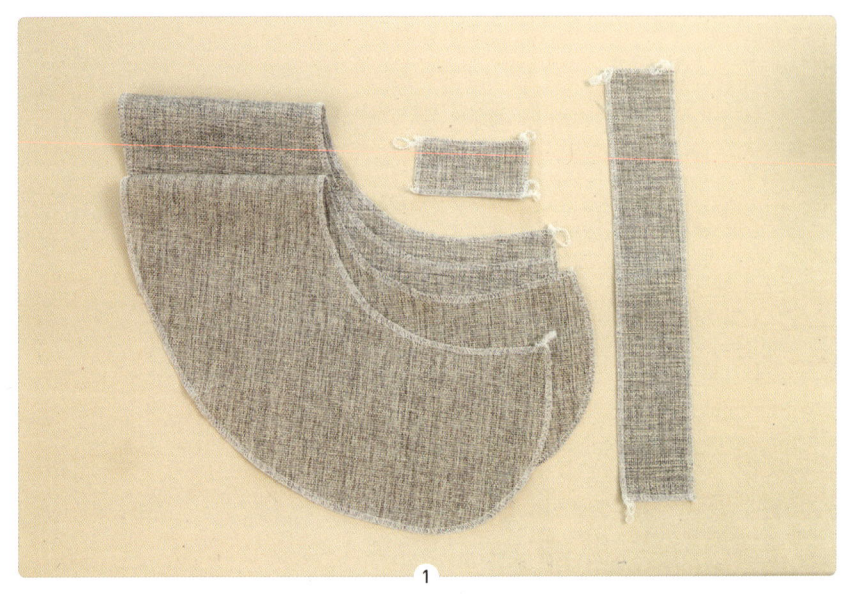

02 리넨무지원단과 자수원단을 박아 모자챙을 누벼준다.

① 모자챙 리넨무지원단 2장을 겹쳐놓고 잘 맞추어 핀으로 고정한 후, 전체 0.5cm로 박음질한다.

② ~ ③ 모자챙 리넨무지원단 위에 자수원단을 올려놓고 잘 맞추어 핀을 꽂은 후, 전체 0.5cm로 박음질한다.

④ ~ ⑤ 모자챙 3장이 펴지도록 다리고, 자수원단 쪽에서 0.7cm 간격으로 누벼준다.

 TIP

원단이 울지 않도록 송곳으로 뒤로 밀어가며 박아준다.

03 모자챙 위에 모자띠 잔꽃면원단을 달아준다.

1 ~ **3** 모자띠 잔꽃면원단 1장 아래에 접착싱을 대고 전체 0.2cm로 박음질한 후, 남은 접착싱을 잘라낸다. 잘 붙도록 눌러가며 다림질한다.

4 ~ **5** 그 위에 나머지 잔꽃면원단 1장을 맞춰 핀을 꽂고, 전체 둘레를 0.2cm로 박음질한다.

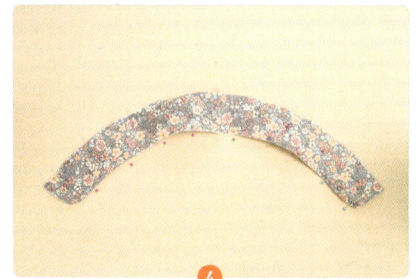

6 **02**에서 만들어놓은 모자챙 자수원단 안쪽 둥근 부분에 모자띠를 잘 맞춰가며 0.7cm로 박음질한다.

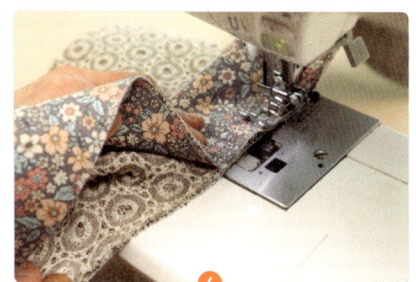

7 ~ **8** 모자띠를 위로 보낸 후, 하단을 0.3cm로 눌러박기한다.

04 모자챙 둘레 전체를 바이어스로 싸 준다.

① ~ **②** 바이어스감 진꽃면원단을 시작과 끝 5cm 남기고 박음질한다. 남은 부분은 사선으로 잘 맞춰 접어준다.

③ ~ **④** 접은 부분을 겉끼리 맞대고 박음질한 후, 시접을 0.7cm 남기고 잘라준다.

⑤ ~ **⑥** 남겨놓은 끝부분을 박아주고, 겉으로 바이어스를 두 번 접어 박음질한다.

05 리본감 리넨무지원단 긴 쪽(34cm) 양 옆선을 바이어스로 감싸며 박아준다.

모자챙, 모자띠, 리본감을 바이어스로 싸준 모습

268

06 리본여밈감을 만들어 리본감 가운데
에 달아준다.

1 ~ **4** 리본여밈감 리넨무지원단 양옆을
1cm, 1.5cm로 접어 다린 후, 안으로 0.2cm,
0.5cm로 2줄을 접어 박음질한다. 리본감 양옆을
가운데로 몰리게 0.5cm씩 2줄 박음질한다.

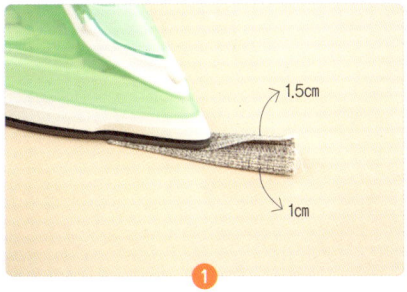

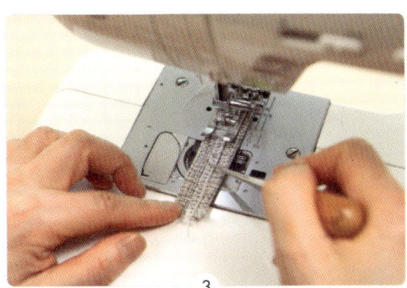

5 ~ **8** 주름이 지도록 두 손가락으로 리본감
을 가운데로 밀어준 후, 리본여밈감으로 여며서
공그르기한다.

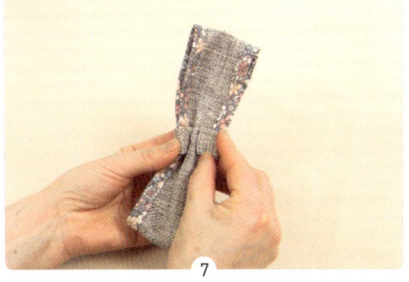

9 리본감 뒷면 오른쪽에 벨크로 거친 쪽을
0.3cm로 박음질한다.

07 블랙실크심지에 1온스 접착싱을 가운데 놓고 다려서 붙인다. 남은 심시는 안으로 접어 다려준 후, 전체 둘레를 0.3cm로 박음질한다.

📌 TIP
접착싱은 낮은 온도로 다림질한다.

④ ~ ⑤ 남은 블랙실크심지 1장도 그 아래에 대고 시접을 겉으로 해서 다려준 후, 전체 둘레를 0.3cm로 박아준다.

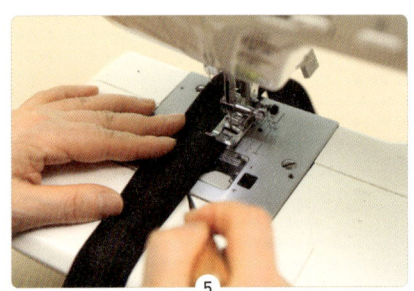

08 만들어놓은 블랙실크심지를 모자 뒤편 시접 끝에 맞춰놓고, 핀으로 고정한다. 고무줄 부분을 튼튼하게 박음질하고, 블랙실크심지 전체를 0.3cm로 박아준다.

② ~ ③ 오른편 끝에는 고무줄을 반 접어 끼워넣어주고, 하단 9cm 지점에는 라벨을 끼운다.

09 겉감 모자띠 바이어스 왼편 끝에는 벨크로 부드러운 쪽을, 오른편 8cm 지점에는 리본감을 맞춰 핀으로 고정한다.

2 ~ **3** 벨크로를 전체 0.3cm로 박음질한다. 리본감도 바이어스 안쪽으로 4×2cm로 박음질하여 마무리한다.

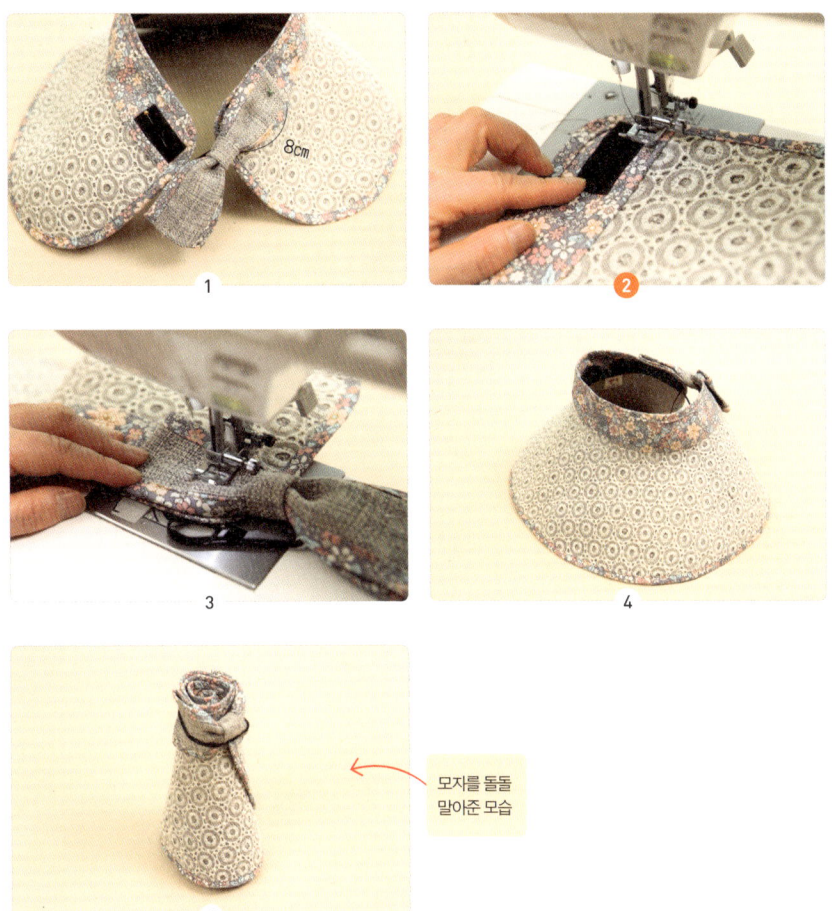

1

2

3

4

5

모자를 돌돌
말아준 모습

은은함이 멋스러운
육각바네
클러치 백
CLUTCH BAG

274p

Package

- **완성 크기**
  가로 32cm×세로 22cm

- **재료**
  피그먼트무지원단, 선염무지원단, 자수원단, 패치리넨원단, 접착솜, 육각
  바네, 파이핑(80cm), 3호 지퍼(35cm), 면라벨

- **재단 사이즈**
  앞판, 뒤판 피그먼트무지원단 각 1장씩(34.5cm×24.5cm)
  주머니 안감 피그먼트무지원단 1장(34.5cm×17cm)
  바네통로감 피그먼트무지원단 2장(34.5cm×7cm)
  파이핑감 피그먼트무지원단 (80cm×3.5cm)
  주머니 앞판 패치리넨원단 3장(34.5cm×7cm, 3장을 각각 엇갈리게
  다른 무늬로 재단)
  앞판 상단 자수원단 1장(34.5cm×7.5cm)
  뒤판 자수원단 1장(34.5cm×24.5cm)
  옆끈 자수원단 1장(48cm×5.5cm)
  안감 선염무지원단 2장(34.5cm×24.5cm)
  접착솜 2장(36.5cm×26.5cm)

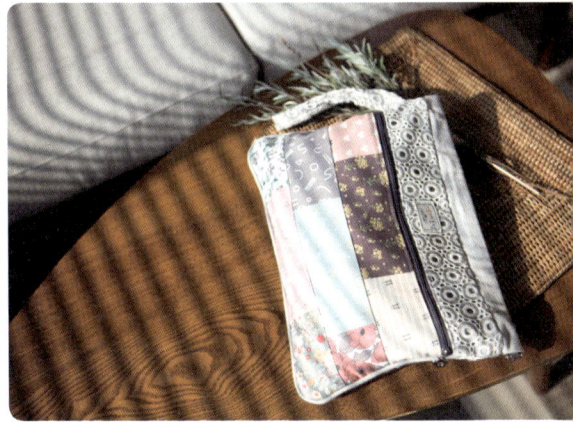

앞판, 뒤판 피그먼트무지원단 각 1장씩 — 24.5cm / 34.5cm	주머니 안감 피그먼트무지원단 1장 — 17cm / 34.5cm

파이핑감 피그먼트무지원단 — 3.5cm / 80cm

주머니 앞판 패치리넨원단 3장 — 7cm / 34.5cm

바네통로감 피그먼트무지원단 2장 — 7cm / 34.5cm

앞판 상단 자수원단 1장 — 7.5cm / 34.5cm

뒤판 자수원단 1장 — 24.5cm / 34.5cm

옆끈 자수원단 1장 — 5.5cm / 48cm

안감 선염무지원단 2장 — 24.5cm / 34.5cm

접착솜 2장 — 26.5cm / 36.5cm

그냥 들어도 멋스럽지만 가방 안 큰 파우치 대용으로도 그만인 아이템입니다.
선글라스 케이스, 여권 지갑, 휴지, 화장품 등을 넣어 가벼운 외출이나 모임에도 잘 어울리는
클러치 백이에요. 선글라스 케이스, 해변모자, 클러치 백, 그리고 뒤에서 소개할 프릴 가방은
개인의 취향에 맞는 원단을 이용해 세트로 만들어보세요.

01 주머니 앞판으로 사용될 패치리넨원단 2장을 겉끼리 맞대고, 0.7cm로 박음질한다. 나머지 패치리넨원단 1장도 겉끼리 대고 0.7cm로 박음질하여, 3장이 연결되도록 한다.

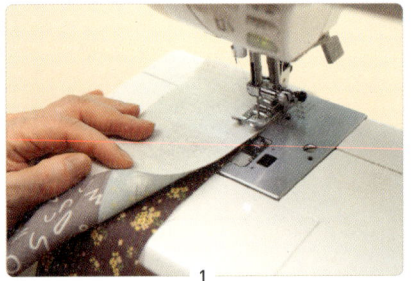 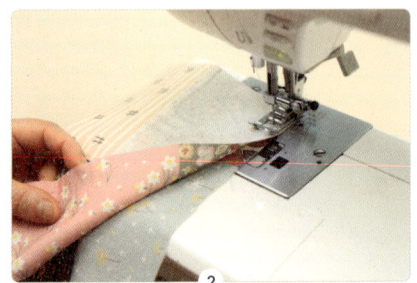

3 연결한 패치리넨원단 3장을 시접 아래로 가게 다려준다.

02 지퍼노루발로 교체한 후, **01**에서 연결한 원단과 지퍼를 겉끼리 맞대고 0.7cm로 박음질한다.

03 **02** 위에 주머니 안감 피그먼트무지원단을 놓고 0.7cm로 박음질한다. 안쪽으로 넘겨 겉에서 0.3cm로 눌러박기한다.

04 첫 번째 연결한 패치리넨원단을 지퍼 쪽으로 올리면 시접이 보인다. 시접이 틀어지지 않도록 핀으로 고정하고, 박음선 따라 뒤판 안감과 함께 박음질한다.

2 ~ **3** 방금 작업한 원단을 내리면 두 번째 연결한 시접이 보인다. 시접을 핀으로 고정하여 박음선 따라 뒤판 안감과 함께 박아준다. 세 번째 연결한 끝이 보이면 안감과 잘 맞춰 0.3cm로 끝박음질한다.

4 주머니 지퍼 위에 앞판 상단 자수원단 겉을 대고 0.7cm로 박음질하여, 주머니 앞판을 마무리한다.

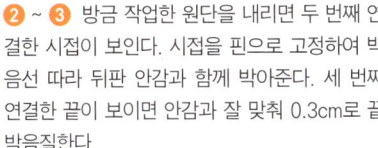

1

2

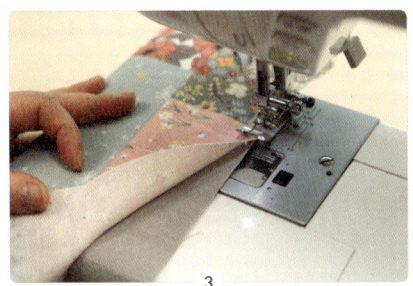

3

4

5

05 앞판과 뒤판 피그먼트무지원단에 접착솜을 대고, 전체 둘레를 0.2cm로 끝박음질한다. 남은 접착솜은 잘라내고 다려준다.

1

2

06 주머니 앞판 지퍼에 슬라이더를 끼워준다. 05에서 만든 접착솜을 댄 피그먼트원단에 주머니 앞판을 올려놓고 핀으로 고정한 후, 전체 둘레를 0.2cm로 끝박음질한다.

4 접착솜을 댄 나머지 피그먼트원단 1장에 뒤판 자수원단을 올려놓고 전체 0.2cm로 끝박음질한다.

5 ~ 6 앞판 주머니 상단 지퍼를 0.3cm로 눌러박기한 후, 지퍼에서 1.5cm 위 중심에 면라벨을 핀으로 고정하고 양끝을 박아준다.

07 바네통로감 피그먼트무지원단(2장)을 양끝에서 1.5cm를 접어 다린 후, 안으로 0.2cm로 박음질한다. 박음질한 선 옆으로 0.5cm를 한 줄 더 박아준다.

4 ~ 5 바네통로감을 반으로 접어 다리고, 트인 하단을 0.5cm로 박음질해준다.

08 옆끈 자수원단을 왼쪽으로 1.5cm 다려주고, 오른쪽은 1cm씩 두 번 접어 다림질한다. 틀어지지 않게 송곳으로 눌러가며 0.8cm로 박음질하고, 뒤집어서 0.8cm로 또한 줄 박아준다.

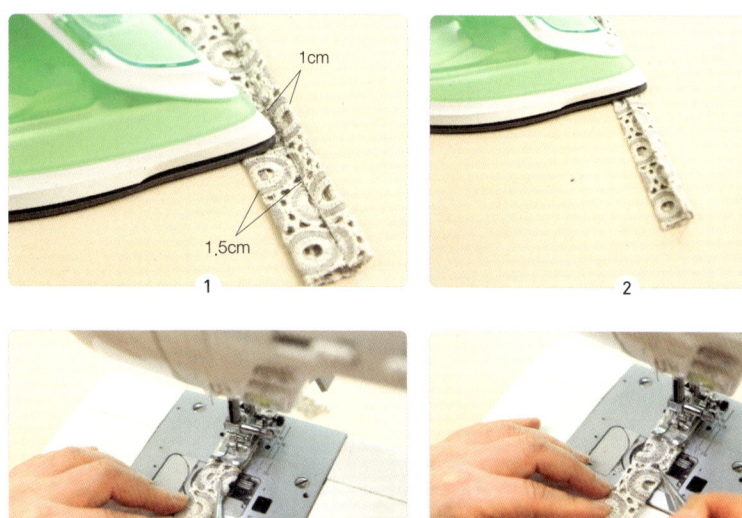

09 옆끈 자수원단을 반 접어 앞판 왼편 상단에서 2cm 지점에 핀으로 고정한 후, 0.5cm로 박음질한다. 앞판과 뒤판 상단에 바네통로감을 올려놓고 0.7cm로 박아준다.

10 앞판 둘레를 파이핑하기

①~② 앞판 왼편, 오른편 상단에서 5cm 지점에 파이핑선을 표시한다. 파이핑노루발로 교체하여 파이핑감 안에 파이핑을 넣은 후, 선에 맞춰 시작을 1cm로 되돌아박기하고 핀으로 고정한다.

③ ~ ⑤ 파이핑감을 앞판 끝에 맞추고 파이핑을 감싸며 빅음질힌다. 모서리는 자연스럽게 둥글게 박아준다. 마무리도 시작과 같이 5cm 선에 맞춰 안으로 넣고 1cm로 되돌아박기한다.

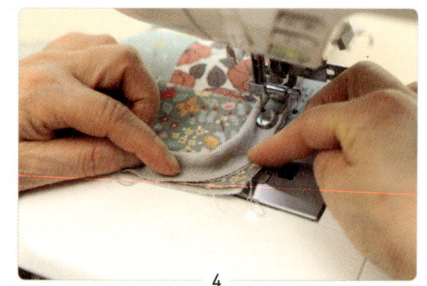

⑥ 모서리 둥근 부분을 파이핑선에 맞춰 자르고, 모서리에 가윗밥을 준다.

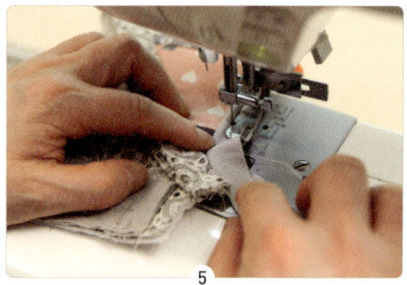

⑦ ~ ⑧ 뒤판 자수원단 겉에 파이핑한 앞판 겉을 놓고 박음선을 따라 박음질한다. 남은 뒤판 모서리 부분은 파이핑선을 따라 잘라 마무리한다.

11 안감 만들어 겉감 안쪽에 박기

① 안감 선염무지원단 2장을 대고, 상단을 제외하고 ㄷ자(옆 – 하단 – 옆)로 1cm 박음질한다.
② ~ ④ 안감 상단에 창구멍 12cm, 양옆 9cm 지점을 표시한다. 겉감 상단에 안감을 올려놓고 표시한 9cm 지점부터 파이핑노루발로 1cm로 박음질한다.

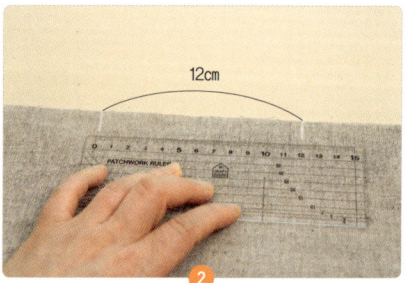
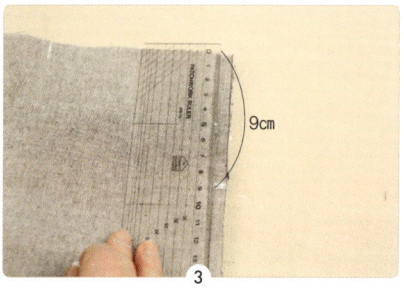

⑤ ~ ⑥ 안감 양옆선의 시접을 가름솔로 5cm 까지만 다리고, 안감 앞부분을 앞판 뒷면의 자수 원단으로 끌어가 옆선을 맞춘다.

⑦ 둘레를 1cm로 박음질하고 핀으로 고정한다. 옆선 9cm 남긴 곳으로 앞판을 꺼낸 후, 표시한 창구멍만 남기고 1cm로 박음질한다.

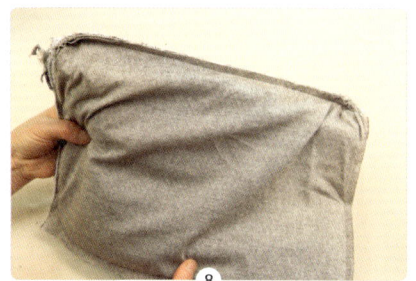

12 창구멍으로 겉감을 빼내고 창구멍 쪽 시접을 안으로 접어 다린 후, 공그르기로 손 바느질한다.

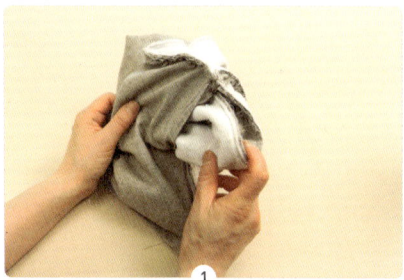

④ 육각바네를 끼워 마무리한다.

SEWING STORY

샤랄라 로맨틱 데일리 백
프릴가방
·
꽃 코사지

BAG & CORSAGE

282p

프릴가방

- **완성 크기**
  가로 48cm×세로 38cm(끈 제외)

- **재료**
  리넨원단, 멜란선염원단, 자수원단, 리넨띠레이스, 3호 지퍼(31cm),
  슬라이더, 개고리세트, D링

- **재단 사이즈**
  겉감 리넨원단 2장(실물도안 참고)
  겉감 끈덧댐 리넨원단 4장(13cm×5cm)
  겉감 뒷주머니 리넨원단 1장(35cm×23cm)
  겉감 자수원단 3장(폭 11cm×길이 95cm)
  안감 바이어스 멜란선염원단 1장(3.5cm×400cm)
  속여밈고리 리넨띠레이스 2장(폭 2cm×길이 5cm)
  앞판 상단 리넨띠레이스 1장(폭 2cm×길이 50cm)

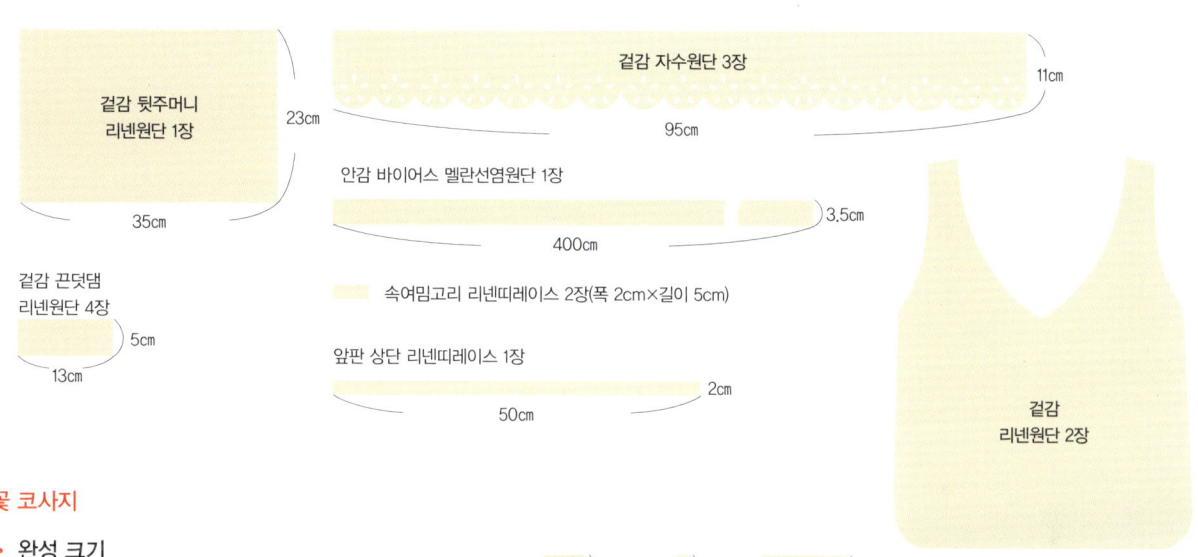

겉감 자수원단 3장

11cm

95cm

겉감 뒷주머니
리넨원단 1장

23cm

35cm

안감 바이어스 멜란선염원단 1장

400cm

3.5cm

겉감 끈덧댐
리넨원단 4장

5cm

13cm

속여밈고리 리넨띠레이스 2장(폭 2cm×길이 5cm)

앞판 상단 리넨띠레이스 1장

50cm

2cm

겉감
리넨원단 2장

꽃 코사지

- **완성 크기**
  지름 약 10cm

- **재료**
  멜란선염원단, 실크접착솜, 그레이레이스,
  그레이띠레이스, 엔틱단추, 원판브로치핀

- **재단 사이즈**
  멜란선염원단 2장(실물도안 참고)
  앞판 그레이레이스 1장(폭 6cm×길이 37cm)
  리넨띠레이스 1장(폭 2cm×길이 24cm)
  실크접착솜 1장(12cm×30cm)

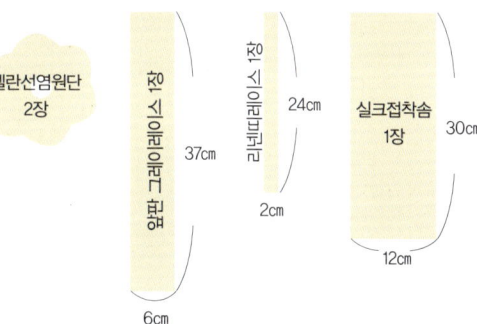

멜란선염원단
2장

앞판 그레이레이스 1장

37cm

6cm

리넨띠레이스 1장

24cm

2cm

실크접착솜
1장

30cm

12cm

부드러우면서 두께감 있는 리넨원단으로 만든 가방으로, 들면 들수록 자연스러운 멋이 생겨 사랑에
빠지는 내추럴한 느낌의 가방입니다. 날씨 좋은 날 원피스 입고 가방 메고 특별한 일상을 보내보세요.
세트로 소개하는 꽃 모양의 코사지는 모자나 원피스, 가방에 포인트로 줄 수 있는
사랑스러운 아이템입니다.

01 겉감 리넨원단과 자수원단을 오버로 크해주고, 자수원단(3장)을 주름 잡아준다.

② ~ **④** 말아박기노루발로 교체하여 자수원단 3장 중 끝처리가 안 된 1장 하단을 0.3cm씩 말아박기한 후, 다시 주름노루발로 교체하여 주름을 잡아준다.

TIP

주름노루발 교체 후 땀수는 4번, 윗실다이얼은 7번으로 맞춰 작업한다.

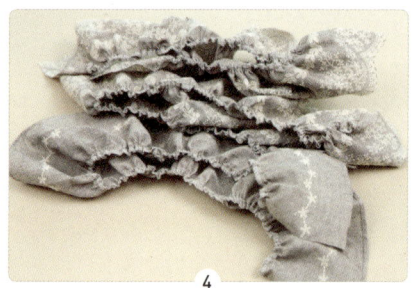

02 겉감 리넨원단 1장 하단에서 7cm, 10cm, 7cm, 7cm 위치를 초크로 표시한 후, 자수원단 3장을 박음질해준다.

② 위에서부터 차례대로 주름 잡아놓은 자수원단 1장씩을 송곳으로 눌러가며 0.7cm로 박음질한다.

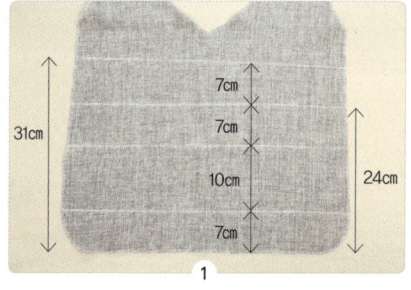

TIP

가운데에 말아박기한 자수원단을 놓아준다.

03 상단 자수원단에 오버로크가 가려지도록 50cm 리넨띠레이스를 맞춰 핀으로 고정하고, 위아래를 0.2cm로 박아준다.

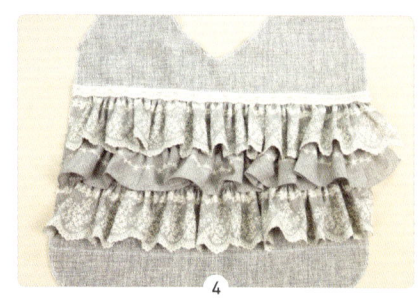

5 프릴 3장을 정리해서 양 옆선을 0.5cm로 박음질한다.

04 지퍼에 슬라이더를 끼우고, 바이어스로 감싸준다.

2 ~ **4** 지퍼 양끝을 안감 바이어스 멜란선염 원단으로 안쪽부터 0.7cm로 박음질한다. 바이어스를 겉으로 두 번 접어 싸주면서 0.2cm 끝박음질한다.

05 뒷주머니감을 만들어 지퍼를 박은 후, 뒤판에 박음실한다.

①~② 겉감 뒷주머니 리넨원단(1장) 상단을 1cm씩 두 번 접어 끝박음질해주고, 박음질한 부분을 제외한 3면을 1cm씩 다림질한다.

③ 지퍼 양끝을 2cm 띄워 핀으로 고정하고, 끝에서 0.3cm와 0.5cm로 2줄 박음질한다.

④~⑥ 하단에서 7cm 띄운 지점에 중심을 표시한 후, 주머니 지퍼가 위로 가게 잘 맞춰놓고 핀으로 고정한다. 지퍼노루발로 교체 후에 지퍼 시접 끝을 0.2cm와 0.7cm로 2줄 박음질한다.

⑦~⑧ 지퍼를 박아준 주머니를 하단 표시선에 맞춰 핀으로 고정하고, 3면을 0.3cm로 박아준다.

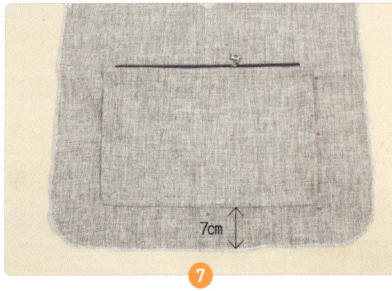

06 프릴을 단 앞판 겉과 주머니 달아준 뒤판 겉을 핀으로 고정하여 둘레를 0.5cm로 박음질하고, 바이어스를 둘러가며 싸준다.

옆판→하단→
옆판 순으로 0.5cm로
박음질하기

07 개고리세트에 속여밈고리용 띠레이스를 반으로 접어 끼운 후, 가방 속 중심에 맞춰 핀을 꽂아준다. 리넨띠레이스를 0.5cm로 박음질한다.

🌸 **TIP**

D링은 앞판 안에, 개고리는 주머니 달린 뒤판 안에 달아준다.

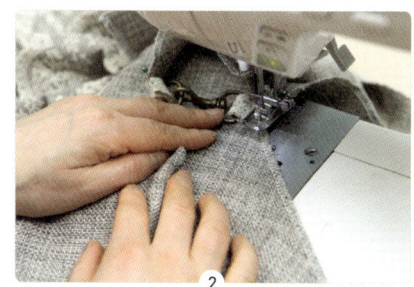

 08 겉감 끈덧댐 리넨원단 2장을 끈 위치에 맞춰 핀으로 고정하고, 1cm로 박음질한다. 나머지 2장도 박음질한 원단 아래에 대고 박아준다.

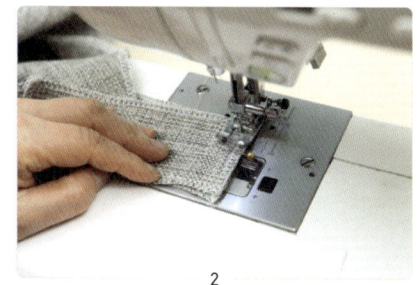

④ 박아준 끈덧댐감을 잘 맞춰 겉에서 양옆을 0.5cm로 박음질한다.

⑤ 어깨끈 전체를 바이어스로 감싸 마무리한다.

🌸 **TIP**

끈덧댐감이 꼬이지 않도록 시접이 겉에서 보이지 않게 잘 박아줘야 한다.

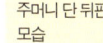 주머니 단 뒤판 모습

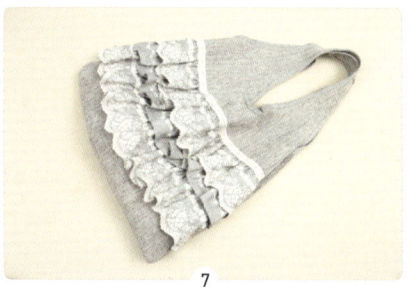

280p

꽃 코사지

만드는 방법

❶ 멜란선염원단 각 1장에 실크접착솜의 거친
쪽을 대고 중간 온도로 다려 붙인 후, 남은
접착솜을 꽃모양대로 잘라준다. 같은 방법
으로 1장 더 만든다.

❷ 멜란선염원단 가운데를 송곳으로 밀어 넣
으며 주름을 잡는다. 같은 방법으로 나머
지 1장도 주름을 잡아준다.

❸ 주름노루발로 교체하고 그레이레이스(폭
6×길이 37cm)에 주름을 잡는다.

 TIP

주름 잡을 때 땀수다이얼 4번, 윗실다이얼
7번으로 한다.

❶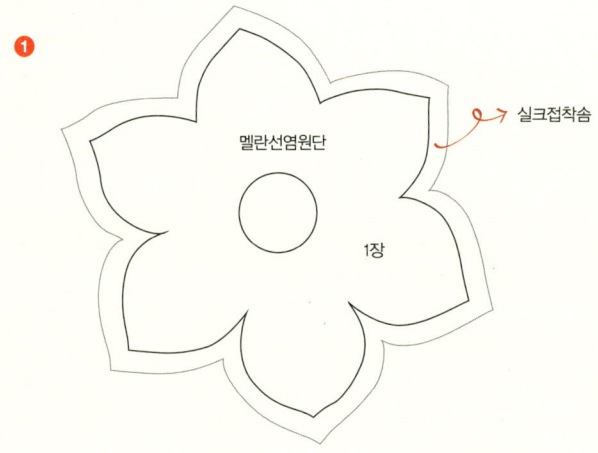

멜란선염원단

실크접착솜

1장

❷

송곳으로 밀어 넣으며
주름 잡기

멜란선염원단

❸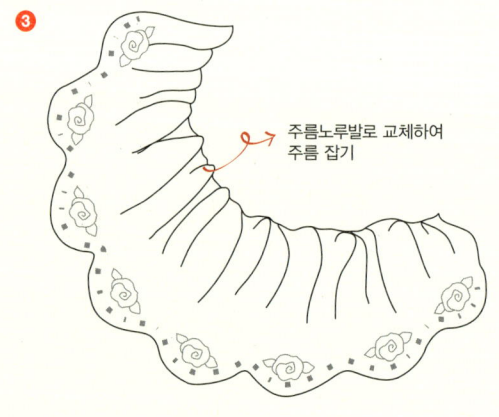

주름노루발로 교체하여
주름 잡기

4 꽃모양 멜란선염원단 2장을 다른 방향으로 엇갈리게 겹쳐놓고 가운데를 박아준다.

5 리넨띠레이스(길이 24cm)를 가운데에 둥글게 송곳으로 밀어가며 외주름을 잡아준다. 끝에는 1cm 안으로 집어넣어준다.

6 ③에서 주름 잡아준 레이스를 공작 날개모양으로 송곳으로 밀어가며 주름을 잡아 박음질한다.

7 ⑥번에 ⑤번을 올려놓고 가운데를 둥글게 박음질한다. 엔틱단추도 가운데에 손바느질로 달아준다. 글루건을 이용해 원판 브로치핀을 뒤편 중심에 달아주면 꽃모양 코사지가 완성된다.

멜란선염원단

엔틱단추 달기

6cm폭 레이스

리넨띠레이스

NO.6

행복한 핸드메이더의
바느질 필수품

SEWING STORY

바느질이
즐거워지는 시간
바느질 용품
파우치
SEWING TOOLS POUCH
292p

Package

- **완성 크기**
  가로 17cm×세로 28cm

- **재료**
  접착솜(2온스, 4온스), 인도체크원단 7가지, 선보넷수입원단, 아지미노원단 2가지,
  피그먼트무지원단, 패딩솜, 방울솜(조금), 3호 지퍼(63cm, 28cm),
  광목다이아레이스(70cm), 모티브, 벨크로양수(2.5cm×2.5cm),
  자석세트, 단추, 오시도리끈(55cm), 싸개단추, 슬라이더 2개

- **재단 사이즈**
  – 인도체크원단 겉감 앞판 중심용 패치 7가지(6.5cm×8cm)

  – 진보라체크원단
  겉감 양끝 2장(34cm×6.5cm)
  겉감 바이어스 1장(220cm×3.5cm, 가위집 포함)
  지퍼끝덧댐 1장(4.5cm×8cm)
  속핀쿠션 1장(실물도안 참고)

  – 핑크체크원단
  속핀, 바늘꽂이 1장(21.5cm×9.5cm)
  속주머니 지퍼덧댐 1장(3cm×28cm)

  – 선보넷수입원단
  겉감 2장(34cm×7cm)
  속핀, 바늘꽂이 1장(21.5cm×9.5cm)
  속주머니 1장(23cm×28cm)
  재단가위집용 뒤판 1장, 앞판 위 1장, 앞판 아래 1장(실물도안 참고)

  – 민트아지미노원단
  속수납함 1장(8cm×15.5cm), 속초크꽂이 2장(6.5cm×6.5cm)

  – 레드아지미노원단
  속수납함 뚜껑 1장(8cm×11.5cm, 반으로 접어 뚜껑 실물도안
  참고하여 재단)

  – 피그먼트무지원단 속바탕 1장

  4온스 접착솜 겉감용 1장(36cm×30cm)
  2온스 접착솜 속감 주머니용 1장(12cm×30cm)
  2온스 접착솜 속감 속핀, 바늘꽂이용 1장(23.5cm×11.5cm)

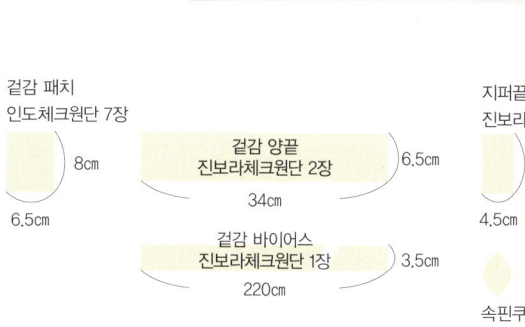

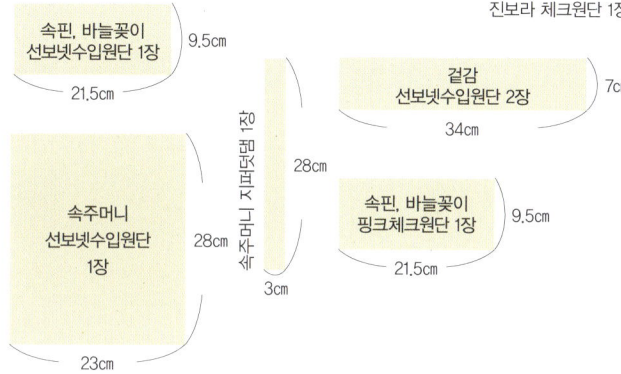

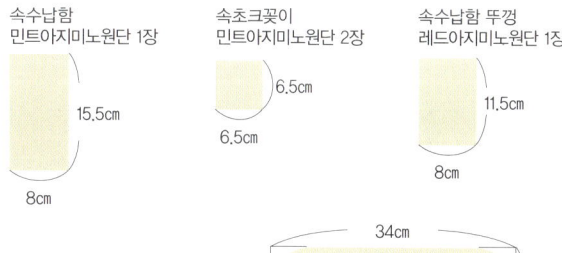

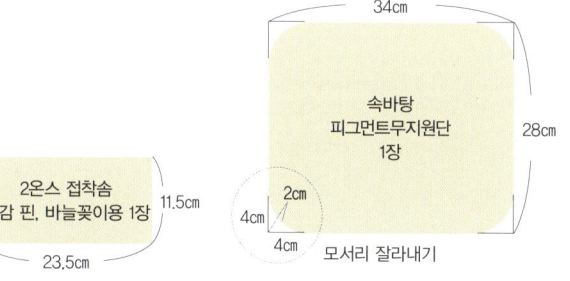

정신없이 작품을 만들다 여기저기 돌아다니는 초크, 핀, 니퍼, 단추를 보고,
우리가 자주 만드는 파우치를 바느질 부자재 보관용으로도 만들어보면 좋겠다는 생각이 들었어요.
지퍼형이라 분실할 염려도 없고, 재단가위집까지 넣을 수 있는 주머니도 있어
한번 만들면 오래도록 우리 곁에 있을 아이템이지요.

01 7가지 인도체크원단을 0.7cm로 연결하고 박음질하여 겉감 앞판 중심 패치를 만든다.

시접을 가름솔로
다려준다

🔴 **TIP**

원단 7장은 개인 취향에 따라 변경 가능

02 연결한 7가지 인도체크원단 겉에 다이아레이스의 겉을 놓고 핀으로 고정한 다음, 다이아레이스 선을 따라 박음질한다.

🔴 **TIP**

다이아레이스 시접은 1cm 남기고 잘라준다.

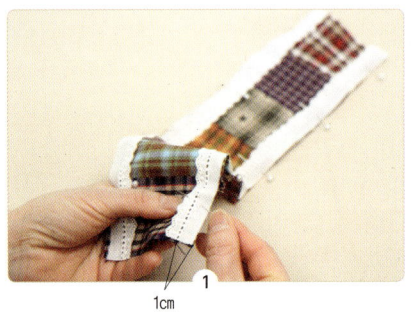

1cm

03 겉감 선보넷원단과 위에서 연결한 다이아레이스를 겉끼리 맞댄 후, 박음선을 따라 박아준다. 뒷시접을 가운데로 몰리게 다려준다.

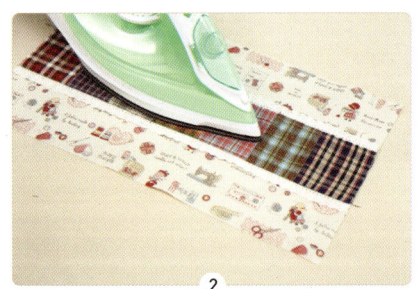

04 겉감 선보넷원단 겉에 겉감 양끝으로 사용될 진한보라체크원단 겉을 대고, 0.7cm로 박아준다. 뒷시접을 안으로 보내고 겉에서 다려준다.

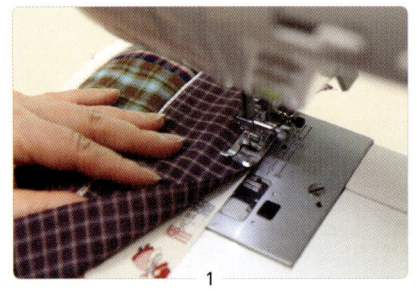

05 완성된 겉감 아래에 4온스 접착솜을 놓고 전체 0.2cm로 임시 박음질한다. 남은 접착솜은 잘라낸 후, 연결한 원단들이 잘 붙도록 다림질한다.

4 중심에 연결한 안쪽 시접을 안으로 몰리게 놓고 겉에서 0.2cm로 눌러박기하고, 선보넷원단 안쪽도 0.2cm로 눌러박아준다.

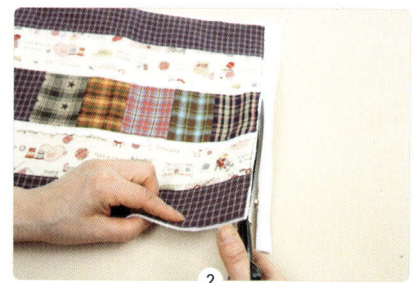

06 재단가위집 만들기

1 ~ **2** 재단가위집 선보넷원단(3장)을 패딩솜에 대고 전체 0.2cm로 임시 박아주고, 뒷면 패딩솜 누빔선을 따라 직선으로 박음질한다. 남은 패딩솜은 잘라낸다.

3 ~ **5** 누벼준 앞판 위아래를 바이어스로 감싼 후, 뒤판에 맞춰 핀을 꽂고 재단가위집 둘레를 임시로 0.5cm 박음질해준다.

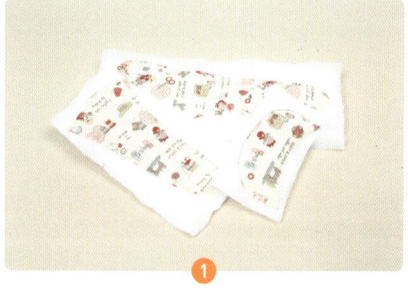

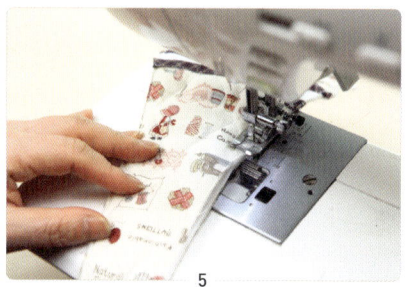

6 ~ **8** 뒤쪽에서 바이어스를 감싸기 시작할 때 2cm 접어서 박아주고, 끝날 때는 2cm 접은 끝까지 박음질한다. 앞면으로 두 번 접어 바이어스를 싸준다.

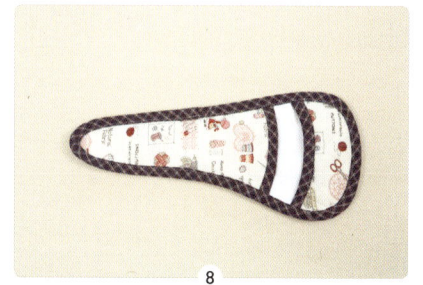

07 속주머니와 속핀, 바늘꽂이 선보넷원단 아래에 2온스 접착솜을 대고 0.2cm로 전체 박음질한다. 남은 솜은 잘라내고, 원단이 잘 붙도록 다려준다.

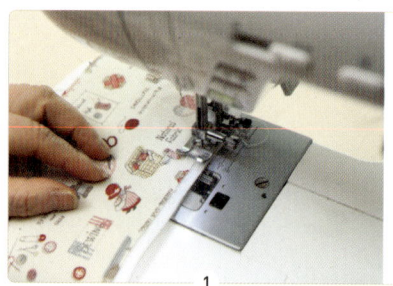

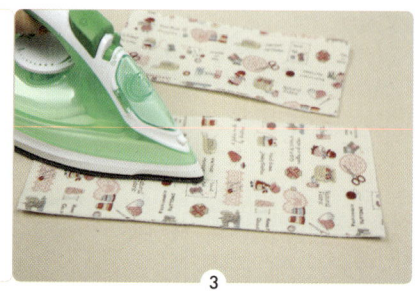

08 속주머니에는 2.5cm 간격으로 누빔선을 그려주고, 그 선을 따라 박음질한다.

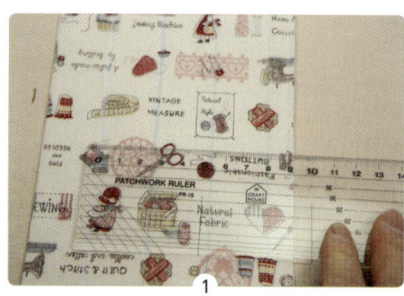

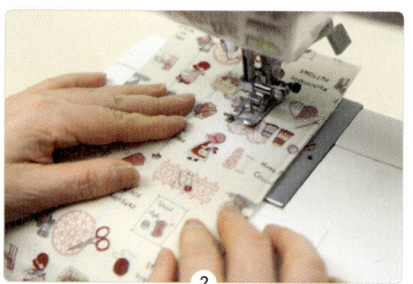

09 속핀, 바늘꽂이용 핑크체크원단에 창구멍 5cm를 표시한다. **07**에서 작업한 선보넷원단 겉에 핑크체크원단을 놓고, 창구멍만 남기고 0.7cm로 박음질한다.

10 속수납함 민트아지미노원단 수납함과 뚜껑 초크꽂이 레드아지미노원단를 겉끼리 반 접어 핀으로 고정한 후, 창구멍 3.5cm로 표시한다. 접은 선을 제외한 3면을 0.7cm로 박음질한다. 꼭짓점은 사선으로 자르고, 뒤집어서 다려준다.

11 수납함 위와 뚜껑에 벨크로양수를 맞추어 핀으로 고정한 후, 벨크로양수 둘레를 0.3cm로 박음질한다. 이때 창구멍도 같이 막아준다. 초크꽂이 위아래도 0.2cm로 창구멍 막으며 박아준다.

 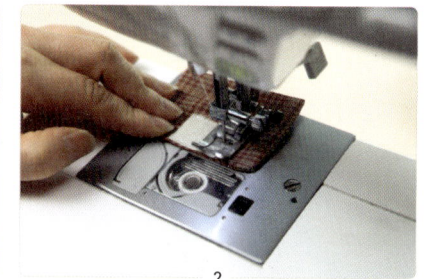

④ 뚜껑 접은 선 부분을 0.5cm로 접어 벨크로 쪽으로 다려준다.

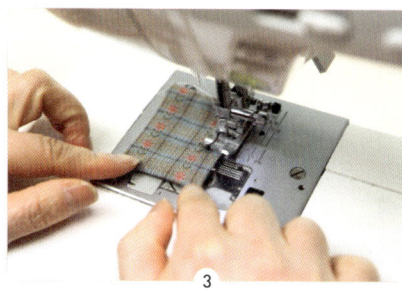 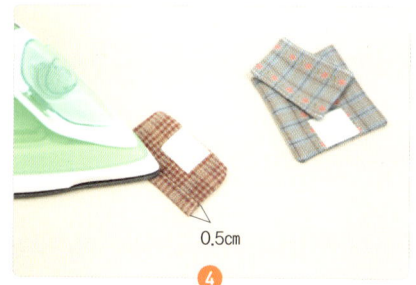

0.5cm

12 **09**에서 박아두었던 핀, 바늘꽂이 꼭짓점을 세모로 자르고, 창구멍으로 뒤집어서 다려준다. 다시 반을 접어 다려준다.

 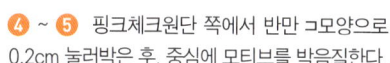 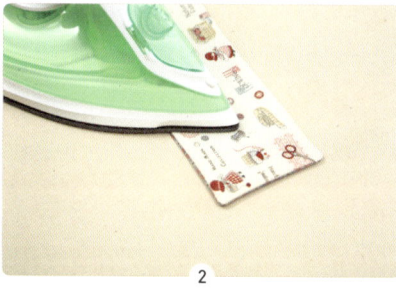 

④ ~ **⑤** 핑크체크원단 쪽에서 반만 ㄱ모양으로 0.2cm 눌러박은 후, 중심에 모티브를 박음질한다.

13 핀, 바늘꽂이 완성하기

①~② 선보넷원단 안 끝부분에서 1.5cm 띄어 속핀쿠션에 핀을 꽂고 창구멍 2cm를 표시한 후, 창구멍 제외하고 속핀쿠션 둘레를 0.3cm로 박음질한다.

③~④ 창구멍으로 방울솜을 넣고 솜을 눌러가며 창구멍도 박아준다.

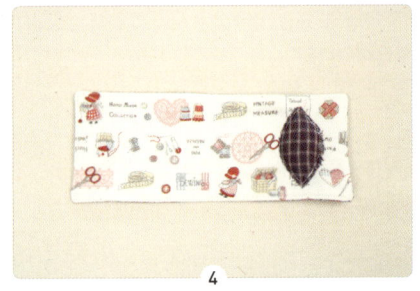

14 지퍼 끝 덧대기

①~② 긴 지퍼(63cm)와 짧은 지퍼(28cm)에 슬라이더를 끼우고, 긴 지퍼 뒷면에 1.5cm 표시한다.

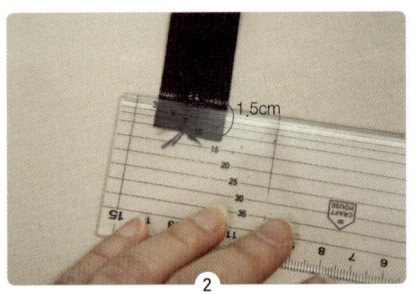

③~④ 지퍼끝덧댐 진보라체크원단을 반 접어 다리고, 트인 쪽도 0.7cm로 아래로 접어 다림질한다. 양옆을 0.7cm로 박음질하고, 뒤집어서 다려준다.

⑤~⑥ 표시한 선에 맞추어서 긴 지퍼를 끼우고, 0.2cm로 튼튼하게 되돌아박기한다.

15 주머니 지퍼 덧대기

① ~ **③** 주머니 지퍼덧댐 원단을 양 옆선이 가
운데로 오도록 접어 다려준다. 누벼준 속주머니
접은 선에 짧은 지퍼(28cm)를 안으로 넣어 맞춰
핀으로 고정한다. 옆선을 0.2cm로 박아주고, 그
위로 0.5cm 띄워 또 한 줄 박음질한다. 지퍼노루
발로 교체 후, 다려준 주머니 지퍼덧댐 원단을 지
퍼노루발로 교체하여 다림질선을 따라 박아준다.

16 속바탕 피그먼트무지원단 오른편에
속주머니를 맞춰 핀으로 고정한다. 왼편 위
에서 4cm 지점에는 핀, 바늘꽂이를, 아래에서
4cm 지점에는 수납함을 핀으로 고정한다. 그
위에 0.5cm 떨어진 곳에는 뚜껑을, 수납함 옆
에는 아래 5cm 떨어져서 초크꽂이를 핀으로
고정한다. 순서에 맞게 박음질한다.

② ~ **③** 순서대로 핀, 바늘꽂이를 0.2cm로 박
음질한다. 박아오면서 중심도 박아준다.
④ 지퍼노루발로 교체 후, 주머니 지퍼덧댐도 지
퍼 쪽은 0.2cm로 박고, 옆에도 0.2cm 박음질한다.

⑤ ~ **⑦** 뚜껑 끝과 수납함 3면을 0.2cm로 박음
질한다. 초크꽂이도 가로 4cm 표시하여 먼저 중
심을 2cm 박고, 양옆을 0.2cm 박아준다.

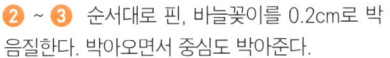

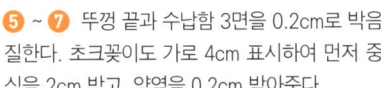

17 속바탕 피그먼트무지원단 안에 지퍼 단 주머니 쪽을 대고 바깥쪽을 ㄱ자로 0.5cm 박음질한다. 모서리는 둥글게 잘라낸다.

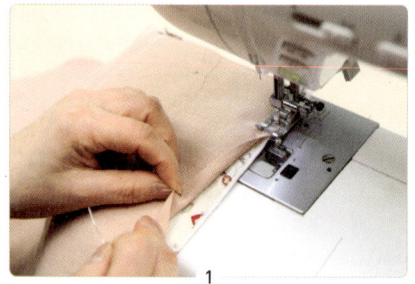

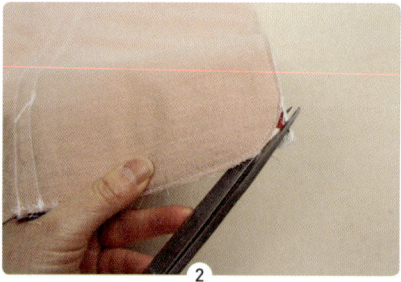

18 뚜껑 벨크로 박은 가운데 부분에 단추를 달아준다. 핀, 바늘꽂이 속핀쿠션 옆에 자석을 겉과 안 각 1개씩 버튼홀스티치로 단다.

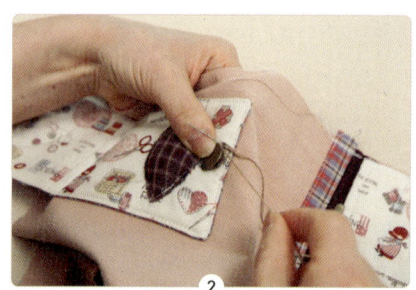

모서리 부분 잘라내기

19 앞판 안에 안감을 맞춰 핀으로 고정하고, 안감 쪽에서 전체 0.2cm로 박음질한다. 모서리 부분은 안감에 맞춰 둥글게 잘라준다. 안감 하단 중심에 반 접은 오시도리끈을 대고 박음선을 따라 되돌아박기한다. 전체 바이어스를 주머니 안감 쪽에서 시작하여 앞판으로 두 번 접어 감싸준다.

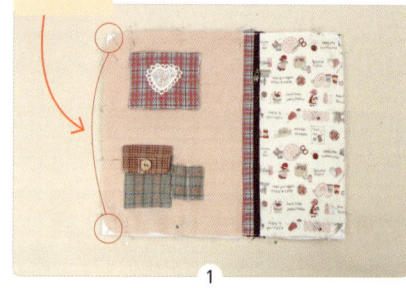

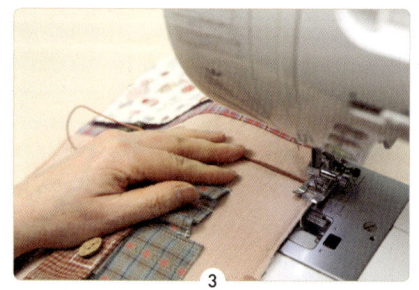

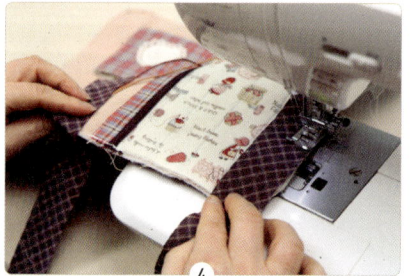

20 겉감 둘레에 지퍼달기

❶ ~ ❷ 앞판 상단 중심에는 1.5cm씩 3cm, 앞판 하단에는 2cm씩 4cm를 표시한다.

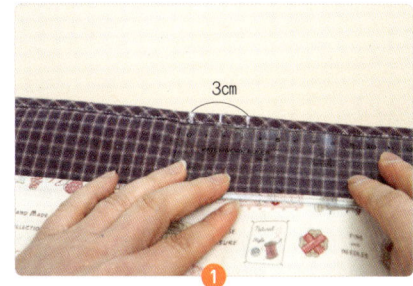

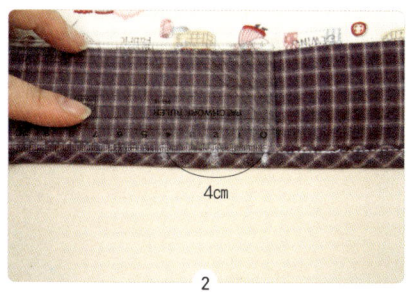

❸ ~ ❹ **14** 에서 지퍼 끝을 덧댄 긴 지퍼를 갈라서 삼각형이 되도록 안쪽으로 접는다. 앞판 위 표시선 안쪽으로 바이어스 끝에 맞춰 0.3cm로 박음질한다.

❺ ~ ❻ 지퍼 하단 표시선에 바늘을 꽂아놓고 지퍼를 바깥으로 젖힌 후, 0.5cm 더 박아준다. 반대편 지퍼도 같은 방법으로 박아준다.

 TIP

지퍼가 꼬이지 않도록 핀을 꽂아주어야 한다.

21 **19** 에서 안감 하단 중심에 박아놓은 오시도리끈을 당겨 위를 표시한 후, 싸개단추를 달아 마무리한다.

TIP

이 과정을 참고하여, 개인이 가지고 있는 재단 가위 사이즈에 맞추어 크기를 늘리거나 줄여서 만들면 된다.

 TIP

재단가위집에는 재단가위를 넣고 오른편 주머니에는 시접자, 쪽가위를 넣는다. 오시도리끈에는 실, 골무를 끼우면 된다.
왼편 상단 바늘꽂이에는 핀과 옷핀을 꽂고, 하단 수납함에는 단추나 재봉틀바늘 등을 넣고 그 옆에는 초크나 재봉 송곳을 끼워주면 된다.

SEWING STORY

자꾸 꺼내보고 싶은
재봉틀
보호커버
**SEWING MACHINE
COVER**

302p

- **완성 크기**
  가로 41cm×세로 30cm×폭 15cm(만들기 과정을 참고해서 자신의 재봉틀
  사이즈로 만들기)

- **재료**
  리넨무늬원단, 리넨무지원단, 포인트리넨원단, 7온스접착솜, 블랙접착싱,
  벨크로(양수)(폭 2.5cm×길이 6cm), 면라벨

- **재단 사이즈**
  앞판 리넨무늬원단 1장(41cm×30cm)
  둘레폭(옆·위·옆판) 리넨무늬원단 1장(101cm×23cm)
  뒤판 리넨무지원단 1장(41cm×30cm)
  앞주머니 리넨무지원단 1장(41cm×25cm)
  앞여밈 리넨무지원단 1장(실물도안 참고)
  바이어스 리넨무지원단 1장(360cm×3.5cm)
  앞여밈 포인트리넨원단 1장(8cm×8cm)
  앞판, 뒤판 7온스 접착솜 각 1장씩(43cm×32cm)
  앞판, 뒤판 블랙접착싱 각 1장씩(43cm×32cm)
  앞주머니 블랙접착싱 1장(43cm×27cm)
  앞여밈 블랙접착싱 1장(10cm×16.5cm)
  둘레폭(옆·위·옆판) 블랙접착싱 1장(102cm×25cm)

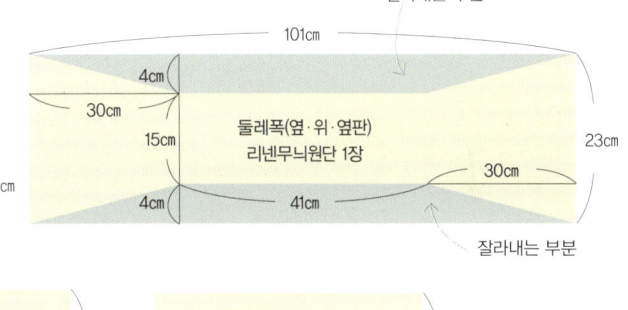

잘라내는 부분

101cm

4cm

30cm

15cm

둘레폭(옆·위·옆판)
리넨무늬원단 1장

23cm

30cm

4cm

41cm

잘라내는 부분

앞여밈
포인트리넨원단 1장

8cm

8cm

앞여밈
블랙접착싱 1장

16.5cm

10cm

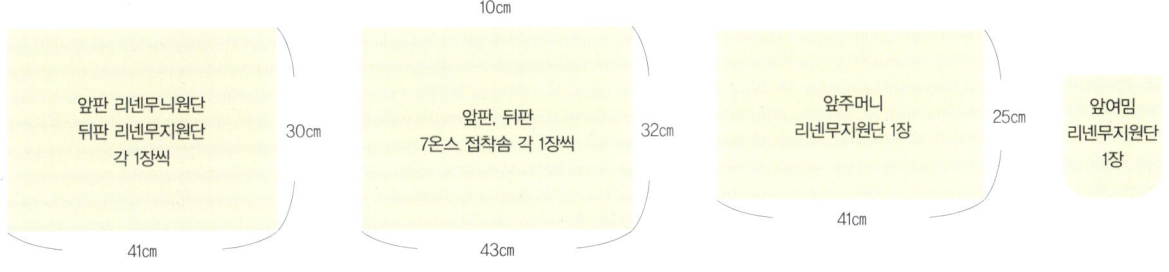

앞판 리넨무늬원단
뒤판 리넨무지원단
각 1장씩

30cm

41cm

앞판, 뒤판
7온스 접착솜 각 1장씩

32cm

43cm

앞주머니
리넨무지원단 1장

25cm

41cm

앞여밈
리넨무지원단
1장

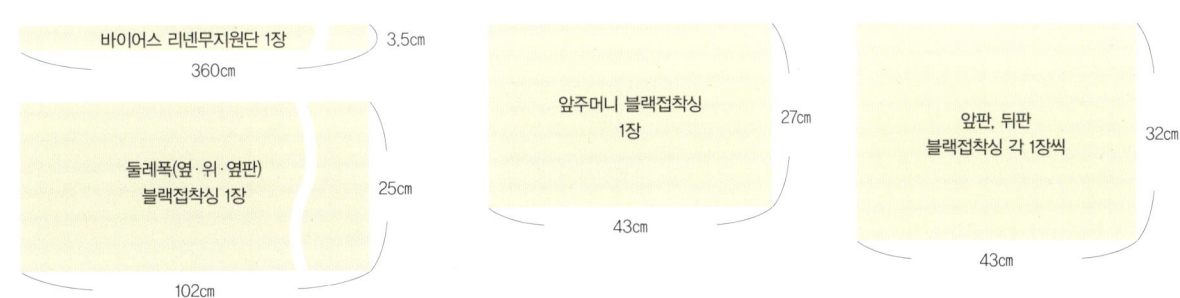

바이어스 리넨무지원단 1장

3.5cm

360cm

둘레폭(옆·위·옆판)
블랙접착싱 1장

25cm

102cm

앞주머니 블랙접착싱
1장

27cm

43cm

앞판, 뒤판
블랙접착싱 각 1장씩

32cm

43cm

먼지 끼지 않고, 스크래치 없이 깨끗하게 재봉틀을 오래 쓸 수 있도록 도와주는 보호 덮개입니다. 앞판에 발판
이나 재봉틀 사용 설명서를 넣을 수 있는 큰 주머니도 넣을 수 있어요.
의외로 마음에 쏙 드는 보호커버를 구하기는 쉽지 않으니 꼭 만들어 사용하세요.

재봉틀 보호커버

만드는 방법

① 앞판 리넨무늬원단과 뒤판 리넨무지원단에 각각 7온스 접착솜과 블랙접착싱을 대고, 누빔선에 3cm 간격으로 세로선을 그린다. 앞주머니, 앞여밈, 둘레폭(옆·위·옆판)은 블랙접착싱만 대고, 앞주머니에는 누빔선에 3cm 간격으로 상단 2.5cm까지만 가로선을 그린다.

② 그려준 누빔선을 따라 박음질한 후 전체 0.2cm로 끝박음질한다. 남은 솜과 접착싱은 깔끔하게 잘라내고, 원단이 잘 붙도록 다리미로 다려준다.

③ 둘레폭(옆·위·옆판)에는 윗부분에 재봉틀 손잡이 구멍을 만든다.(본인 재봉틀 손잡이 사이즈를 재면 됨)

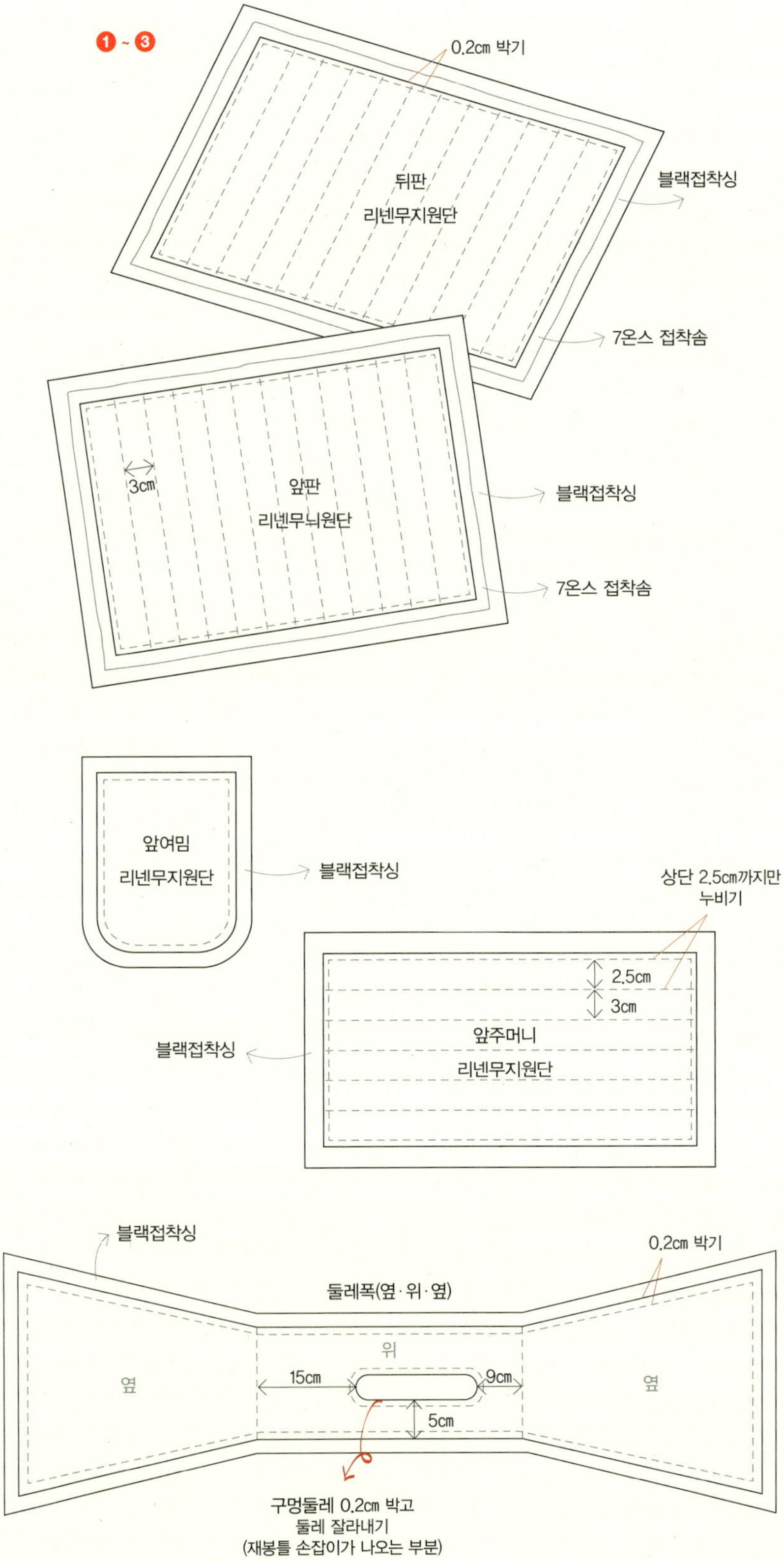

①~③

0.2cm 박기

뒤판
리넨무지원단

블랙접착싱

7온스 접착솜

3cm

앞판
리넨무늬원단

블랙접착싱

7온스 접착솜

앞여밈
리넨무지원단

블랙접착싱

상단 2.5cm까지만 누비기

블랙접착싱

2.5cm
3cm

앞주머니
리넨무지원단

블랙접착싱

0.2cm 박기

둘레폭(옆·위·옆)

위

옆

옆

15cm

9cm

5cm

구멍둘레 0.2cm 박고
둘레 잘라내기
(재봉틀 손잡이가 나오는 부분)

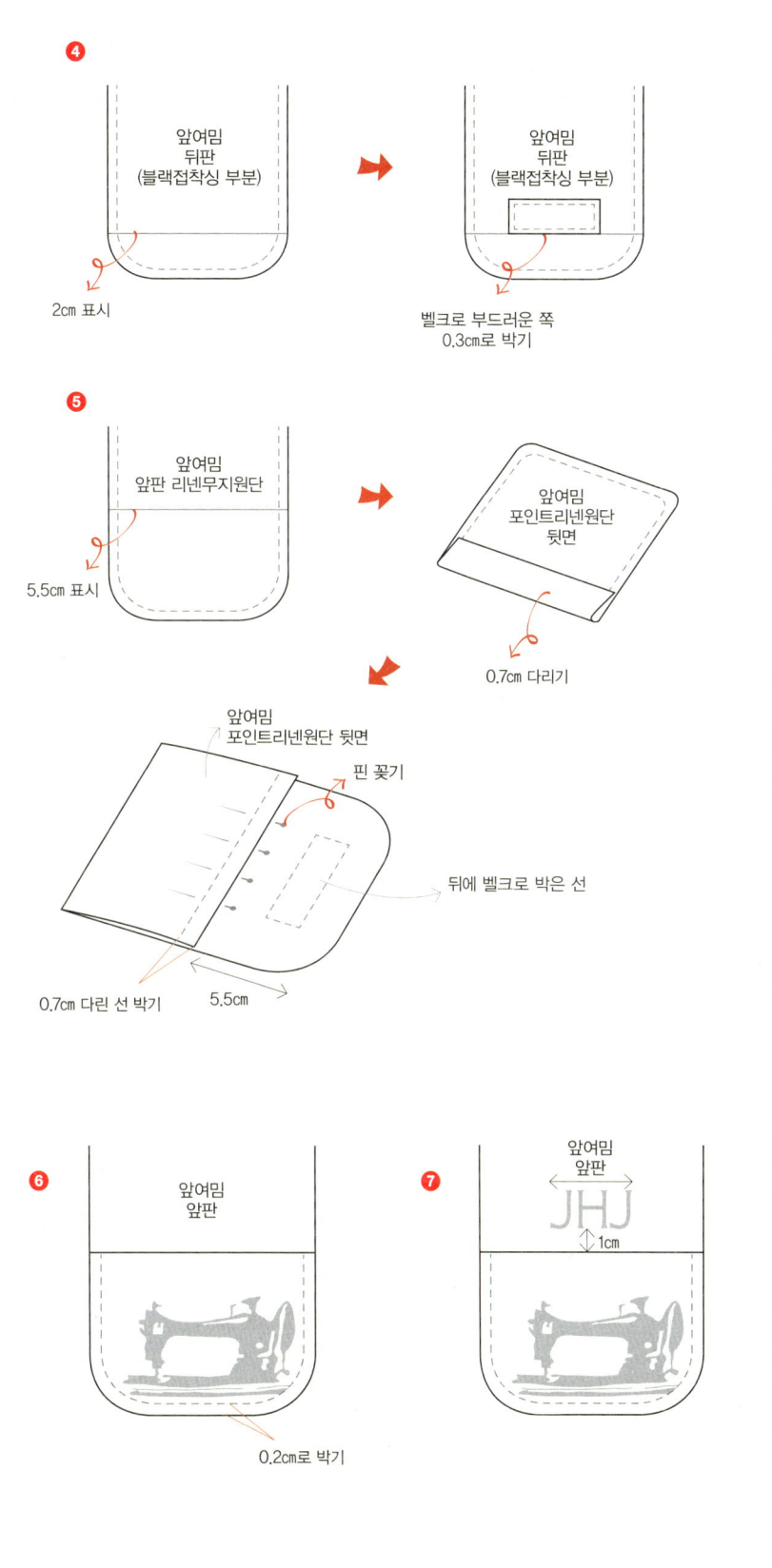

④ 앞여밈 리넨무지원단 뒤판 하단에 2cm 표시를 하고, 표시한 선에 벨크로 부드러운 부분을 대고 핀으로 고정한 후, 0.3cm로 박음질한다.

⑤ 앞여밈 원단에 5.5cm를 표시하고, 포인트 리넨원단 직선 쪽을 0.7cm로 다린다. 앞여밈 원단에 표시한 선에 맞춰 핀으로 고정한 후, 다림질선을 따라 박음질한다.

⑥ 포인트원단을 앞부분이 보이게 하단으로 내려 잘 맞춘 후, U자 부분을 0.2cm로 박음질한다.

⑦ 포인트원단 상단에서 1cm 띄어서 2.5cm 위치에 표시한 후, 재봉틀에서 자신의 이름 영문 이니셜 패턴을 찾아 맞춘다. 재봉틀에 이니셜 패턴이 없다면 하지 않아도 된다.

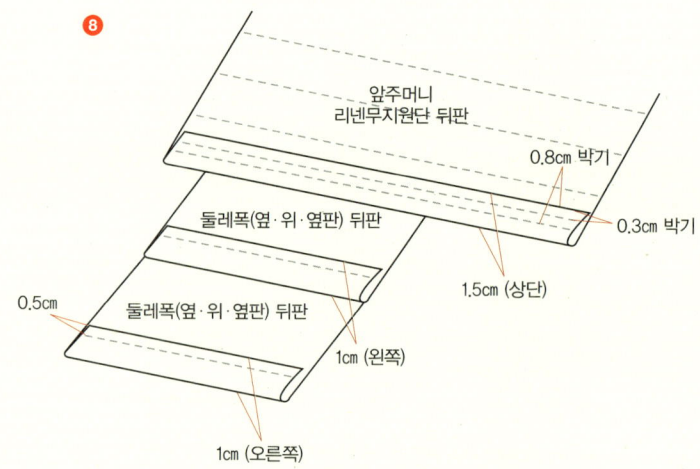

❽

앞주머니
리넨무지원단 뒤판

0.8cm 박기

0.3cm 박기

둘레폭(옆·위·옆판) 뒤판

1.5cm (상단)

0.5cm

둘레폭(옆·위·옆판) 뒤판

1cm (왼쪽)

1cm (오른쪽)

만드는 방법

❽ 앞주머니 리넨무지원단 뒤판 상단을 1.5cm 안으로 접어 다려주고, 0.3cm, 0.8cm 두 줄 박음질한다. 둘레폭(옆·위·옆판) 왼쪽, 오른쪽 끝도 1cm 안으로 접어 다린 후 0.5cm로 박음질한다.

❾ 앞주머니 위에서 중심 3cm 지점을 표시한다. 표시한 선에 벨크로의 거친 쪽을 핀으로 고정한 후, 사방을 0.3cm로 박음질한다.

❿ 주머니를 옆 → 하단 → 옆 순으로 앞판 리넨무늬원단에 0.2cm 박음질한다.

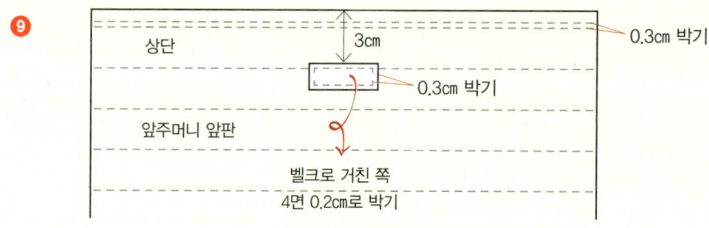

❾

상단

3cm

0.3cm 박기

0.3cm 박기

앞주머니 앞판

벨크로 거친 쪽
4면 0.2cm로 박기

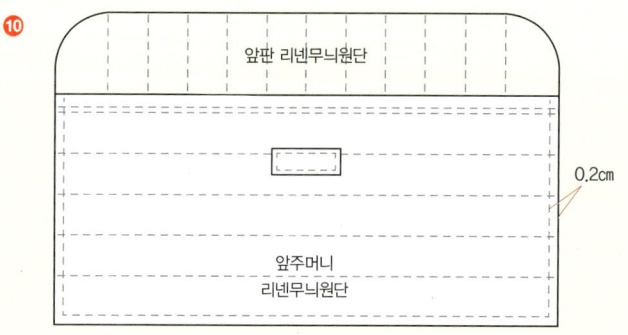

❿

앞판 리넨무늬원단

0.2cm

앞주머니
리넨무늬원단

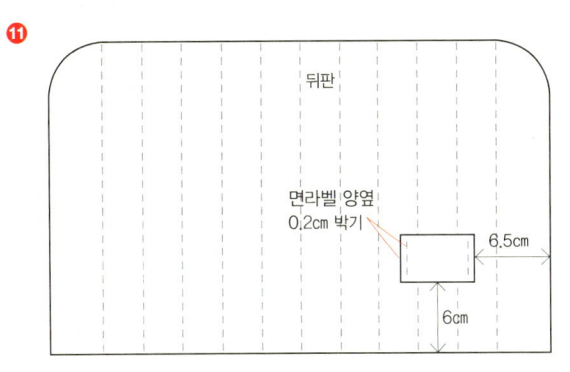

⑪ 뒤판

면라벨 양옆
0.2cm 박기

6.5cm

6cm

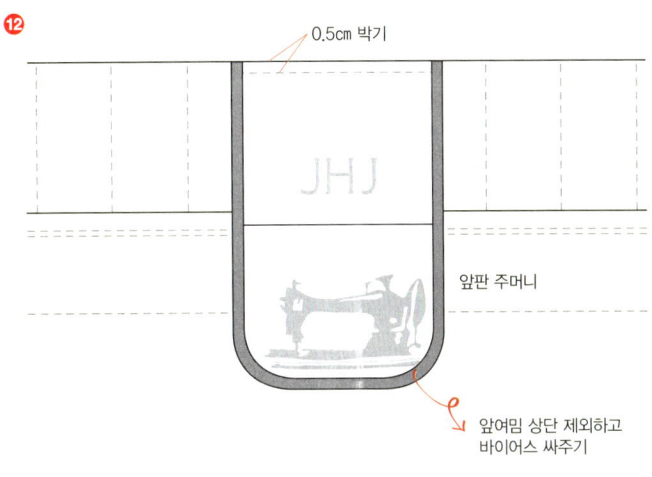

⑫ 0.5cm 박기

JHJ

앞판 주머니

앞여밈 상단 제외하고
바이어스 싸주기

⑪ 뒤판 오른쪽에서 6.5cm, 하단에서 6cm 지점에 면라벨을 핀으로 고정하고, 0.2cm 박음질한다.

⑫ 앞여밈 상단을 제외하고, U모양에 바이어스를 0.7cm로 시작해서 겉으로 두 번 접어 감싸며 박음질한다. 앞판 상단 중심에 앞여밈을 맞추고 핀으로 고정한 후, 0.5cm로 박음질한다.

⑬ 앞판, 뒤판 상단의 손잡이 구멍둘레를 바이어스로 싸준다.

⑭ 나머지 둘레폭을 뒤판에 맞추어 0.5cm로 박음질한 후, 앞판 둘레폭(옆·위·옆판), 뒤판 둘레폭에 바이어스 2cm 남기고 0.7cm로 박음질한다. 겉으로 바이어스를 감싸기 시작할 때와 끝날 때, 남겨놓은 2cm를 안으로 접어 넣고 바이어스를 두 번 접어 감싸면서 박음질한다.

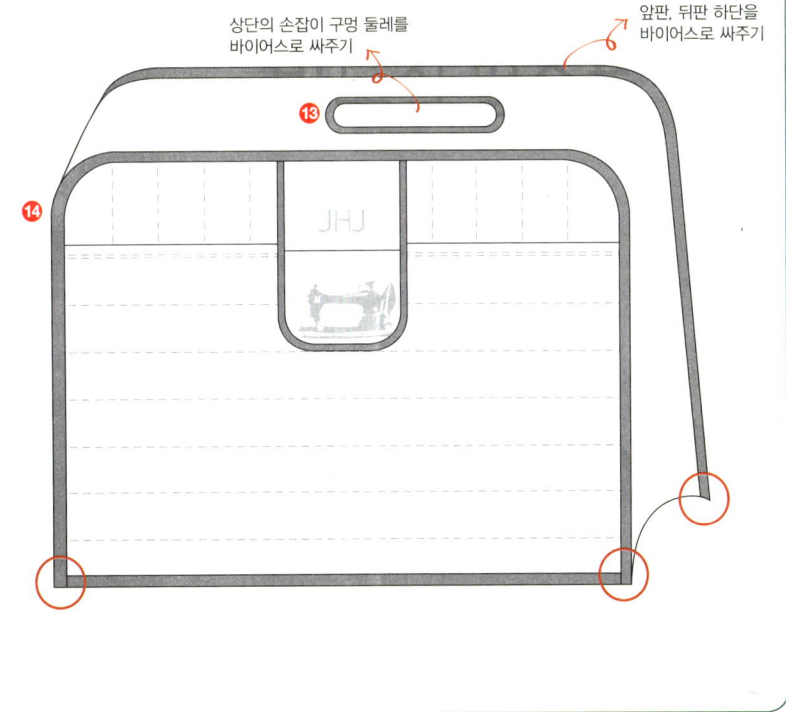

상단의 손잡이 구멍 둘레를
바이어스로 싸주기

앞판, 뒤판 하단을
바이어스로 싸주기

⑬

⑭

JHJ

SEWING STORY

애착 가득, 감성 가득
실·원단
원통형 보관함
SEWING STORAGE

308p

- **완성 크기**
  지름 20cm×높이 16cm

- **재료**
  리넨무늬원단, 리넨무지원단, 30수 면원단, 5온스 접착솜, 방울솜(조금),
  스펀지끈용, 3호 지퍼(보라색 53cm, 민트색 20cm), 슬라이더 3개,
  원형자석(1쌍), T/C원단

- **재단 사이즈**
  겉감 몸판 리넨무늬원단 1장(53cm×15.5cm)
  겉감 몸판 5온스 접착솜 1장(55cm×17.5cm)
  뒤판 리넨무늬원단 1장(12.5cm×16.5cm)
  뒤판 5온스 접착솜 1장(14.5cm×18.5cm)
  상단 포인트 리넨무늬원단 1장(8.5cm×8cm)
  핀쿠션 리넨무늬원단 2장(5.5cm×8cm)
  핀쿠션 리넨무지원단 1장(8.5cm×8cm)
  핀쿠션 안감 T/C원단 2장(9cm×9cm)
  바닥, 위(뚜껑) 원형 리넨무지원단 2장(실물도안 참고)
  바닥, 위 5온스 접착솜 2장(실물도안보다 1cm 여유 있게)
  손잡이끈 리넨무지원단 1장(26cm×5.5cm)
  바이어스 리넨무지원단 1장(180cm×3.5cm)
  안감 몸판 면원단 1장(53cm×15.5cm)
  안감 바닥, 위(뚜껑) 원형 면원단 2장(실물도안 참고)
  안감 뒤판 면원단 1장(12.5cm×16.5cm)
  안감 위주머니 면원단 2장(실물도안 참고)
  안감 바닥 5온스 접착솜 1장(실물도안보다 1.5cm 작게)

겉감 몸판 리넨무늬원단 1장 — 15.5cm / 53cm

겉감 몸판 5온스 접착솜 1장 — 17.5cm / 55cm

손잡이끈 리넨무지원단 1장 5.5cm / 26cm

안감 뒤판 면원단 1장 16.5cm / 12.5cm

뒤판 리넨무늬원단 1장 16.5cm / 12.5cm

뒤판 5온스 접착솜 1장 18.5cm / 14.5cm

① ② ③ ④
① 상단 포인트 리넨무늬원단 1장(8.5cm×8cm)
② 핀쿠션 리넨무늬원단 2장(5.5cm×8cm)
③ 핀쿠션 리넨무지원단 1장(8.5cm×8cm)
④ 핀쿠션 안감 T/C원단 2장(9cm×9cm)

바이어스 리넨무지원단 1장 3.5cm / 180cm

안감 몸판 면원단 1장 15.5cm / 53cm

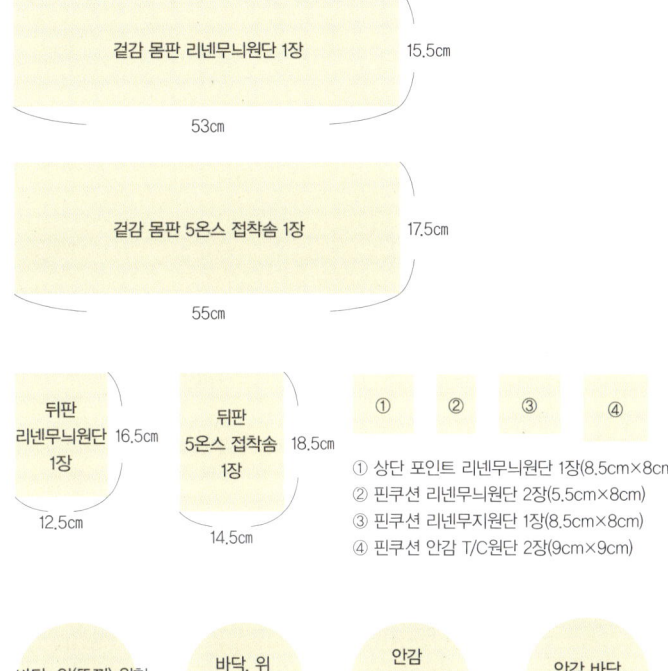

바닥, 위(뚜껑) 원형 리넨무지원단 2장

바닥, 위 5온스 접착솜 3장
(실물도안보다 1cm 크게)

안감 바닥위(뚜껑) 면원단 2장
안감 위주머니 면원단 2장

안감 바닥 5온스 접착솜 1장
(실물도안보다 1.5cm 작게)

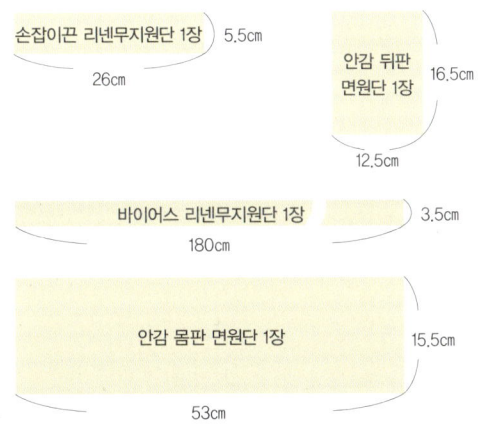

재단하다 보면 비싼 원단들이 아깝게 남는 경우가 많잖아요.
그런 자투리 원단과 실을 잘 보관했다 이어서, 퀼트 느낌 나는 하나밖에 없는
작품을 만들어보세요.

■ 01 겉감 몸판 리넨무늬원단 아래에 접착솜을 놓고 전체 0.3cm로 박음질한다. 무지원단 바닥과 위에도 접착솜을 대고 0.3cm로 박아준다.

③ 남은 접착솜은 잘라준다.

■ 02 안감 바닥면 원단에 접착솜을 올려놓고 둘레 0.3cm로 박음질한 후, 접착솜이 잘 붙도록 다림질한다.

③ 바닥, 위(뚜껑) 원형 리넨무지원단 안쪽에 접착솜을 댄 안감 바닥을 올려놓고 둘레를 0.3cm로 박아준다.

03 안감 위주머니 면원단(1장)의 직선 부분을 0.7cm로 다려준 후, 지퍼노루발로 교체하여 20cm 지퍼에 맞춰 0.3cm로 박아준다. 나머지 1장도 같은 방법으로 박음질한다.

🎈 **TIP**

원형이 틀어지지 않게 지퍼를 잘 맞춰 박음질한다.

3 ~ 4 안감 바닥, 위(뚜껑) 지퍼에 슬라이더를 끼운 후, 바닥, 위(뚜껑) 안쪽 면원단에 올려놓고 둘레를 0.3cm로 박아준다.

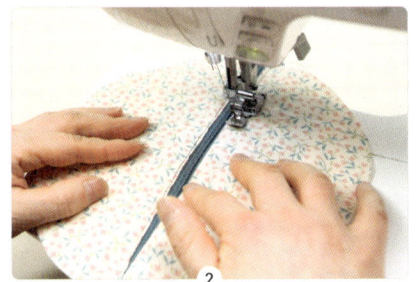
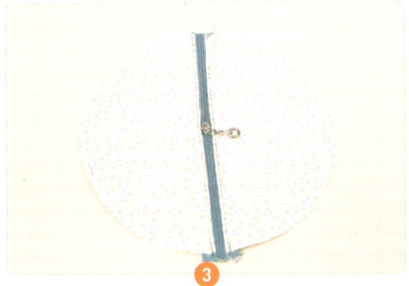

04 겉감 리넨무늬원단 겉에 지퍼 겉을 대고 0.7cm로 박은 후, 겉감과 안감을 겉끼리 맞대고 0.7cm로 박음질한다.

3 ~ 4 안감을 안쪽으로 넘겨 처음 박음선을 따라 박아주고, 지퍼 아래는 0.3cm로 눌러박음질한다.

5 ~ 6 옆선도 처음 박음선 따라 박음질해서, 겉감에 지퍼 달기를 마무리한다.

05 뒤판 겉과 지퍼를 달아준 겉감 겉을 대고 0.7cm로 박음질한다. 안감 뒤판 겉과 맞대고 0.7cm로 박음질한다.

3 겉감 몸판을 잘 접어서 반대편 안감 뒤판을 같은 방법으로 박음질한다.
4 ~ 5 뒤판 양끝 트인 부분으로 뒤집어주고, 양끝을 처음 박음선을 따라 박음질한다.

06 상단 포인트무늬원단 안에 자석비닐을 대고 지퍼노루발로 끝박음질한 후, 사방을 0.7cm로 다려준다. 위(뚜껑) 리넨무지원단 중심을 표시한 후, 핀을 꽂고 사방을 0.2cm로 박음질해준다.

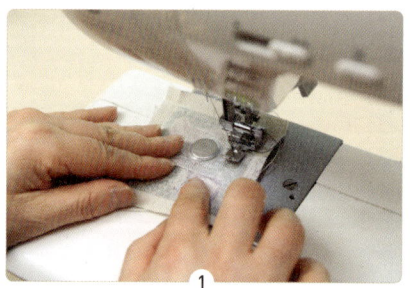

❶ ~ ❺ 손잡이끈 리넨무지원단을 반으로 접어
0.7cm로 박음질한다. 시접을 가름솔로 다리고,
뒤집개를 이용하여 뒤집어준다. 구겨진 부분은
잘 펴지도록 다림질하고, 스펀지끈을 끼워준다.

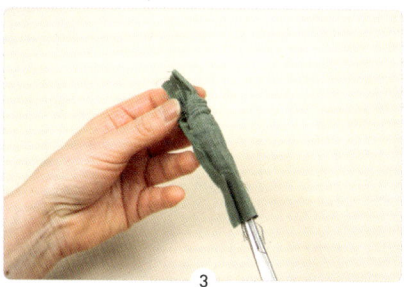

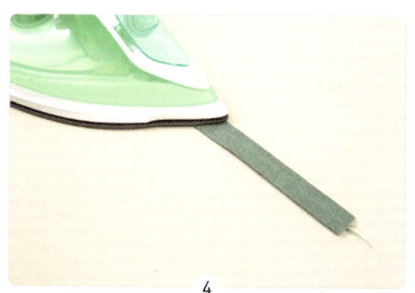

❻ ~ ❽ 끈 양끝에서 3.5cm 안쪽을 표시하고,
표시한 선을 튼튼하게 되돌아박기한다. 나머지는
ㄷ자로 0.2cm 박아준다. 반대편도 같은 방법으
로 박음질한다.

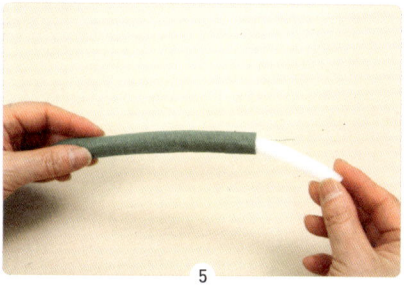

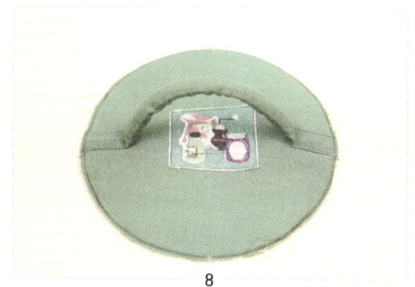

08 목판 리넨무늬원단과 바닥, 위(뚜껑) 리넨무지원단 바닥, 뚜껑에 4등분선을 표시한다. 4등분한 선에 맞춰 핀으로 고정하고, 지퍼노루발로 둘레를 0.5cm로 박음질한다. 바이어스를 안쪽에서 시작하여 겉으로 두 번 접어 박음질한다. 같은 방법으로 바닥도 바이어스로 싸서 박음질하여 마무리한다.

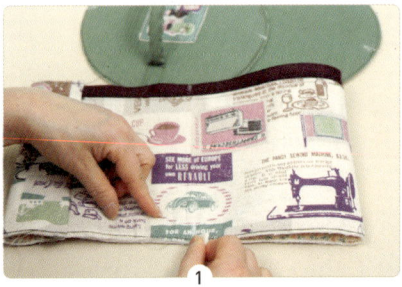

09 핀쿠션 만들기

❶ ~ ❷ 핀쿠션 리넨무늬원단 2장을 겉끼리 대고 0.7cm로 박음질한 후, 겉감 아래에 T/C원단을 대고 전체 0.2cm로 박음질한다.

❸ 핀쿠션 뒤판 리넨무지원단 중심에 남은 자석 비닐 둘레를 지퍼노루발로 박아준다.
❹ ~ ❺ 핀쿠션 아래에 T/C원단을 놓고 전체 0.2cm로 박음질한 후, 남은 원단을 잘라준다.

6 ~ 7 앞판 안에 창구멍을 표시하고, 앞판과 뒤판을 겉끼리 대고 창구멍을 제외한 전체를 0.7cm로 박음질한다.

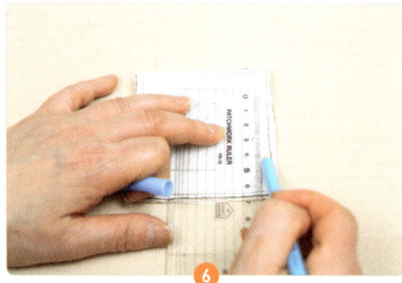
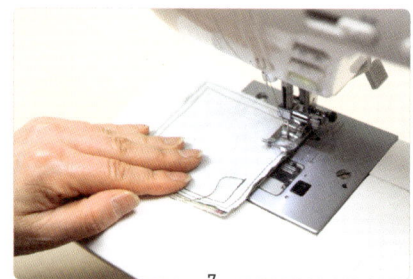

8 ~ 10 모서리는 사선으로 자른 후, 창구멍으로 뒤집어준다. 창구멍으로 방울솜을 빵빵하게 넣어주고 창구멍을 공그르기해준다.

10 **08**에서 완성한 보관함 맨 위에 핀쿠션을 올려놓으면 완성된다.

📍**TIP**

자석 때문에 달라 붙어 분실 염려가 없다.

COLLABORATION FOR PRACTICAL SEWING

실속있고 아름다운 재봉을 위한 해피 재팬 & 미싱스토리의 콜라보레이션!

MISING **LUNA** STORY
MS-121

미싱스토리 루나

MISING LUNA STORY
MS-121

입문용 · 실속형 재봉기를 찾으시나요? 튼튼하면서 간편한 제품 어디 없나요?
저가 미싱은 성능이 맘에 안들고, 기능 많은 제품은 너무 비싸서 제품 선택이 망설여지나요?

미싱스토리 루나(MS-121) 미싱은 재봉에 꼭 필요한 필수 기능을 내장하여 기본 기능이 충실하며 높은 내구성으로 흔들림 없는 안정적인 재봉이 가능합니다. 누구나 쉽고 간편하게 이용할 수 있으며, 원하는 작품을 손쉽게 제작할 수 있도록 도움을 드립니다.

제품 특징

편리한 실끼우기

고정식 바늘실 끼우기 장치가 장착되어 실끼우기가 매우 편리하며 밑실을 넣고, 실을 끌어 올릴 필요없이 바로 박음질이 가능합니다.

다양한 버튼 기능

전면에 있는 버튼과 레버를 활용하여 속도조절, 슬로우, 바늘위치, 되박음질 기능을 손쉽게 활용할 수 있으며 아래 장착된 시작/정지 버튼을 눌러 발판을 밟지 않아도 재봉을 시작하고 멈출 수 있습니다.

유용한 필수 패턴

루나 미싱은 전면에 보이는 그대로 패턴 아이콘을 살짝 터치하면 패턴이 바로 선택되며, 지그재그, 오버록, 장식, 단추구멍, 태킹같은 재봉에 꼭 필요한 필수 패턴을 제공합니다. 하단의 +,− 버튼을 눌러 손쉽게 땀길이와 지그재그 폭 조절을 할 수 있습니다.

강력한 내구성

예쁘고 고른 바느질, 변치않는 성능의 기반은 바로 견고한 프레임에 있습니다. 루나 미싱은 통주물 메탈프레임을 차용함으로써 더욱 더 안정적으로 바느질을 도와드리며, 흔들리지 않으므로 소음과 진동을 줄여 쾌적한 작업환경을 구현합니다.

제품 사양

제품명	메인 프레임	패턴(스티치)	최대 속도	최대 땀수	지그재그 폭	톱니	조명	자동 실끼우기	가마 타입
루나 (MS-121)	다이캐스트 통주물	15패턴 (큐큐 단추구멍, 태킹 및 장식, 지그재그)	800 r.p.m	5	7	7포인트	LED	고정식	수평가마

* 사이즈 : (W)430X(D)195X(H)287 (mm)/무게 : 7.5kg/220V ~60Hz/전자식 속도조절 발판+한글 설명서+재봉 악세사리+하드케이스+ 확장테이블 기본제공

Mising Story 주식회사 **미싱이야기** www.misingstory.co.kr Email : sinl@naver.com

서울특별시 관악구 남부순환로 1415 | 고객센터 [전국] 1588-8879 FAX [02] 830-6283

Foreign Copyright:
Joonwon Lee
Address: 3F, 127, Yanghwa-ro, Mapo-gu, Seoul, Republic of Korea
        3rd Floor
Telephone: 82-2-3142-4151, 82-10-4624-6629
E-mail: jwlee@cyber.co.kr

재봉틀과 바느질로 생활 소품 만들기

홈패션 소품 49

2019. 7. 12. 1판 1쇄 발행
2023. 2. 15. 1판 2쇄 발행

지은이 | 정호정·박소영
펴낸이 | 이종춘
펴낸곳 | BM ㈜도서출판 **성안당**

주소 | 04032 서울시 마포구 양화로 127 첨단빌딩 3층(출판기획 R&D 센터)
      | 10881 경기도 파주시 문발로 112 파주 출판 문화도시(제작 및 물류)
전화 | 02) 3142-0036
      | 031) 950-6300
팩스 | 031) 955-0510
등록 | 1973. 2. 1. 제406-2005-000046호
출판사 홈페이지 | www.cyber.co.kr
ISBN | 978-89-315-8806-4 (13630)
정가 | 28,000원

이 책을 만든 사람들
책임 | 최옥현
기획·진행 | 정지현
교정·교열 | 박정희
표지·본문 디자인 | 김희정, 임흥순
홍보 | 김계향, 박지연, 유미나, 이준영, 정단비
국제부 | 이선민, 조혜란
마케팅 | 구본철, 차정욱, 오영일, 나진호, 강호묵
마케팅 지원 | 장상범
제작 | 김유석

■ **도서 A/S 안내**

성안당에서 발행하는 모든 도서는 저자와 출판사, 그리고 독자가 함께 만들어 나갑니다.
좋은 책을 펴내기 위해 많은 노력을 기울이고 있습니다. 혹시라도 내용상의 오류나 오탈자 등이
발견되면 **"좋은 책은 나라의 보배"**로서 우리 모두가 함께 만들어 간다는 마음으로 연락주시기
바랍니다. 수정 보완하여 더 나은 책이 되도록 최선을 다하겠습니다.
성안당은 늘 독자 여러분들의 소중한 의견을 기다리고 있습니다. 좋은 의견을 보내주시는 분께는
성안당 쇼핑몰의 포인트(3,000포인트)를 적립해 드립니다.
잘못 만들어진 책이나 부록 등이 파손된 경우에는 교환해 드립니다.

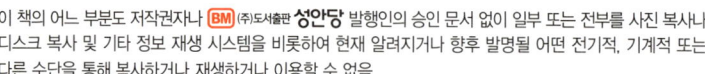